教育部职业教育与成人教育司推荐教材
职业学校物流服务与管理专业教学用书

物流运输组织与管理

第 3 版

主　编　潘　波　覃冠华
副主编　骆　芳　黄　伟　何远川
参　编　伍玉坤　章　洁　孙　静　奉　毅　易敏婷
主　审　吕镇书

机 械 工 业 出 版 社

本书是职业学校物流服务与管理专业的核心课程教材，主要内容包括物流运输认知、公路货物运输认知、铁路货物运输认知、水路货物运输认知、航空货物运输认知、联合运输认知、货物运输合同认知、运输规划认知。

本书可作为职业学校物流类专业的教学用书，也可供从事职业培训和物流企业管理的人员参考。

图书在版编目（CIP）数据

物流运输组织与管理/潘波，覃冠华主编． —3 版．
—北京：机械工业出版社，2017.3（2024.1 重印）
教育部职业教育与成人教育司推荐教材　职业学校物流服务与管理专业教学用书
ISBN 978 – 7 – 111 – 55544 – 5

Ⅰ.①物…　Ⅱ.①潘…　②覃…　Ⅲ.①货物运输 – 交通运输管理 – 中等专业学校 – 教材　Ⅳ.①U294.1

中国版本图书馆 CIP 数据核字（2016）第 287342 号

机械工业出版社（北京市百万庄大街 22 号　邮政编码 100037）
策划编辑：朱　华　责任编辑：朱　华　周晓伟
封面设计：陈　沛　责任校对：刘秀丽
责任印制：郜　敏
北京富资园科技发展有限公司印刷
2024 年 1 月第 3 版 · 第 6 次印刷
184mm × 260mm · 12.25 印张 · 293 印张
标准书号：ISBN 978 – 7 – 111 – 55544 – 5
定价：35.00 元

电话服务　　　　　　网络服务
客服电话：010-88361066　机 工 官 网：www.cmpbook.com
　　　　　010-88379833　机 工 官 博：weibo.com/cmp1952
　　　　　010-68326294　金 书 网：www.golden-book.com
封底无防伪标均为盗版　机工教育服务网：www.cmpedu.com

职业学校物流服务与管理专业教学用书编审委员会

职业学校物流服务与管理专业教学用书自 2004 年出版以来，经过 2008 年的修订，内容得到了充实和完善，深受广大师生和业界读者的欢迎，取得了较好的社会效益。

在本套教材多年的使用和实践过程中，我们对物流企业的岗位技能要求及用人需要做了深入的调查和了解，广泛收集了各院校和读者对本套教材的反馈意见和建议，深感有必要在新形势下对本套教材从结构到内容方面再次进行调整和修订，以使本套教材更能适应物流行业对人才的实际要求，更方便广大师生使用，更适合职业院校学生的培养目标和教学特点。

于是，在第 2 版的基础上，我们充分借鉴和吸收国内外物流学的基本理论和最新研究成果，对本套教材做了新的全面的修订。修订后的教材密切结合我国物流业的发展与物流职业教育的实际，充分体现"以学生为主体""以能力为本位"和"以就业为导向"的理念；按照人才培养目标与物流服务岗位能力培养的要求，参照物流职业资格标准，突出岗位能力和职业素质培养；淡化专业基础、专业理论与专业实训内容的界限，按照物流服务活动相关流程工作岗位的要求重组课程体系和课程内容；在课程内容设计上，依据物流技术标准和物流工作岗位所需掌握的知识、技能及应具备的素质，制订全新的课程标准和教材内容。

同时，在每个项目前面均增设了"知识目标"和"技能目标"，使读者能简明扼要地了解需要掌握的知识点和应该学会的技能；在进入新内容之前有"案例导入"作铺垫，增加了教材的趣味性。每个项目后面均增加了"技能训练"，包括任务描述、任务准备、任务实施、任务评价、任务小结等。通过完成任务的过程，学生将所学的知识融入到实践中去，做到学以致用，以增强实际工作的能力。

《物流运输组织与管理》第 3 版由潘波、覃冠华主编，潘波统校。具体编写分工如下：项目一、项目八由潘波、何远川编写；项目二由覃冠华编写；项目三由奉毅、骆芳编写；项目四由伍玉坤、骆芳编写；项目五由潘波、孙静编写；项目六由黄伟编写；项目七由章洁、易敏婷编写。

本套教材在编写过程中，参考和引用了许多专家和学者的研究成果，在此谨对这些专家和学者们表示衷心的感谢。有些资料的引用由于疏忽未注明出处，编者在此表示歉意。

限于编者的水平，书中难免有不妥之处，敬请广大专家和读者批评指正。

编　者

目 录

项目一　物流运输认知

知识目标

1. 了解现代物流的概念和功能。
2. 懂得运输的概念和特点。
3. 区别现代物流与运输的关系。

技能目标

1. 调研本地知名物流运输企业的主营业务。
2. 懂得结合实际选择运输方式。

案例导入

上汽通用五菱生产的五菱品牌、宝骏品牌汽车 2013 年的年销量达到了 160 万辆，2014 年的销量实现了 180 万辆，到 2015 年突破 200 万辆。不少物流企业参与将该厂生产的汽车由广西柳州销售到全国各地的车辆运输配送工作。其中不乏知名企业如安吉物流和中铁柳州物流公司。

安吉物流作为一家为汽车及零部件制造企业提供服务的第三方物流公司，下属业务有整车物流、零部件物流、口岸物流三大板块，客户包括上海大众、上海通用、上汽通用五菱、一汽丰田、广汽丰田、比亚迪等几乎国内所有主机厂。公司多次获得上海大众、上海通用、上汽通用五菱、一汽丰田等客户授予的最佳供应商等奖项。

🔍动脑筋

安吉物流公司承运上汽通用五菱生产的发往全国各地的五菱、宝骏品牌汽车的业务是物流运输活动吗？怎样才能更好地组织实施运输？

任务一　了解现代物流的基本知识

一、现代物流的概念

由于物流是一门新兴学科，人们对物流的认识有一个不断深化的过程，因此物流的概念，在不同的时期有着不同的含义。

在 20 世纪初，西方一些国家已出现生产大量过剩、需求严重不足的经济危机，企业因此提出了销售和物流的问题，此时的物流指的是销售过程中的物流。

在第二次世界大战中，围绕战争供应，美国军队建立了"后勤"理论。"后勤"是指将战时物资生产、采购、运输、配给等活动作为一个整体进行统一部署，以求战略物资补给的费用更低、速度更快、服务更好。后来"后勤"一词在企业中被广泛应用，又有"商业后勤""流通后勤"的提法，这时的"后勤"包含了生产过程和流通过程的物流，因而是一个包含范围更广泛的物流概念。

在我国，物流这一概念是在 20 世纪 70 年代末改革开放以后引入的，而把物流作为一门学科进行研究，是在 20 世纪 80 年代中期以后。

2006 年国家标准《物流术语》中将物流定义为：物品从供应地向接收地的实体流动过程。根据实际需要，将运输、储存、装卸、搬运、包装、流通加工、配送、信息处理等基本功能实施有机结合。

二、物流的基本功能

物流的基本功能是指物流活动应该具有的基本能力以及通过对物流活动最佳的有效组合，形成物流的总体功能，以达到物流的最终经济目的。一般认为，物流功能应该由运输、储存、装卸、搬运、包装、配送、流通加工、信息处理等构成。物流的具体功能如下：

1. 运输功能

运输主要实现物质资料的空间移动。由于生产社会化、专业化程度的提高，生产与消费在同一地点几乎不可能，运输本身就是解决物质资料在生产地点和需要地点之间的空间差异，创造物品的空间效用，实现物质资料的使用价值。运输包括企业内部的运输以及城市之间、农村与城市之间、国与国之间的运输等。所以，实现物质资料的空间位移，运输是一个极为重要的环节，它是物流活动的核心业务。

2. 储存保管功能

储存保管是物流的另一个极为重要的职能。一般来讲，它是通过仓库的功能来实现的。由于生产与消费有各自的规律性，生产与消费在同一时间内完成是很不现实的。在生产过程中，没有一定数量的原材料、半成品的储存，生产的连续性就可能受到破坏；由于经济运输的需要，或者为了预防突然事件的发生等，都需要有一定数量的物质资料的储存。为此就需要对储存物品进行以保养、维护为主要内容的一系列技术活动和保管作业活动，以及为了进行有效的保管，需要对保管设施的配置、构造、用途及合理使用、保管方法和保养技术的选择等作适当处理。

3. 装卸搬运功能

运输、配送、仓储等过程在两端点的作业中都离不开装卸搬运，其内容包括在指定地点以人力或机械将物品装入（或卸下）运输设备、对物品进行水平移动等作业。装卸搬运在物流各环节间起联结和转换作用。装卸搬运作业的机械化、电子化和自动化可以大大加快物流的中转和流动速度。

4. 包装功能

包装具有在流通过程中保护产品、方便储运、促进销售的基本功能。包装存在于物流过程各环节，包括产品的出厂包装，生产过程中在制品、半成品的换装，物流过程中的包装、分装、再包装等。一般来讲，包装分为运输包装和销售包装。运输包装既是生产的终点，又是企业外部物流的始点，它的作用在于按单元包装，便于运输和保护物品；销售包装的目的在于便于消费者购买等。

5. 配送功能

配送是物流的一种特殊的、综合的活动形式。配送是面向城区区域内、短距离、多频率的商品送达服务，是物流的一个缩影或在某一范围内物流全部活动的体现。

6. 流通加工功能

流通加工是物品在从生产地到使用地的过程中，根据需要施加包装、分割、计量、分拣、刷标志、拴标签、组装等简单作业的总称，其目的主要是为了保证产品质量、促进产品销售和实现物流高效化。流通加工一般在仓库、物流据点、配送中心等地进行。

7. 信息处理功能

信息处理是对信息进行收集、加工、传递、存储、检索、使用，包括其方式的研究，以及管理信息系统的开发与应用研究等，为沟通物流各环节、各作业间活动而建立物流管理信息网，有效地为用户提供有关物资的购、储、运、销一体化服务及有关信息的咨询服务，协调各部门、各环节的物流作业。

知识检验

一、选择题

1. 包装一般分为（　　　）。

    A. 运输包装　　　　　　B. 储存包装　　　　　　C. 销售包装　　　　　　D. 流通包装

2. 下列不属于物流功能的是（　　　）。

    A. 运输　　　　　　　　B. 配送　　　　　　　　C. 储存　　　　　　　　D. 分拣

3. 物流活动的核心是（　　　）。

    A. 运输　　　　　　　　B. 装卸搬运　　　　　　C. 流通加工　　　　　　D. 储存

二、问答题

1. 简述物流的概念。

2. 现代物流包括哪些功能要素？说明它们各自的含义。

任务二　了解运输的基本概念

一、运输的概念

运输是指用专用运输设备将物品从一个地点向另一地点运送。其中包括集货、分配、搬运、中转、装入、卸下、分散等一系列操作。具体地讲，运输是使用运输工具对物品进行运送的活动，是实现物流的空间效用。运输作为物流系统的一项功能来讲，包括生产领域的运输和流通领域的运输。

生产领域的运输活动一般在生产企业内部进行，因此称之为厂内运输。它作为生产过程的一个组成部分，是直接为物质产品的生产服务的。其内容包括原材料、在制品、半成品和成品的运输。这种厂内运输有时也称为物料搬运。

流通领域的运输活动则作为流通领域的一个环节，是生产过程在流通领域的继续。其主要内容是对物质产品的运输，以社会服务为目的，完成物品从生产领域向消费领域在空间位置上的物理性转移过程。它既包括物品从生产所在地直接向消费所在地的移动，也包括物品从生产所在地向物流网点和从物流网点向消费（用户）所在地的移动。为了区别长途运输，往往把从物流网点到用户的运输活动称为"配送"。本书所讲的运输，着重于流通领域的运输。

二、运输的特点

运输是一个特殊的产业部门，就其在社会再生产中的地位、运输生产过程和产品的属性而言，运输与其他产业部门有很大区别。其主要特点为：

1. 运输服务的公共性

运输生产是在流通过程中进行的，为了满足把产品从生产地运往下一个生产地或消费地的运输需要。因而，就整个社会生产过程来说，运输生产是在流通领域内继续进行的生产过程。

2. 运输产品的无形性

运输生产过程不像工农业生产那样改变劳动对象的物理、化学性质和形态，而只是改变运输对象（客、货）的空间位置，并不创造新的实物产品。对旅客来说，其产品直接被人们所消费；对货物运输来说，它把价值追加到被运输的货物身上。所以，在满足社会运输需要的条件下，多余的运输产品和运输支出对社会是一种浪费。

3. 运输产品的非储存性

在运输生产过程中，劳动工具（运输工具）和劳动对象（客、货）是同时运动的，它创造的产品（客、货在空间上的位移）不具有物质实体，并在运输生产过程中同时被消费掉。因此，运输产品既不能储备，也不能调拨，只有在运输能力上保有后备，才能满足运输量的波动和特殊的运输需要。

4. 综合运输服务的重要性

人和物的运输过程往往要由几种运输方式共同完成，旅客旅行的起讫点、货物的始发地和终到地遍及全国。因此，必须要有一个干支相连、互相衔接的交通运输网与之相适应。如何保证运输生产的连续性，以及根据运输需要，按方向、按分工形成综合运输服务，具有重要意义。

5. 运输产品的同一性

各种运输方式虽然使用不同的技术装备，具有不同的技术经济性能，但生产的是同一产品，它对社会具有同样的效用。而工农业生产部门的工艺不同，其产品就有很大差异。

三、运输的功能与原理

1. 运输的功能

（1）货物位移 无论货物处于何种形态，是原材料、零部件、装配件、在制品，还是制成品；也不管是在制造过程中将被转移到哪个工序、哪个生产阶段，还是在流通过程中，运输都是必不可少的。运输的主要功能就是随着货物在价值链中的不断移动，随着运输时间的推移以及货物空间位置的转移，该货物的价值在不断得到提升。换言之，运输通过创造"空间效用"和"时间效用"来提高货物价值。

（2）货物临时储存 利用运输工具对货物进行临时储存是一项权宜之计。运输工具具有动力，其基本功能是实现货物的位移。当然，运输工具也有存放货物的空间，这是为了实现货物的转移所必须设置的。如果将货物存放在运输工具上从一地运送到另一地称之为动态储存的话，则可将运输工具在静止不动的状况下存放货物称为静态储存。将运输工具作为静态储存设施，显然存在动力部分巨大浪费的现象。但如果货物在仓库卸下后，在较短时间内又重新装上运输工具，所需的费用则有可能超过将货物存放在运输工具上所应付的费用。

总之，尽管利用运输工具静态储存货物的代价是昂贵的，但有时受仓库储存能力等条件的限制，存在此种现象也属正常。

2. 运输的原理

（1）规模经济　规模经济的特点表现为随运输工具装载规模的增长，每单位载重量的运输成本下降。整车装运的每吨成本低于零担装运；水路或铁路等运输能力较大的运输工具，虽然造价很高，但其每单位载重量的费用要低于汽车或飞机，其主要原因是固定费用的分摊。与货物运输有关的固定费用中包括接受运输订单的行政管理费用、开票以及与设备有关的费用等。这些费用之所以被认为是固定的，是因为它们不随装运的数量而变化。运输一票货物有关的固定费用可按整票货物的重量分摊，一票货物吨数越大，就越能"摊薄"固定成本。换言之，运输 1t 货物所需的固定费用与运输 1000t 货物一样多，由于所运货物吨数增多，每吨货所分摊的固定费用就越低。例如，管理一票货物装运的费用为 10 元，那么，装运 1t 货物的每吨固定成本为 10 元，而装运 1000t 货物的每吨固定成本则为 1 分，规模经济可由此体现。

（2）距离经济　距离经济是指每单位运输距离的成本随着运输距离的增加而减少。例如，在完成相同吨公里运输的情况下，一次运输 800km 的成本要低于两次运输 400km 的成本。运输的距离经济亦指递远递减原理，即运费率随距离的增加而逐渐减少。距离经济的基本原理类似于规模经济，运输距离越长，不仅使固定费用分摊给更多的距离，而且货物装卸所产生的有关费用也必须分摊至每单位距离的费用上，从而使得每公里支付的运输费用更低。

在确定运输方案时，应该重点考虑运用运输的两个基本原理，即在满足客户服务需求的前提下，追求运输的规模和距离最大化。

四、研究物流运输的意义

1. 提高运输的服务水准

要求运输经营者建立起能够控制物资从最初的供应者到最终的消费者之间的物流网络体系，从而实现为用户提供从订货、购买、包装、装卸、仓储、运输、配送等各项服务到连为一体的系统服务，满足用户希望货物快速、准时运输等多项优质服务的需要。

2. 提高运输的技术含量

要形成物流网络组织体系必须有现代科技作支持。现代科学技术的应用与运作将大大提高运输的技术水平，使各种运输方式的优越性得到进一步的发挥和完善。

3. 物流全过程的总费用节约

从社会物流系统总体出发，提供运输及其他物流服务功能，可以大大减少物流过程中的不必要环节，减少物流过程中的不衔接现象及停滞时间，减少物流过程中由不合理因素所造成的物流时间与空间效益及自身价值的损失，从而能够实现社会物流过程总费用的节约。

4. 实现物流过程的系统化管理

将物流过程中的订货、包装、装卸、仓储、库存控制、物流加工、信息服务等环节，与运输、配送相互结合形成一体化，并加强对其相应的计划、组织和控制，可以在现代科技的支持下，形成物流过程的链式控制与管理。这也是提高物流质量、效率，同时降低物流成本所必需的。

5. 促进运输经营观念和组织方式的变革

引入物流概念，改变了分工所引起的运输与其他相关过程分离的现象。它可以促进运输经营观念、经营方式和组织结构的变革，为适应市场一体化、竞争国际化创造必要条件。

五、分辨运输的分类

1. 按运输工具不同分类

（1）公路运输 公路运输是指主要使用汽车，也使用其他车辆在公路上进行客货运输的一种运输方式。公路运输主要承担近距离、小批量的货运，水运、铁路运输难以到达地区的长途、大批量货运，以及铁路、水运优势难以发挥的短途运输。

（2）铁路运输 铁路运输是指使用铁路列车运送客货的一种运输方式。铁路运输主要承担长距离、大数量的货运，在没有水运条件的地区，几乎所有的大批量货物都是依靠铁路运输的，铁路运输是在干线运输中起主力运输作用的运输形式。

（3）水路运输 水路运输是指使用船舶运送客货的一种运输方式。水运主要承担大数量、长距离的运输，在干线运输中起主力作用。在内河及沿海，水运也常作为小型运输工具使用，担当补充及衔接大批量干线运输的任务。

（4）航空运输 航空运输是指使用飞机或其他航空器进行运输的一种运输方式。航空运输的单位成本很高，主要适合运载的货物有两类：一类是价值高、运费承担能力很强的货物，如贵重设备的零部件、高档产品等；另一类是紧急需要的物资，如救灾抢险物资等。

（5）管道运输 管道运输是指利用管道输送气体、液体和粉状固体的一种运输方式。其运输形式是靠物体在管道内顺着压力方向循序移动实现的，与其他运输方式的重要区别在于，管道设备是静止不动的。

2. 按运输线路不同分类

（1）干线运输 干线运输是指利用铁路、公路的干线，以及大型船舶的固定航线进行的长距离、大数量的运输，是进行远距离空间位置转移的重要运输形式。干线运输的一般速度较同种工具的其他运输要快，成本也较低。干线运输是运输的主体。

（2）支线运输 支线运输是指与干线相接的分支线路上的运输。支线运输是干线运输与收、发货地点之间的补充性运输形式，其路程较短，运输量相对较小。支线的建设水平和运输工具水平往往低于干线，因而速度较慢。

（3）城市内运输 城市内运输是一种补充性的运输形式，路程较短。干线、支线运输到站后，站与用户仓库或指定接货地点之间的运输称为城市内运输，由于是单个单位的需要，所以运量也较小。

（4）厂内运输 厂内运输是指在工业企业范围内，直接为生产过程服务的运输，一般在车间与车间之间、车间与仓库之间进行。小企业中的这种运输以及大企业内部、仓库内部则不称"运输"，而称"搬运"。

3. 按运输的协作程度不同分类

（1）一般运输 一般运输是指孤立地采用不同运输工具或同类运输工具，而没有形成有机协作关系的运输，如汽车运输、火车运输等。

（2）联合运输 联合运输简称联运，是指使用同一运送凭证，由不同运输方式或不同运输企业进行有机衔接运送货物，利用每种运输手段的优势充分发挥不同运输工具效率的一种运输形式。

采用联合运输，对用户来讲，可以简化托运手续，方便用户；同时，可以加快运输速度，也有利于节省运费。经常采用的联合运输形式有：铁海联运、公铁联运、公海联运等。

（3）多式联运 多式联运是联合运输的一种现代形式。一般的联合运输，规模较小，在国内大范围物流和国际物流领域，往往需要反复地使用多种运输手段进行运输。在这种情况下，进行复杂的运输方式衔接，并且具有联合运输优势的称为多式联运。

知识检验

一、选择题

1. 占物流总成本最多的成本是（　　）。

　　A. 运输成本　　　　　　B. 储存成本　　　　　　C. 包装成本　　　　　　D. 采购成本

2. 运输方式按照协作程度不同分类不包括的是（　　）

　　A. 多式联运　　　　　　B. 一般运输　　　　　　C. 联合运输　　　　　　D. 干线运输

3. 运输服务在全社会范围内与公众有利害关系的特性是（　　）。

　　A. 运输服务的非储存性　　　　　　　　　　　　B. 运输服务的公共性

　　C. 运输服务的同一性　　　　　　　　　　　　　D. 运输服务的无形性

二、问答题

1. 简述运输的概念。

2. 简述运输的特点。

任务三　区别现代物流与运输的关系

现代物流系统是由物资包装、运输配送、装卸、储存保管、流通加工以及物流信息等子系统组成。没有运输配送，也就没有物资流通过程，物资的价值和使用价值也就无法实现，社会再生产也不能正常进行。运输在物流工作中具有重要的地位。

一、运输在物流中的地位

1. 运输是物流的主要功能要素

运输承担了物流中很大一部分责任，是物流的主要部分。按物流的概念，物流是"物品"的物理性运动，这种运动不但改变了物品的时间状态，也改变了物品的空间状态。而运输承担了改变空间状态的主要任务。

2. 运输可以创造"空间效用"

运输将"物品"运到空间效用最高的地方，就能发挥"物品"的潜力，实现资源的优化配置。从这个意义来讲，也相当于通过运输提高了物品的使用价值。

3. 运输是社会物质生产的必要条件之一

运输作为社会物质生产的必要条件，具体表现为：

1）在生产过程中，运输是生产的直接组成部分，没有运输，生产内部的各环节就无法联结。

2）在社会上，运输是生产过程的继续，这一活动联结生产与再生产、生产与消费环节，联结国民经济各部门、各企业，联结着城乡，联结着不同国家和地区。

4. 运输是体现物流成本的最大部分

1）从物流活动来看，运输是物流运动中最重要的活动之一。运输和静止的保管不同，要靠大量的动力消耗才能实现这一活动，而运输又承担大跨度空间转移的任务，所以活动的时间长、距离长、消耗也大。消耗的绝对数量大，其节约的潜力也就大。

2）从运费来看，它在全部物流费中占最高的比例。一般综合分析计算社会物流费用，运输费在其中占接近50%的比例，有些产品的运费高于生产费。所以，节约的潜力是很大的。

3）从距离来看，由于运输总里程大，运输总量巨大，通过体制改革和运输合理化可大大缩短运输吨公里数，从而获得比较大的节约。

二、运输是物流网络的构成基础

物流系统是一个网络结构系统，由物流据点（物流中心、配送中心或车站、码头）与运输配送线路构成。运输配送在物流网络的构成中是一个重要的基础条件。物流系统具有创造物品的空间效用、时间效用、形质效用三大效用（或称三大功能）。空间效用通过运输配送来实现，时间效用主要由仓储活动来实现，形质效用由流通加工业务来实现。运输配送是物流系统不可缺少的功能。

三、现代物流对传统运输的变革突破

现代物流是对资源从原产地到消费者的有关选址、移动和存储业务进行优化的过程。其实质是货物的有效流动，而这恰恰是运输的基本功能。其首先表现在物流把传统运输方式下相互独立的海、陆、空的各个运输手段按照科学、合理的流程组织起来，是多种运输方式的集成，从而使客户获得最佳的运输路线、最短的运输时间、最高的运输效率、最安全的运输保障和最低的运输成本，形成一种有效利用资源、保护环境的"绿色"服务体系。其次，通过供应链的概念建立起对企业产供销全过程的计划和控制，实现了货物流、资金流和信息流的有机统一，并强调运输服务的宗旨是客户，使供应商、厂商、销售商、物流服务商及最终消费者达到皆赢的战略目的。另外，现代物流与电子商务日益紧密地结合在一起。电子商务的推广，加快了世界经济的一体化，使国际物流在整个商务活动中占有举足轻重的地位。电子商务带来对物流的巨大需求，推动了物流的进一步发展，而物流也在促进电子商务的发展。

四、影响运输决策的因素

1. 从物流系统的观点来看，成本、速度和一致性是影响运输决策的因素

1）运输成本是指为两个地理位置间的运输所支付钱款，以及与行政管理和维持运输中的存货有关的费用。物流系统的设计应该利用能把系统总成本降到最低程度的运输，这意味着最低费用的运输并不总是导致最低的运输总成本。

2）运输速度是指完成特定的运输所需的时间。运输速度和成本的关系表现在：首先，能够提供更快速服务的运输商实际上要收取更高的运费；其次，运输服务越快，运输中的存货越少，无法利用的运输间隔时间就越短。因此，选择最期望的运输方式时，至关重要的问题就是如何平衡运输服务的速度和成本。

3）运输的一致性是指在若干次装运中履行某一特定的运次所需的时间与原定时间或与前几次运输所需时间的一致性。它是运输可靠性的反映。多年来，运输经理们已把一致性看作高质量运输的最重要特征。如果给定的一项运输服务第一次花费3天，而第二次花费了7天，这种意想不到的变化就会产生严重的物流作业问题。如果运输缺乏一致性，就需要安全储备存货，以防预料不到的服务故障。运输一致性会影响买卖双方承担的存货义务和有关风险。那么速度和一致性相结合则是创造运输质量的必要条件。此外，了解运输履行的质量对于那些对时间具有敏感性的作业具有何种程度的重要性也是至关重要的。

2. 影响托运人和承运人决策的因素直接影响运输决策

在任何运输中，又存在着托运人和承运人这两个非常重要的角色。对他们的决策产生影响的因素是直接影响运输决策的因素。托运人要求货物在供应链的两点之间发生位移，而承运人则按照托运人的要求进行货物的移动或运输。

例如，在戴尔公司通过 UPS 公司把电脑从工厂运到客户手中的过程中，戴尔公司充当的是托运人的角色，而 UPS 公司则是承运人。

在做出有关运输的决策时，由于托运人和承运人的角度不同，他们考虑的影响运输的因素也不一样。作为承运人，它进行运输设备（如铁路、机车、载货车、飞机等）投资决策和运营决策，并努力从这些资产中谋取最大回报。相反，托运人考虑的是如何使用合适的运输方式，以降低总成本（包括运输、库存、信息和设施所耗费的成本），并以合适的速度对消费者需求做出反应。

想一想
影响承运人决策的因素主要有哪些？

（1）影响承运人决策的因素 承运人的目标是做出投资决策，并运用合理的经营策略，以使其投资取得最大回报。像飞机、铁路、货车等运输业务的承运公司，在进行固定资产投资、制订价格以及运营策略的时候，必须考虑到以下几项成本：

1）与运输工具相关的成本。这是指承运人购买或者租赁运输工具所发生的成本。这项成本不论运输工具使用与否都会产生，承运人在短期运营决策中把它当作固定成本，但当制订长期战略或中期计划时，这些成本是可变的，购买或者租赁运输工具的数量，是承运人要做的一个选择。与运输工具相关的成本是与购买和租赁运输工具的数量成比例的。

2）固定运营成本。这项成本包括任何与运输枢纽建设成本、机场建设成本及与运输是否发生无关的劳动力成本。典型的例子是，货运终点站和机场的建设，这些成本与进入终点站的货车数量或使用机场的飞机数量无关。如果司机的工资与其出车安排无关，则其工资也应当计入该项成本。此外，固定运营成本通常与运营设施的规模成正比。

3）与运距有关的成本。一旦运输工具投入运行，此项成本就发生了，它包括劳动力报酬和燃料费用。顾名思义，与运距相关的成本与运输路途长短、运输持续时间是相关的，但它与运输产品的数量无关。在进行战略或规划决策时，此项成本被视为变动的，在作出影响

运距和运输持续时间的经营决策时，此成本也是可变的。

4）与运量有关的成本。此项成本包括货物装卸费用以及与运量有关的燃料费用。在运输决策的过程中，这些费用通常是变动的，除非装卸货物的劳动力成本是固定的。

5）运营成本。这项成本包括设计、安排运输网络的费用以及任何有关的信息技术投资。当货运公司投资于一种有助于管理者进行运输线路决策的线路规划软件时，对软件的投资以及软件维护、操作的费用就属于运营成本。航运公司则要将飞机和机组人员的工作日程安排成本和线路规划费用计入运营成本。

承运人的大部分成本与运输工具的运量无关，而取决于运输线路设计与运输工具安排，因而在运营决策时，把大多数成本看作是固定不变的。

还有以下两个因素会影响承运人决策：一是其所追求的对目标市场的迅速反应能力；二是市场能承受的价格。例如，美国联合包裹递送中心采用航空和公路运输相结合的方式，提供相对廉价但速度也较慢的服务；而联邦速递公司则提供快速、可靠的包裹递送服务。这两大运输网络的差别在服务价格表上得到了体现。美国联合包裹递送中心依据包裹大小和目的地两个因素来确定价格，而联邦速递公司则主要依据包裹的大小来收费。从物流供应链的角度来看，当价格与目的地无关而且运输的速度非常重要的时候，联邦速递公司的航空运输网络是比较适合的；而当价格随目的地而变化，且较慢的运输速度可以被接受时，公路运输网就比较适合了。

（2）影响托运人决策的因素　托运人的目标是，在以承诺的速度满足客户需求的同时，使总成本最小化。因此，托运人一般要对以下三项内容进行决策：运输网设计、运输工具选择以及对不同客户采取不同的运输方式。托运人进行决策时，必须考虑到以下成本：

1）运输成本。这包括为将货物运送到消费者手中而向不同承运人支付的总费用。这项成本主要取决于不同承运人的报价以及托运人选择的运输方式，即选择廉价但较慢的运输方式，还是选择高价但较快的运输方式。当承运人独立于托运人时，运输成本就是可变的。

2）库存成本。这是指在托运人的供应链网络中保管库存货物所耗费的成本。库存成本在短期运输决策中是不变的，而在设计运输网络或制订运营策略时，这项成本则是变化的。

3）设施成本。这是指托运人的供应链网络中的各种设施的成本。设施成本只有供应链管理者在做出战略规划决策时才是可变的，而在进行其他运输决策时均被视为固定的。

4）作业成本。这是进行货物装卸及其他与运输相关的作业所带来的成本。在所有的运输决策中，此项成本都被视为可变的。

5）服务水平成本。这是在没有完成货物运送义务时所承担的费用。在某些情况下，这项费用可能在合同中详细列明，而在其他情况中，则表现为客户的满意程度。在进行战略、规划和运营决策时都应当考虑此项成本。

托运人在进行运输决策时，应权衡以上各项成本。托运人的决策还会受以下两个因素的影响：它所需要满足的客户对反应灵敏度的要求和它从不同商品和服务中得到的利润。例如，美国联合包裹递送中心则只承诺在工作时间送货；而网路先锋是一家网上零售店，它向客户承诺，在网上购物后30分钟内送货上门。两家公司设计的运输网络和与需求相关的运输工具的数量，反映了两家公司战略上的差异。

知识检验

一、选择题

1. 影响运输决策的因素包括（　　　）。

   A. 成本　　　　　　　　　B. 速度　　　　　　　　　C. 效率　　　　　　　　　D. 一致性

2. 物流据点主要包括（　　　）。

   A. 物流中心　　　　　　　B. 配送中心　　　　　　　C. 车站

   D. 公司　　　　　　　　　E. 码头

3. 托运人一般要对以下（　　　）项内容进行决策。

   A. 运输网设计　　　　　　　　　　　　B. 运输工具选择

   C. 运输材料　　　　　　　　　　　　　D. 对不同客户采取不同的运输方式

二、问答题

1. 谈谈物流与运输的关系。

2. 承运人决策的影响因素有哪些？

任务四　制定合理运输

一、运输合理化的概念

由于运输是物流中最重要的功能要素之一，因此物流合理化在很大程度上依赖于运输合理化。运输合理化的影响因素很多，起决定性作用的有五方面因素，称为合理运输的"五要素"。

（1）运输距离　在运输时，运输时间、运输货损、运费、车辆或船舶周转等运输的若干技术经济指标，都与运距有一定比例关系，运距长短是运输是否合理的一个最基本因素。缩短运输距离从宏观、微观上都会带来好处。

（2）运输环节　每增加一次运输，不但会增加起运的运费和总运费，而且必须要增加运输的附属活动（如装卸、包装等）各项技术经济指标也会因此下降。所以，减少运输环节，尤其是同类运输工具的环节，对合理运输有促进作用。

（3）运输工具　各种运输工具都有其使用的优势领域，对运输工具进行优化选择，按运输工具特点进行装卸运输作业，最大限度地发挥所用运输工具的作用，是运输合理化的重要一环。

（4）运输时间　运输是物流过程中需要花费较多时间的环节，尤其是远程运输，在全部物流时间中，运输时间占绝大部分，所以，运输时间的缩短对整个流通时间的缩短有决定性作用。此外，运输时间短，有利于运输工具的加速周转，充分发挥运力的作用；有利于货主资金的周转和运输线路通过能力的提高，对运输合理化有很大贡献。

（5）运输费用　前文已言及运费在全部物流费中占很大比例，运费高低在很大程度上决定整个物流系统的竞争能力。实际上，运输费用的降低，无论对货主企业来讲还是对物流经营企业来讲，都是运输合理化的一个重要目标。运费的判断，也是各种合理化实施是否行之有效的最终判断依据之一。

从上述五方面考虑运输合理化，就能取得预想的结果。

二、分辨现代物流中的各种运输方式及其运营特点

现代物流通常综合运用铁路、公路、水路、航空、管道运输以及多式联运方式等进行货物运送。

铁路运输是最重要的货运方式之一。铁路常用来整车装运大宗散装产品，如运输煤、砂、矿物和农林产品等。

水运主要包括轮船运输及驳船运输。水运适合运输体积大、价值低、不易腐蚀的物品，如砂、粮食、石油和矿石等。

公路运输是使用汽车在地面上进行的运输，在城市之间及城市内的运量中所占比重最大。汽车在运输路线的安排上有很大的灵活性。这种运输方式可避免因多次装卸易造成的货物损坏和被盗的风险。对于价值高、运送速度要求快的商品的短途运输来说，汽车运输是一种有效的运输方式。

一般汽车运输与铁路运输相比，由于其所提供的服务一般更为方便，故具有较强的竞争力。

管道运输是一种专门由生产地向市场输送石油、煤和气等流体、气体的运输方式。管道运输石油产品比水运费用高，但仍然比铁路运输便宜。

空运在运输业中所占的比重较低，但其重要性越来越明显。虽然航空费用比铁路或汽车运输高得多，但是如果要求迅速交货，或者要将货物在短时间内运到遥远的市场时，空运仍是理想的运输方式。经常空运的产品有易腐产品（如鲜海货、鲜花）和价值高、体积小的产品（如笔记本电脑、照相机、珠宝等）。

另外，包裹运输是随着人们对快递需求的增加以及对库存减少的关注而发展起来的。美国联邦速递（FedEx）、联合包裹（UPS）等运输公司和邮政系统等都属于包裹承运人。像联邦速递公司这类以航空运送为主要运输方式的包裹承运人，与航空承运人很相似。所不同的是，包裹承运人只承运较小的、对时间更敏感的物品；包裹运输中的增值性服务较航空运输更为重要。

产品从生产地到消费地，各种运输方式的费用随平均订购量的大小而有所不同，随着订购量的增加，所适用的运输方式也不同。在具体选择最佳运输方式时需根据物品的条件和运输方式的特性来综合判断，而不能用某种统一的标准。各种运输方式的优缺点比较见表 1-1。

表 1-1　各种运输方式的优缺点

运输方式	优　点	缺　点
公车运输	1. 能实现"门到门"的运输 2. 适合近距离运输，运送速度快 3. 输送时包装简单、经济	1. 不适合长途运输 2. 装载量小
铁路运输	1. 大批货物能够一次性有效运送 2. 运费负担小，特别是大批货物中长距离运输时 3. 安全 4. 运输网遍及全国各地 5. 不受天气影响	1. 短距离运费高 2. 远距离输送时，中转等作业时间长 3. 在紧急输送场合，由于需要配车，所以有可能错过时机

（续）

运输方式	优　　点	缺　　点
水路运输	1. 能够进行长距离、低运费的输送 2. 原料及散装货物可以利用专用船,使装卸合理化成为可能 3. 最适合体积大、超重物品的运输	1. 运输速度慢 2. 港口装卸成本高 3. 运输的正确性和安全性较差 4. 受气候影响
航空运输	1. 运输速度快 2. 适于较贵重的小批量物品及生鲜食品的运输 3. 包装简单	1. 由于运费高,不适合于低价商品的运输 2. 有重量限制 3. 只限于机场周围的城市利用
管道运输	1. 运输量大 2. 管道铺设工程量小,占地少 3. 投资少,自动化水平高,运营成本低	1. 专用性强,只能运输石油天然气及固体炉料浆 2. 运输初期的最小工作流量与正常运输时的最大工作流量间的可调幅度相对较小

一般来说,运输的技术速度从高到低以航空、公路、铁路、水路为序。单位运输成本从低到高则以水路、铁路、公路、航空为序。但随着运输距离的不同,各种运输方式的运输成本又不相同。

还有多式联运是一种综合性的运输方式。它以上述五种基本运输方式为基础,将两种或两种以上的运输方式或运输工具连接起来,充分利用各种运输工具的优点,实行多环节、多区段相互衔接的接力式运输,整个运输过程的换乘转装均由承运部门相互协作、联合完成,通常以集装箱为运输单位。

多式联运具有以下优点:①缩短了物资运输的在途时间;②车船周转快,提高了运输工具的利用率;③方便用户,简化了托运手续;④可以实现"门到门"运输。

多式联运虽有许多优点,但不是在任何地方和任何情况下都可以实现的,它需要具备一定的条件。运输途中的换乘转装是多式联运的关键环节,开展多式联运,其线路上必须建有"联运"的车站码头,这些车站码头应具有足够的吞吐能力和装卸设施。

以上所述仅适合一般情况,具体条件还要根据各种物流形态综合判断,找出最佳输送手段。

三、解决物流运输中的不合理运输

不合理运输是指在现有条件下可以达到的运输水平而未达到,从而造成了运力浪费、运输时间增加、运费超支等问题。目前我国主要存在的不合理运输形式有以下几种:

（1）返程或起程空驶　空车无货载行驶,可以说是不合理运输的最严重形式。在实际运输组织中,有时候必须调运空车,从管理上不能将其看成不合理运输。但是,因调运不当、货源计划不周、不采用社会化运输而形成的空驶,是不合理运输的表现。造成空驶的不合理运输主要有以下几个原因:

1）能利用社会化的运输体系而不利用,却依靠自备车送货提货,这往往会出现单程重车、单程空驶的不合理运输。

2）由于工作失误或计划不周,造成货源不实,车辆空去空回,形成双程空驶。

3）由于车辆过分专用，无法搭运回程货，只能单程实车，单程回空周转。

（2）对流运输　对流运输亦称"相向运输""交错运输"，指同一种货物或彼此间可以互相代用而又不影响管理、技术及效益的货物，在同一线路上或平行线路上作相对方向的运送，而与对方运程的全部或一部分发生重叠交错的运输。已经制定了合理流向图的产品，一般必须按合理流向的方向运输，如果与合理流向图指定的方向相反，也属对流运输。

在判断对流运输时需注意的是，有的对流运输是不很明显的隐蔽对流。例如，不同时间的相向运输，从发生运输的那个时间看，并非出现对流，就可能做出错误的判断，所以要注意隐蔽的对流运输。

（3）迂回运输　迂回运输是舍近求远的一种运输，是指可以选取短距离进行运输而不办，却选择路程较长的路线进行运输的一种不合理运输形式。迂回运输有一定复杂性，不能简单处之，只有当计划不周、地理不熟、组织不当而发生的迂回，才属于不合理运输，如果最短距离有交通阻塞、道路情况不好或有对噪声、排气等特殊限制而不能使用时发生的迂回，不能称为不合理运输。

（4）倒流运输　倒流运输是指货物从销地或中转地向产地或起运地回流的一种运输现象。其不合理程度要甚于对流运输，原因在于往返两程的运输都是不必要的，形成了双程的浪费。倒流运输也可以看成是隐蔽对流的一种特殊形式。

（5）重复运输　本来可以直接将货物运到目的地，但是在未达目的地之处，或目的地之外的其他场所将货卸下，再重复装运送达目的地，这是重复运输的一种形式。另一种形式是，同品种货物在同一地点一面运进，同时又向外运出。重复运输的最大缺点是增加了非必要的中间环节，这就延缓了流通速度，增加了费用，增大了货损。

（6）过远运输　过远运输是指调运物资舍近求远，近处有资源不调而从远处调，这就造成可采取近程运输而未采取，拉长了货物运距的浪费现象。过远运输占用运力时间长、运输工具周转慢、物资占压资金时间长、远距离自然条件相差大，又易出现货损，增加了费用支出。

（7）运力选择不当　未利用各种运输工具的优势而错误地选择运输工具造成的不合理现象称为运力选择不当，常见有以下若干形式：

1）弃水走陆。在同时可以利用水运及陆运时，不利用成本较低的水运或水陆联运，而选择成本较高的铁路运输或汽车运输，使水运优势不能发挥。

2）铁路、大型船舶的过近运输。这是指不是铁路及大型船舶的经济运行里程却利用这些运力进行运输的不合理做法。主要的不合理之处在于火车及大型船舶起运及到达目的地的准备、装卸时间长，且机动灵活性不足，在过近距离中利用，发挥不了运速快的优势。相反，由于装卸时间长，反而会延长运输时间。另外，和小型运输设备比较，火车及大型船舶装卸难度大、费用也较高。

3）运输工具承载能力选择不当。这是指不根据承运货物数量及重量选择，而盲目决定运输工具，造成过分超载、损坏车辆及货物不满载、浪费运力的现象。尤其是"大马拉小车"现象发生较多。由于装货量小，单位货物运输成本必然增加。

（8）托运方式选择不当　这是指对于货主而言，可以选择最好的托运方式而未选择，造成运力浪费及费用支出加大的一种不合理运输。

例如，应选择整车未选择，反而采取零担托运，应当直达而选择了中转运输，应当中转运输而选择了直达运输等，都属于这一不合理运输类型。

四、运输合理化的有效措施

长期以来，我国劳动人民在生产实践中探索和创立了不少运输合理化的途径，在一定时期内、一定条件下取得了效果，汇集如下：

（1）提高运输工具的实载率 实载率有两个含义：一是单车实际载重与运距之乘积和标定载重与行驶里程之乘积的比率，这在安排单车、单船运输时，是判断装载合理与否的重要指标；二是车船的统计指标，即一定时期内车船实际完成的货物周转量（以吨公里计）占车船载重吨位与行驶公里之乘积的百分比。在计算车船行驶的公里数时，不但包括载货行驶，也包括空驶。

提高实载率的意义在于：充分利用运输工具的额定能力，减少车船空驶和不满载行驶的时间，减少浪费，从而求得运输的合理化。

我国曾在铁路运输上提倡"满载超轴"，其中"满载"的含义就是充分利用货车的容积和载重量，多载货，不空驶，从而达到合理化之目的。当前，国内外开展的"配送"形式，优势之一就是将多家需要的货和一家需要的多种货实行配装，以达到容积和载重的充分合理运用，比起以往自家提货或一家送货车辆大部分空驶的状况，是运输合理化的一个进展。在铁路运输中，采用整车运输、合装整车、整车分卸及整车零卸等具体措施，都是提高实载率的有效措施。

（2）采取减少动力投入、增加运输能力的有效措施求得合理化 这种合理化的要点是，少投入、多产出，走高效益之路。运输的投入主要是能耗和基础设施的建设，在设施建设已定型和完成的情况下，尽量减少能源投入。这是少投入的核心，做到了这一点就能大大节约运费，降低单位货物的运输成本，达到合理化的目的。国内外在这方面的有效措施有如下几点：

1）前文已提到"满载超轴"，其中"超轴"的含义就是在机车能力允许的情况下，多加挂车皮。我国在客运紧张时，也采取加长列车、多挂车皮的办法，在不增加机车的情况下增加运输量。

2）水运拖排和拖带法。竹、木等物资的运输，利用竹、木本身的浮力，不用运输工具载运，采取拖带法运输，可省去运输工具本身的动力消耗；将无动力驳船编成一定队形，一般是"纵列"，用拖轮拖带行驶，有比船舶载乘运输运量大的优点，以求得合理化。

3）顶推法。顶推法是我国内河货运采取的一种有效方法，是将内河驳船编成一定队形，由机动船顶推前进的航行方法。其优点是航行阻力小，顶推量大，速度较快，运输成本很低。

4）汽寿挂车。汽车挂车的原理和船舶拖带、火车加挂基本相同，都是在充分利用动力能力的基础上，增加运输能力。

（3）发展社会化的运输体系 运输社会化的含义是发展运输的大生产优势，实行专业分工，打破一家一户自成运输体系的状况。

我国在利用联运这种社会化运输体系时，创造了"一条龙"货运方式。对于产、销地及产、销量都较稳定的产品，事先通过与铁路交通等社会运输部门签订协议，规定专门收、到站，专门航线及运输路线，专门船舶和泊位等，有效保证了许多工业产品的稳定运输，取得了很大成绩。

（4）开展中短距离铁路公路分流，"以公代铁"的运输　这一措施的要点是在公路运输经济里程范围内，或者经过论证，超出通常的平均经济里程范围，应尽量利用公路。这种运输合理化的表现主要有两点：一是对于比较紧张的铁路运输，用公路分流后，可以得到一定程度的缓解，从而加大这一区段的运输通过能力；二是充分利用公路从门到门和在中途运输中速度快且灵活机动的优势，实现铁路运输服务难以达到的水平。

我国"以公代铁"的运输目前在杂货、日用百货运输及煤炭运输中采用较为普遍，一般在200km以内，有时可达700~1000km。山西煤炭外运经认真的技术经济论证，用公路代替铁路运至河北、天津、北京等地是合理的。

（5）尽量发展直达运输　直达运输是追求运输合理化的重要形式，其对合理化的追求要点是通过减少中转过载换载，从而提高运输速度，省却装卸费用，降低中转货损。直达运输的优势，尤其是在一次运输批量和用户一次需求量达到了一整车时表现最为突出。此外，在生产资料、生活资料运输中，通过直达运输建立稳定的产销关系和运输系统，也有利于提高运输的计划水平，考虑用最有效的技术来实现这种稳定运输，从而大大提高运输效率。

特别需要一提的是，如同其他合理化措施一样，直达运输的合理性也是在一定条件下才会有所表现，不能绝对认为直达一定优于中转。这要根据用户的要求，从物流总体出发作综合判断。如果从用户需要量来看，批量大到一定程度时直达是合理的，而批量较小时中转是合理的。

（6）配载运输　配载运输是充分利用运输工具的载重量和容积，合理安排装载的货物及载运方法以求得合理化的一种运输方式。配载运输也是提高运输工具实载率的一种有效形式。

配载运输往往是轻重商品的混合配载，在以重质货物运输为主的情况下，同时搭载一些轻泡货物（如海运矿石、砂等重质货物，在舱面捎运木材、毛竹等；在铁路运矿石、钢材等重物上面搭运轻泡农、副产品等），在基本不增加运力投入、基本不减少重质货物运输的情况下，解决了轻泡货物的搭运，因而效果显著。

（7）"四就"直拨运输　"四就"直拨运输是减少中转运输环节，力求以最少的中转次数完成运输任务的一种形式。一般批量到站或到港的货物，首先要进入分配部门或批发部门的仓库，然后再按程序分拨或销售给用户。这样一来，往往会出现不合理运输。"四就"直拨运输则减少了这种不合理的运输。

> **知识卡**
>
> **"四就"直拨**
>
> 首先是由管理机构预先筹划，然后就厂、就站（码头）、就库、就车（船）将货物分送给用户，而无须再入库。

（8）发展特殊运输技术和运输工具　依靠科技进步是运输合理化的重要途径。例如，专用散装及罐车解决了粉状、液状物运输损耗大和安全性差等问题，袋鼠式车皮、大型半挂车解决了大型设备的整体运输问题，"滚装船"解决了车载货的运输问题，集装箱船比一般船能容纳更多的箱体，集装箱高速直达车船加快了运输速度等，都是通过先进的科学技术实现合理化。

（9）通过流通加工使运输合理化　有不少产品，由于其本身形态及特性问题，很难实现运输的合理化，如果进行适当加工，就能够有效解决合理运输问题。例如，将造纸材料在产地预先加工成干纸浆，然后压缩体积运输，就能解决造纸材料运输不满载的问题；轻泡产品预先捆紧包装成规定尺寸，装车就容易提高装载量；水产品及肉类预先冷冻，就可提高车辆装载率并降低运输损耗。

知识检验

一、选择题

1. 现代物流运输方式通常有（　　）。

   A. 铁路运输　　　　　B. 公路运输　　　　　C. 水路运输　　　　　D. 航空运输

   E. 管道运输　　　　　F. 个体运输　　　　　G. 多式联运方式

2. 合理运输的"五要素"是指（　　）。

   A. 运输距离　　　　　B. 运输时间　　　　　C. 运输工具　　　　　D. 运输环节

   E. 运输效率　　　　　F. 运输费用

3. 以下运输活动中，属于不合理运输的是（　　）。

   A. 迂回运输　　　　　B. 对流运输　　　　　C. 支线运输　　　　　D. 干线运输

4. 货物运输的门到门运输通常采用公路运输方式，是因为（　　）。

   A. 公路运输的灵活性大、适应性强　　　　　B. 公路运输的速度快

   C. 公路运输的运量大　　　　　　　　　　　D. 公路运输的运货种类多

二、判断题

1. 汽车运输不适合长途运输。（　　）

2. 航空运输速度快、运费高，不适合低价商品的运输。（　　）

3. 倒流运输是合理的运输。（　　）

4. 实行"配载运输"是运输合理化的有效措施之一。（　　）

三、问答题

1. 比较各种运输方式的优缺点。

2. 要做到运输合理化应采取哪些措施？

3. 不合理运输存在的问题有哪些？

任务五　技 能 训 练

任务描述

组织学生到一家物流运输企业调研，了解运输工作的任务，运输的特点和功能，运输企业的岗位职责以及对人员的素质要求。或通过网络查询了解本地知名物流运输企业并阐述其主营业务。

任务准备

1）将班级学生按6～8人一组分为若干小组，每个小组定一名学生为组长。

2）每位同学准备好笔和笔记本。

任务实施

1）了解此次调研的相关内容及任务（任务要求、调研步骤、注意事项等）。

2）进入企业，听取企业负责人对企业经营内容的介绍。

3）参观企业，了解企业主营业务，真实感受工作现场。

4）与企业员工交流，了解企业工作的一般流程、企业岗位职责以及对人员的素质要求等，并做好记录。

5）完成调研报告。

任务评价

任务编号			学时		学生姓名		总分	
类别	序号	评价项目	评价内容	配分	学生自评	学生互评	教师评价	得分
岗位技能评价	1	调研能力，信息收集及分析能力	下企业调研了解企业的能力，调查问卷的设计、调查方法的选择及运用能力；运用互联网等收集相关资讯及归纳的能力	30				
	2	理解及知识应用能力	是否理解所学知识，具有运用所学知识完成任务的能力	10				
	3	语言表达能力	企业或市场调研过程中，与被调查人员进行沟通、交流的能力	10				
	4	完成时间	是否按时完成各项任务	10				
职业素质评价	5	文明和安全	遵守企业安全文明规章，或物流企业（园区）管理规定	10				
	6	个人礼仪	衣帽、发饰、仪态；在企业调研中的礼仪规范及守纪情况	10				
	7	团队合作	沟通交流、合作参与意识。小组活动的组织、展示、内容等；勇于发言，踊跃讨论，有独到见解	15				
	8	任务执行	协作性、积极主动性和任务完成度	5				

注：按学生自评占 20%、学生互评占 30%、教师评价占 50% 计算总分。

任务小结

授课班级		授课时间		授课地点	
授课教师			任务名称		
学生表现					
存在问题及改进方法措施					

项目二　公路货物运输认知

知识目标

1. 能说出公路运输的优缺点、组成、功能和分类。
2. 能区别公路普通货物和特殊货物运输组织方法。
3. 能描述公路运输运价构成和运费的计算方法。

技能目标

1. 能完成零担、整车运输作业程序的演示。
2. 能完成公路运输运费的计算。

案例导入

公路港模式叩开智能物流大门

公路港是一个依托于公路运输的物流枢纽（园区、基地），具有运输组织与管理、中转及换装、装卸搬运、储存、多式联运、信息流通和辅助服务等功能的综合性物流园区。简单来说，"公路港"是"物流园区"发展的一种高级形态。

一般来说，公路港模式包含管理服务、信息交易、运输、仓储、配送、零担快运、配套服务等功能区。公路港是目前各地零担物流和货运市场的升级改良版，承担着整合、管理、服务、培育众多中小物流企业和社会车辆物流资源的责任，是推动公路物流走向"集约化经营、组织化管理"的创新服务平台。公路港符合物流专业化、社会化、信息化发展趋势，适合我国国情。我国公路港还处于初期阶段，当前我国做得比较好的公路港有传化公路港、华威公路港、三明公路港、西安公路港和达州公路港，以上这五个公路港的运营模式也在摸寻探索阶段。下面重点介绍传化公路港模式。

传化公路港开辟了公路物流的新路子，形成了独特的"传化模式"，其创新思路受到"空运有空港，海运有海港，公路也应该有公路港""人可以乘坐公交车、长途车流动，货物也应该有班车、有货站""车找货，货也在找车"的启发。

传化公路港物流模式，定位于物流平台的运营，为中小型物流企业提供全方位服务，属于第四方物流。其以信息化为核心，以网络为载体，以公路交通为手段，进行平台化运作、专业化服务、集群式发展，打造国内公路物流网络，提升综合物流效率和集约化水平，实现物流企业、物流服务需求信息、车辆资源等链条的对接、集聚和融合。

传化公路港物流平台，建立了"6＋1"功能模块，分别为管理服务中心、信息交易中心、车源中心、仓储中心、配送中心、零担快运中心、配套服务区；优化了服务环境，打造"一站式"服务体系，为财税、公安、交警、工商、交通等部门提供政府服务，为银行、保险、邮政、通信、餐馆、百货、维修等提供中介服务，运营平台还为司机提供住宿、营销、物业、安全、信息、法律咨询等服务。

交易流程主要在信息交易中心大厅完成，大厅的显示屏显示货运信息，供司机寻找货源；交易服务台负责信息发布、货运信息查询、咨询等服务；信息交易系统主要管理大厅信息，进行数据统计。

从实践运营情况看，传化公路港物流模式，一是解决了"车找货、货找车"的问题，实现了货源和车源的对接；二是解决了中小型物流企业小、散、乱、差的问题，提供物流服务需求，实现了集约化、专业化管理；三是解决了物流企业各自为战、运营成本高、车辆空驶率高的问题，利于缩短司机配货时间、减少空驶、缓解交通拥堵和整合物流资源；四是解决了车辆通行难问题，"一站式"服务可便捷地为司机办理车辆通行证。传化物流创新的商业模式得到了行业认可，先后被评为"交通运输部重点联系道路运输企业""中国最具影响力十大物流企业""中国物流示范基地""中国 5A 级物流企业"，成为中国首家 ITC 师资培训基地。

动脑筋

公路港的智能物流对提高公路货物运输效率有帮助吗？

任务一　了解公路运输知识

一、公路运输的概念

公路运输是现代运输的主要方式之一，同时也是构成陆上运输的两个基本运输方式之一。它在整个运输领域中占有重要的地位，并发挥着越来越重要的作用。

公路运输的含义有广义和狭义之分。从广义来说，公路运输主要是指货物和旅客借助一定的运载工具，沿着公路的某个方向有目的地移动。目前世界各国一般以汽车作为运载工具，所以从狭义来说，公路运输是指汽车运输。物流中公路运输专指汽车货物运输。

在现代化运输的发展过程中，世界上许多国家有一个共同的发展规律，即海运、铁路发展在先，公路运输则后来居上。20 世纪 60 年代以后，公路运输的发展速度大大超过了铁路和其他运输方式。到了 20 世纪 70 年代，经济发达国家大多改变了一个多世纪以来以铁路为中心的局面，公路运输在交通运输中成为骨干运输方式之一。

二、公路运输的特点

1. 公路运输的优点

1）公路运输机动灵活。公路运输机动灵活，是最便捷也是唯一具有送达功能的运输方式，以实现门到门运输；它不需要中转，所以速度快，同时货差少，这是公路运输独特的优势。

2）能衔接各种运输方式。其他运输方式组织的运输生产，需要公路运输提供集、散运输的条件。各种运输方式之间的衔接，也需要公路运输来完成。

3）公路运输覆盖面广。

4）驾驶技术容易掌握。

5）原始投资少，投资回收期短。

2. 公路运输的缺点

公路运输也具有一定的局限性，如载重量小，不适宜装载重件、大件货物，不适宜长途运输；车辆运行中震动较大，易造成货损、货差事故；同时，运输成本费用比水运和铁路运输高。

鉴于以上特点，公路运输已成为许多国家的骨干运输方式之一，公路货运量在各种运输方式中所占的比重不断提高。

三、公路运输的功能

1. 主要担负中、短途运输

短途运输通常运距在50km以内，中途运输一般运距在50～200km。

2. 衔接其他运输方式的集、散运输

由其他运输方式（如铁路、水路或航空）担任主要（长途）运输时，由公路运输担负其起、终点处的客货集、散运输。

3. 独立担负长途运输

当公路运输的运距超过200km时，基于国家或地区的政治与经济建设等方面的需要，常由汽车担负长途运输。例如，发展中国家组织对边远地区或少数民族地区的长途运输，或因救灾工作的紧急需要而组织的长途运输以及公路超限货物的门到门长途直达运输等。

四、公路运输的技术装备和设施

公路运输主要由公路、汽车和货运站三部分组成。

1. 公路

公路是一种线型构造物，是汽车运输的基础设施，由路基、路面、桥梁、涵洞、隧道、防护工程、排水设施与设备以及山区特殊构造物等基本部分组成，此外还需设置交通标志、安全设施、服务设施及绿化栽植等。

动动脑

我们平时说的道路、马路和公路是同一个概念吗？

（1）按行政等级划分　公路按行政等级可分为：国家公路、省公路、县公路和乡公路（简称为国、省、乡道）以及专用公路五个等级。一般把国家公路和省公路称为干线，县公路和乡公路称为支线。

1）国家公路是指具有全国性政治、经济意义的主要干线公路，包括重要的国际公路，国防公路，连接首都与各省、自治区、直辖市首府的公路，连接各大经济中心、港站枢纽、商品生产基地和战略要地的公路。国家公路中跨省的高速公路由交通部批准的专门机构负责修建、养护和管理。

2）省公路是指具有全省（自治区、直辖市）政治、经济意义，并由省（自治区、直辖市）公路主管部门负责修建、养护和管理的公路干线。

3）县公路是指具有全县（县级市）政治、经济意义，连接县城和县内主要乡（镇）、主要商品生产和集散地的公路，以及不属于国道、省道的县际间公路。县公路由县、市公路主管部门负责修建、养护和管理。

4）乡公路是指主要为乡（镇）村经济、文化、行政服务的公路，以及不属于县道以上公路的乡与乡之间及乡与外部联系的公路。乡公路由乡人民政府负责修建、养护和管理。

5）专用公路是指专供或主要供厂矿、林区、农场、油田、旅游区、军事要地等与外部联系的公路。专用公路由专用单位负责修建、养护和管理，也可委托当地公路部门修建、养护和管理。

（2）按使用任务、功能和适应的交通量划分 根据我国现行的《公路工程技术标准》（JTG B01—2014），公路按使用任务、功能和适应的交通量分为高速公路、一级公路、二级公路、三级公路、四级公路五个等级。

> **知识卡**
>
> **高速公路**
>
> 1. 第一条高速公路是由德国修建的。
> 2. 高速公路里程最长的国家是美国。
> 3. 到2015年底，我国高速公路的里程为12.53万km。
> 4. 我国道路交通法规规定：高速公路的最高时速不得超过120km/h，最低时速不得低于60km/h。

1）高速公路为专供汽车分向、分车道行驶，全部控制出入的多车道公路。高速公路的年平均日设计交通量宜在15000辆小客车以上。

2）一级公路为供汽车分向、分车道行驶，可根据需要控制出入的多车道公路。一级公路的年平均日设计交通量宜在15000辆小客车以上。

3）二级公路为供汽车行驶的双车道公路。二级公路的年平均日设计交通量宜为5000~15000辆小客车。

4）三级公路为供汽车、非汽车交通混合行驶的双车道公路。三级公路的年平均日设计交通量宜为2000~6000辆小客车。

5）四级公路为供汽车、非汽车交通混合行驶的双车道或单车道公路。双车道四级公路的年平均日设计交通量宜在2000辆小客车以下；单车道四级公路的年平均日设计交通量宜在400辆小客车以下。

2. 汽车

在物流运输中主要研究的是货车。货车又称为载货汽车、载重汽车和卡车，是一种主要用来运送各种货物或牵引全挂车而设计和装备的商用车辆。

（1）货车按载重量分类

1）微型：总载重量≤1.8t。

2）轻型：1.8t<总载重量≤6t。

3）中型：6t<总载重量≤14t。

4）重型：总载重量>14t。

（2）货车按用途分类

1）普通货车：普通货车是在敞开式（平板式）或封闭式（厢式）载货空间内载运货物的货车。

2）多用途货车：多用途货车是在其设计和结构上主要用于载运货物，但在驾驶员座椅

23

后带有固定或折叠式座椅，可载运3个以上乘客的货车。

3）全挂牵引车：全挂牵引车是通过车辆自身的牵引挂钩与被牵引挂车的连接杆进行连接的，其中包括电器连接、刹车系统连接。它本身可在附属的载运平台上运载货物。

4）越野货车：越野货车是在其设计上所有车轮同时进行驱动（包括一个驱动轴可以脱开的车辆）或其几何特性（接近角、离去角、纵向通过角、最小离地间隙）、技术特性（驱动轴数、差速锁止机构或其他机构）和性能（爬坡度）允许在非道路上行驶的一种车辆。

5）专用作业车：专用作业车是在其设计和技术特性上用于特殊工作的货车。例如，消防车、救险车、垃圾车、应急车、街道清洗车、扫雪车、清洁车等。

6）专用货车：专用货车是在其设计和技术特性上用于运输特殊物品的货车，例如，罐式车、乘用车运输车、集装箱运输车等。

资料库

1. 挂车

挂车是由汽车牵引才能正常使用的一种无动力的道路车辆，用于载运人员和货物。

2. 半挂车

半挂车是车轴置于车辆重心（当车辆均匀受载时）后面，并且装有可将水平或垂直力传递到牵引车的连接装置的挂车。

（3）货车按燃料分类　货车按燃料不同可分为汽油货车、柴油货车、其他燃料货车。

3. 货运站

货运站是专门办理货物运输业务的汽车站，一般设在公路货物集散点。货运站可分为集运站（或集送站）、分装站和中继站等几类。

（1）货运站的任务与职能　货运站的主要工作是组织货源、受理托运、理货、编制货车运行作业计划，以及车辆的调度、检查、加油、维修等。

汽车货运站的职能，包括下列几个方面：

1）调查并组织货源，签订有关运输合同。

2）组织日常的货运业务工作。

3）做好运行管理工作。运行管理的核心是做好货运车辆的管理，保证各线路车辆正常运行。

（2）汽车货运站的分类

1）整车货运站。整车货运站主要经办大批货物运输，也有的站兼营小批货物运输。

2）零担货运站。零担货运站专门办理零担货物运输业务，作为零担货物作业、中转换装、仓储保管的营业场所。

3）集装箱货运站。集装箱货运站主要承担集装箱的中转运输任务，所以又称集装箱中转站。

五、公路货物运输的分类

1. 按货运营运方式分类

公路货物运输按照货运营运方式的不同可分为整批运输、零担运输、集装箱运输、联合运输和包车运输。

（1）整批运输　整批运输是指托运人一批托运的货物在 3t 及其以上，或虽不足 3t 但其性质、体积、形状需要一辆 3t 及其以上汽车运输的货物运输，如需要大型汽车或挂车（核定载货量为 4t 及以上的）以及油罐车、冷藏车、保温车等车辆运输的货物运输。但不足整车吨位，又不能与其他货物拼装，需要单独供车装运的货物，或可以装足一辆小型货车标记吨位的货物，也可按整批运输对待。

（2）零担运输　零担运输是指托运人托运的一批货物不足整车的货物运输。

（3）集装箱运输　集装箱运输是将适箱货物集中装入标准化集装箱，采用现代化手段进行的货物运输。在我国又把集装箱运输分为国内集装箱运输及国际集装箱运输。

（4）联合运输　联合运输是指一批托运的货物需要两程或两种运输工具及其以上的运输。目前我国的联合运输有公铁联运、公水联运、公公联运、公铁水运输等。联合运输实行一次托运、一次收费、一票到底、全程负责。

（5）包车运输　包车运输是指应托运人的要求，经双方协议，把车辆包给托运人安排使用，并按时间或里程计算运费的运输。

2. 按托运的货物是否保险或保价分类

公路货物运输按托运的货物是否保险或保价可分为不保险（不保价）运输、保险运输和保价运输。

保险和保价运输均采取托运人自愿的办法，凡保险或保价的，须按规定缴纳保险金或保价费。保险运输须由托运人向保险公司投保或委托承运人代办。保价运输时，托运人必须在货物运单的价格栏内向承运人声明货物的价格。

3. 按货物种类分类

公路货物运输按货物种类不同可分为普通货物运输和特种货物运输。

（1）普通货物运输　普通货物运输是指对车辆、装卸和保管无特殊要求的货物运输。普通货物分为一等、二等、三等三个等级。

（2）特种货物运输　特种货物运输是指因货物性质、形体、重量等，对车辆有特殊要求，装卸、保管需要采用特殊措施的货物运输。特种货物包括大件货物、危险货物、贵重货物和鲜活货物。

4. 按运送速度分类

公路货物运输按运送速度不同可分为一般货物运输、快件货物运输和特快专运。

（1）一般货物运输　一般货物运输即普通速度运输或称慢运。

（2）快件货物运输　快件货物运输的速度从货物受理当日 15：00 起算，运距在 300km 内 24h 运达；运距在 1000km 内 48h 运达；运距在 2000km 内 72h 运达。

（3）特快专运　特快专运是指按托运人要求在约定时间内运达。

知识检验

一、填空题

1. 公路货物运输按运送速度不同分为＿＿＿＿、＿＿＿＿和＿＿＿＿。

2. 联合运输是指一批托运的货物需要＿＿＿＿或＿＿＿＿及其以上的运输。

3. 公路按使用任务、功能和适应的交通量不同分为＿＿＿＿、＿＿＿＿、＿＿＿＿、＿＿＿＿和

_____五个等级。

4. 公路货物运输按照货运营运方式的不同可分为_____、_____、_____、_____和_____。

5. 保价运输时，托运人必须在货物运单的价格栏内向承运人声明_____。

6. 公路运输主要由_____、_____和_____三部分组成。

二、判断题

1. 从狭义来说，公路运输就是指汽车运输。（　　）

2. 公路运输是一种机动灵活、简捷方便的运输方式，在中长途货物集散运转上，它比铁路、航空运输具有更大的优越性。（　　）

3. 定期定线是契约运输业。（　　）

4. 契约期限一般都比较长。（　　）

5. 汽车货运代理本身掌握货源但不掌握运输工具。（　　）

三、选择题

1. 从狭义来说，公路运输就是指（　　）运输。
   A. 拖拉机　　　　　　B. 汽车　　　　　　C. 畜力车　　　　　　D. 人力车

2. 下列是公路运输优点的是（　　）。
   A. 载重量大　　　　　　　　　　　　　B. 适合长途运输
   C. 实现"门到门"运输　　　　　　　　　D. 车辆运行中震动较大

3. 以下是公路货物运输按照货运营运方式的不同分类的是：（　　）
   A. 整车运输　　　　B. 特种货物运输　　　　C. 保价运输　　　　D. 保险运输

4. 快件货物运送从货物受理当日15：00开始，运距在1000km内（　　）h到达。
   A.24　　　　　　B.36　　　　　　C.48　　　　　　D.72

5. 货物运输中，普通货物和特殊货物分别可以分为几类：（　　）
   A. 三类、四类　　　B. 三类、五类　　　C. 二类、四类　　　D. 四类、三类

四、问答题

1. 在市场经济条件下，公路运输的组织形式一般有几种？

2. 什么是整车、零担和集装箱货物运输？

3. 货运站的任务与职能是什么？

4. 什么是公路？公路如何分类？

5. 公路运输有什么优缺点？公路运输各有什么功能？

任务二　公路普通货物运输组织

一、普通货物运输

道路货物运输，是指运用载货汽车或者其他运输工具在道路上运送货物的活动。主要包括普通货物运输、集装箱货物运输、特种货物运输、零担货物运输。

对车辆、装卸、保管中无特殊要求的货物称为普通货物。普通货物运输是指以通过道路、主要运用汽车运送普通货物的运输。普通货物分为三等：一等普通货物主要是砂、石、渣、土等；二等普通货物主要是日用百货；三等普通货物主要是蔬菜、农产品、水产品等。普通货物在运输、装卸、保管过程中，除一等普通货物要注意防止扬洒外，其他无特殊要求。

（一）普通运输形式

普通运输形式包括用各种普通载货汽车、翻斗车、拖挂车在专线或非专线上向社会提供货物运输服务。其特点是：向全社会提供服务，讲究社会效益；运输各种货物，讲究经济效益，追求利润；保证准确送货，交易平等，收费合理。普通运输形式是营业范围最为广泛的货运方式。它灵活机动，运输的货物品种繁多，凡是能用普通载货汽车运输的商品都可采用此种方式运输。它包括专线和非专线普通杂货运输、合同运输、专业杂货运输和联合包裹运输配送等。

（二）货物运输组织

货物运输组织方法直接影响到货物运输速度与运输费用。在各种运输方式竞争激烈的条件下，做好货物运输组织工作显得尤为重要。

1. 货源组织

货物运输组织的首要任务是货源组织。诸如与固定、大宗货源单位签订运输协议，在服务范围内建立若干货运服务网点等。货源组织工作的主要内容是：货源经济调查、运力运量平衡、联络协调承托双方。

建立起覆盖全国的即时、高效的公路运输网路。

2. 合理调配和使用车辆

在掌握一定货源的基础上，根据货物结构的不同，合理调配和使用车辆，做到车种适合货种、车吨配合货吨。

（1）运输车辆的选择　运输车辆的选择主要指车辆选择和载重量的选择。

（2）车辆选择的目标　车辆选择的目标是缩短运达期限、减少运输费用。

（3）车辆选择的影响因素　车辆选择的影响因素包括货物的类型、特性与批量、装卸工作方法、道路与气候条件、货物运送速度以及运输工作的劳动、动力及材料消耗量等。

3. 直达行驶法

公路货物运输行车组织方法常采用直达行驶法和分段行驶法两种。直达行驶法是指每辆汽车装运货物由起点经过全线直达终点，卸货后再装货或空车返回，即货物中间不换车。其特点是车辆在路线上运行时间较长，因此驾驶员的工作制度要根据具体情况采取单人驾驶制、双人驾驶制、换班驾驶制等方式。

4. 分段行驶法

分段行驶法是指将货物运输路线全线适当分成若干段（即区段），每一区段均有固定的车辆工作，在区段的衔接点，货物由前一个区段的车辆转交给下一个区段的车辆接运，每个区段的车辆不出本区段工作。为了缩短装卸货交接时间，在条件允许时，也可采取甩挂运输。

> **动动脑**
>
> 直达行驶和分段行驶有什么优缺点？

5. 定挂运输

（1）含义　定挂运输即汽车运列车化。

（2）汽车列车化的三种形式　汽车列车化的三种形式如图2-1所示。

（3）定挂运输的优、缺点

优点：①单车生产能力增加；②司机劳动生产率提高；③单位运输成本降低。

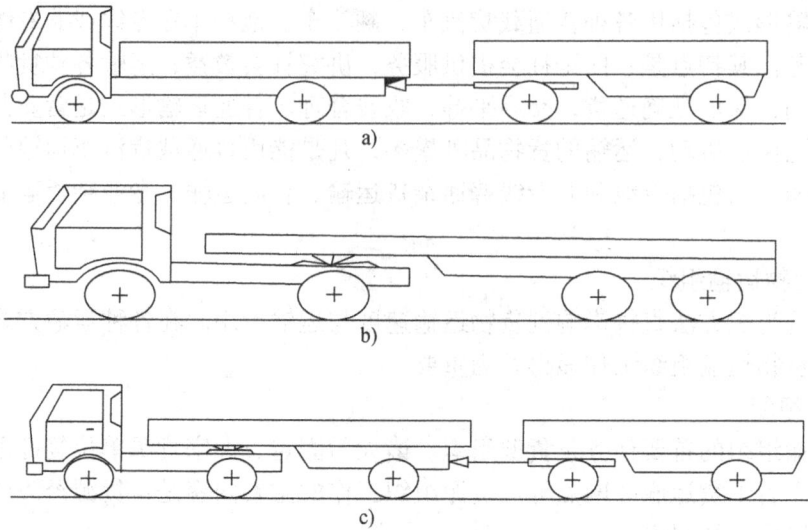

图 2-1 汽车列车化的三种形式

a）全挂牵引车与全挂车组合的全挂汽车系列

b）半挂牵引车与半挂车组合的半挂汽车系列

c）半挂牵引车与一辆半挂车和一辆全挂车组合的双挂汽车系列

缺点：①车速降低；②安全性能下降；③驾驶操作困难。

（4）定挂运输的组织工作

①采用机械化装卸，压缩车辆停歇时间。

②要有足够的停车、调车场地

③行车路线状况良好。

6. 甩挂运输

（1）定义 甩挂运输也称为甩挂装卸，是指汽车列车（一辆牵引车与一辆或一辆以上挂车的组合）在运输过程中，根据不同的装卸和运行条件，由载货汽车或牵引车按照一定的计划，相应地更换拖带挂车继续行驶的一种运行方式。

（2）甩挂运输组织形式

①一线两点甩挂运输，如图 2-2 所示。

图 2-2 一线两点甩挂运输

②循环甩挂作业，如图 2-3 所示。

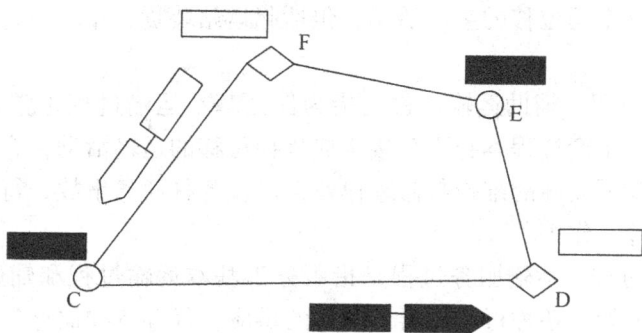

图 2-3　循环甩挂作业

③驮背运输，如图2-4所示。

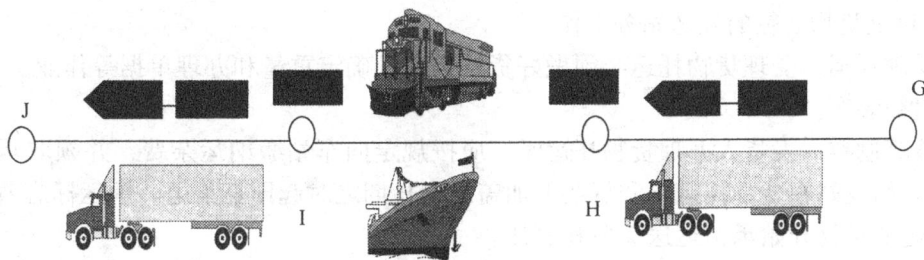

图 2-4　驮背运输

（3）适用条件　甩挂运输适用于装卸比较费时的固定性大宗货源。

（4）组织要点

①货源单位、装卸单位要配合。

②装卸场地要宽阔、有照明设备。

③做好车辆维护，确保安全措施。

④绘制甩挂运行图，加强现场调度工作。

想一想

大家能根据流程图把甩挂运输三种组织形式的工作原理总结出来吗？

二、整批货物运输

为明确运输责任，整批货物运输通常是一车一张货票、一个发货人。

1. 整批货物运输的生产过程

（1）运输准备过程　运输准备过程又称运输生产技术准备过程，是货物进行运输之前所做的各项技术准备性工作，包括车型选择、线路选择、装卸设备配置、运输过程的装卸工艺设计等都属于技术准备过程。

（2）基本运输过程　基本运输过程是运输生产过程的主体，是指直接组织货物，从起运地至到达地完成其空间位移的生产活动，包括起运站装货、车辆运行、终点站卸货等作业过程。

（3）辅助运输过程　辅助运输过程是指为保证基本运输过程正常进行所必需的各种辅助性生产活动。辅助生产过程本身不直接构成货物位移的运输活动，它主要包括车辆、装卸设备、承载器具、专用设施的维护与修理作业，以及各种商务事故、行车事故的预防和处理工作，营业收入结算工作等。

（4）运输服务过程　运输服务过程是指服务于基本运输过程和辅助运输过程中的各种服务工作和活动。例如，各种行车材料、配件的供应，代办货物储存、包装、保险业务，均属于运输服务过程。

2. 整批货物运输的站务工作

整车货物运输的站务工作可分为发送、途中和到达三个阶段，内容包括：货物的托运与承运，货物装卸、起票、发车，货物运送，货物到达交付、运杂费结算，商务事故处理等。

（1）整批货物运输的发送站务工作

1）受理托运。受理货物托运必须做好货物包装、确定重量和办理单据等作业。

2）组织装车。

3）核算制票。发货人办理货物托运时，应按规定向车站缴纳运杂费，并领取承运凭证——货票。始发站在货物托运单和货票上加盖承运日期之时起即算承运。承运标志着企业对发货人托运的货物开始承担运送义务和责任。

（2）整批货物运输的途中站务工作　货物在途中发生的各项货运作业统称为途中站务工作。途中站务工作主要包括途中货物交接、货物整理或换装等内容。

（3）整批货物运输的到达站务工作　货物在到达站发生的各项货运作业统称为到达站务工作。到达站务工作主要包括货运票据的交接，以及货物卸车、保管和交付等内容。

三、零担货物运输

零担货物运输是指托运人一次托运的货物计费重量在 3t 及 3t 以下的货物，通过道路、运用汽车运送零担的运输。零担货物具有零星、批量小、批次多、品种繁多、流向分散的特点。此外，零担货物运输具有定线、定班的特点。零担货运按经营区域分为县（市）内、地（市）内、省内、省际和国际零担货运；按送达速度分为普通零担货运、快件零担货运、特快专运零担货运。零担货运经营活动是指零担货物的受理、仓储、运输、中转、装卸、交付等过程。

> **知识卡**
>
> ### 四 定 运 输
>
> 固定式零担车是指车辆运行采取定线路、定班期、定车辆、定时间的一种零担车，也称为"四定运输"，通常又称为汽车零担货运班车（简称零担班车）。

1. 零担车的种类

零担车是指装运零担货物的车辆，可分为固定式和非固定式两大类。

（1）固定式　零担班车一般是以营运范围内零担货物流量、流向以及货主的实际要求为基础组织运行。运输车辆主要以厢式专用车为主。零担班车的运行方式主要有以下几种：

1）直达零担班车。直达零担班车是指在起运站将多个发货人托运的同一到站且可以配载的零担货物，装在同一车内，直接送达目的地的一种零担班车。

2）中转零担班车。中转零担班车是指在起运站将多个发货人托运的同一线路、不同到达站且允许配装的零担货物，装在同一车内运至规定中转站，卸后复装，重新组织成新的零担班车运往目的地的一种零担班车。

3）沿途零担班车。沿途零担班车是指在起运站将多个发货人托运同一线路不同到达站，且允许配装的零担货物，装在同一车内，在沿途各计划停靠站卸下或装上零担货物继续前进，直至运送到最后终点站的一种零担班车。

（2）非固定式　非固定式零担车是指按照零担货流的具体情况，根据实际需要，临时组织而成的零担车。通常在新辟零担货运线路或季节性零担货物线路上使用。

2. 零担货运的作业程序

零担货运作业是根据零担货运工作的特点，按照流水作业构成的一种生产方式。

（1）受理托运　受理托运是零担货运作业中的首要环节。由于零担货运线路、站点较多，货物种类繁杂，包装形状各异，性质不一，因此受理人员必须熟知营运范围内的线路、站点、运距、中转范围、车站装卸能力、货物的理化性质及运输限制等一系列业务知识和有关规定。此外，托运站必须公布

> **小知识**
>
> **托运受理的形式**
>
> 1. 随时受理制
> 2. 预先审批制
> 3. 日历承运制

办理零担货运的线路、站点（包括联运站、中转站）、班期、里程和运价，张贴托运须知、包装要求及限运规定等。受理托运时，必须由托运人认真填写托运单，承运人审核无误后方可承运。对托运人在载事项栏内填写的要求应予以特别审核，看其是否符合有关规定。如要求不合理或无法承担的，应向托运人做出解释，并在记录栏内做出相应记录。对负责事项也应在记录栏内注明。

（2）过磅起票　业务人员在收到零担货物托运单后，应及时验货过磅，并认真点件交接，做好记录。零担货物过磅后，连同"托运单"交仓库保管员按托运单编号填写标签及有关标志，并根据托运单和磅码单填写"零担运输货票"，照票收清运杂费。各站零担货运营业收入，应根据零担货票填造"货运营业收入日报"，向主管公司或主管部门报缴。

（3）仓库保管　零担仓库要有良好的通风、防潮、防火和照明设备，库房严禁烟火。露天堆放货物时，要有安全防护措施。把好仓储保管关，可以有效地杜绝货损货差。零担仓的货位，一般可划分为进仓待运货位、急运货位、到达待交货位和以线路划分货位，以便分别堆放。货物进出仓库要履行交接手续，持单验收入库和出库；要以票对货，票票不漏，做到票、货相符。

（4）配载装车

1）零担货物的配载必须遵循以下几点：

①中转先运、急件先运、先托先运、合同先运的原则；对一张托运单和一次中转的货物，须一次运清，不得分送。

②凡是可以直达运送的货物，必须直达运送；必须中转的货物，应合理流向配载，不得任意增加中转环节。

③充分利用车辆的载重量进行轻重配装、巧装满装。

④认真执行货物混装限制规定，确保运全。

⑤加强预报中途各站的待运量，并尽可能使同站卸装的货物在吨容积上相适应。

2）货物装车前必须做好以下准备工作：

①按车辆的容载量和货物长短、大小、性质进行合理配载，填制配装单和货物交接清单。填单时应根据货物先远后近、先重后轻、先大后小、先方后圆的顺序填写，以便按次装车。对不同到达站和中转的货物要分单填制，不得混填一单。

②各种随货单证，分附于交接单后面。

③按单核对货物堆放位置，做好标记。

3）装车。完成上述准备工作后，便可装车。装车时，除按交接清单的顺序要求点件装车外，还要注意以下事项：

①将贵重物品放在防压、防撞的位置，保证其运输安全。

②货物装妥后，要复查货位，防止错装、漏装；确认无误后，驾驶员（或随车理货员）要清点随货单证并在交接单上签章。

③检查车辆关锁及遮盖捆扎等情况。

（5）车辆运行　零担车必须按期发车，不得误班。如属有意或过失责任造成误班必须按章对责任人给予处罚。定期零担班车应按规定线路行驶。凡规定停靠的中途站，车辆必须进站，并由中途站值班人员在行车路单签证。行车途中，驾驶员（随车理货员）应经常检查车辆装载情况。如有异常情况，应及时处理或报请就近车站协助处理。

（6）中转交接　卸货班车到站后，仓库理货员应会同驾驶员（或随车理货员）检查车载情况，检查运输途中有无异状，并作记录，然后按货物交接清单点交验收。如无异常，则由仓库理货员在"交接单"上签字，并加盖专用章；如发现异常情况，则应按下列情况分别处理：

1）无货时，双方签注情况后，在"交接单"上销号，将原单返回。

2）有货无单时，经查验标签，确系运到车站，应予收货，并填写收件内容，双方签章后，交起运站查补票据。

3）货物到站错误时，由原车带回起运站或带至货物应到站。

4）货物短缺、破损、受潮、污染和腐坏时，由到达站会同驾驶员（或随车理货员）验货，复磅签章后，填写"商务事故记录单"，按商务事故处理程序办理。

零担货物的中转作业一般有三种方法：

1）全部落地中转（落地法）。全部落地中转是指将整车零担货物全部卸下交中转站入库，由中转站按货物的不同到站重新集结，另行安排零担车分别装运，继续运到目的地。这种方法简便易行，车辆载重量和容积利用较好，但装卸作业量大，仓库和场地的占用面积大，中转时间长。

2）部分落地中转（坐车法）。部分落地中转是指由始发站开出的零担货车，装运有一部分要在途中某地卸下，转至另一路线的货物，其余货物则由原车继续运送到目的地。

这种方法的部分货物不用卸车，减少了作业量，加快了中转作业速度，节约了装卸劳力和货位，但对留在车上的货物的装载情况和数量不易检查清点。

3）直接换装中转（过车法）。直接换装中转是指当几辆零担车同时到站进行中转作业时，将车内部分中转零担货物由一辆车向另一辆车直接换装，而不到仓库货位上卸货。组织过车时，既可以向空车上过，也可向留有货物的重车上过。

这种方法在完成卸车作业的同时完成了装车作业，提高了作业效率，加快了中转速度；但对到发车辆的时间等条件要求较高，容易受意外因素干扰而影响运输计划。

（7）货物交付 货物交付是零担运输的最后环节。货物入库后，应及时用电话或书面通知收货人凭"提货单"提货，并作好通知记录；逾期提取的按有关规定办理。对预约"送货上门"的货物，则由送货人按件点交收货人签收。货物交付要按单交付，件检件交，做到票货相符。货物点交完毕后，应及时在提货单上加盖"货物交讫"戳记。

零担货运通常由多个运输企业（或站、点）连续作业才能完成，因此在零担运输作业的全过程中，每个环节都必须严格办理交接手续；否则就会产生手续不清、责任不明等问题，甚至无法查明原因，形成混乱状况。

知识检验

一、填空题

1. 货物运输组织方法应在掌握一定_____的基础上，根据_____的不同，合理调配和使用车辆，做到车种_____、车吨配合_____。

2. 在直达行驶法中，驾驶员的工作制度可根据具体情况采取_____、_____和_____等方式。

3. 整车货物运输站务工作可分为_____、_____和_____三个阶段。

4. 零担车是指装运零担货物的车辆，可分为_____和_____两大类。

5. 零担货物的配载必须遵循：_____、_____、_____、_____的原则。

二、判断题

1. 固定式零担运输组织形式有利于货主合理地安排生产和运输。（   ）

2. 填单时应按货物先远后近、先重后轻、先大后小、先方后圆的顺序进行，以便按单顺次装车；对不同到达站和中转的货物要分单填制。（   ）

3. 落地法是零担货物中转作业的方法。（   ）

4. 坐车法不是零担货物中转作业的方法。（   ）

5. 零担货物中转站必须配备相应的仓库等作业条件，确保货物安全及时准确地到达目的地。（   ）

三、选择题

1. （   ）方式能使载货汽车（或牵引车）的停歇时间缩短到最低限度，最大限度地利用牵引能力，提高运输效能。

    A. 联合运输   B. 甩挂运输   C. 驮背运输   D. 定时运输

2. 一次托运时，下列属于零担货物运输的是（   ）。

    A. 重量不足2t   B. 重量不足3t   C. 重量不足4t   D. 重量不足5t

3. 下列物品不能作为零担运输的是（   ）。

    A. 活鱼   B. 计算机   C. 书籍   D. 棉被

4. 公路零担货物运输的组织形式有（   ）。

    A. 固定式   B. 直达式   C. 中转式   D. 沿途式

5. （   ）不是托运受理的形式。

    A. 随时受理制   B. 预先审批制   C. 日历承运制   D. 合作制

四、问答题

1. 零担货运的作业程序是什么？

2. 甩挂运输组织形式和组织要点有哪些？

3. 定挂运输的优、缺点有哪些？

4. 简述普通货物的定义及分类。

5. 零担货物的配载有什么要求？

任务三　公路特种货物运输组织

在运输、装卸、保管中需采取特殊措施的货物为特种货物。特种货物运输是指因货物性质、形体、重量等，对车辆有特殊要求，装卸、保管需要采用特殊措施的货物运输。特种货物一般可分为危险货物、大件货物、鲜活易腐货物和贵重货物四大类。

一、危险货物运输

1. 危险货物运输概述

（1）危险货物的定义　危险货物是指具有易爆、易燃、毒害、腐蚀性、放射性等性质，在运输、装卸和储存保管过程中，容易造成人身伤亡和财产损毁而需要特别防护的货物。

（2）危险货物的分类　我国的国家标准 GB 6944—2012 将危险货物分成以下九类：

第 1 类：爆炸品。

第 2 类：气体。

第 3 类：易燃液体。

第 4 类：易燃固体、易于自燃的物质、遇水放出易燃气体的物质。

第 5 类：氧化性物质和有机过氧化物。

第 6 类：毒性物质和感染性物质。

第 7 类：放射性物质。

第 8 类：腐蚀性物质。

第 9 类：杂项危险物质和物品，包括危害环境物质。

（3）危险货物的确认　按 GB 12268—2012《危险货物品名表》确认。

（4）包装　危险货物运输包装不仅是为保证产品质量不发生变化、数量完整，而且是防止运输过程中发生燃烧、爆炸、腐蚀、毒害、放射性污染等事故的重要条件之一，是安全运输的基础。对道路危险货物的包装有下列基本要求：

①包装的材质应与所装危险货物的性质适应，即包装及容器与所装危险货物直接接触部分不应受其化学反应的影响。

②包装及容器应具有一定的强度，能经受运输过程中正常的冲击、震动、挤压和摩擦。

③包装的封口必须严密、牢靠，并与所装危险货物的性质相适应。

④内、外包装之间应加适当的衬垫，以防止运输过程中，内、外包装之间，包装和包装之间，以及包装与车辆、装卸机具之间发生冲撞、摩擦、震动而使内容器破损；同时，又能防止液体货物挥发和渗漏，并当其洒漏时可起吸附作用。

⑤包装应能经受一定范围内温度、湿度的变化，以适应各地气温、相对湿度的差异。

⑥包装的重量、规格和形式应适应运输、装卸和搬运条件，如包装的重量和体积不能过大；形式结构便于各种装卸方式作业；外形尺寸应与有关运输工具（包括托盘、集装箱）的容积、载重量相匹配等。

⑦应有规定的包装标志和储运指示标志，以利运输、装卸、搬运等安全作业。

（5）包装标记　一般货物运输包装标记分为识别标记和储运指示标记两类。危险货物运输包装除前述两种标记外还须有危险性标记，以便能显著地识别危险货物的性质。

2. 危险货物运输组织管理

（1）资质管理

1）从事公路危险货物运输的基本条件如下：

①拥有的停车站场、仓储设施符合规定。

②车辆、装卸设备符合规定。

③从业人员要有"危险货物操作证"。

④企业要有安全生产制度。

2）危险货物运输资质凭证，包括企业"危险货物运输经营许可证"，车辆"道路营业运输证""危险品"标志牌、灯，人员"危险货物操作证"，消防技术合格证。

（2）业务规范

1）托运。托运人必须向具有道路危险货物运输经营资质的运输单位办理托运。托运单上要填写危险货物品名、规格、件重、件数、包装方法、起运日期、收发货人详细地址及运输过程中的注意事项；对于货物性质或灭火方法相抵触的危险货物，必须分别托运；对有特殊要求或凭证运输的危险货物，必须附有相关单证并在托运单备注栏内注明；危险货物托运单必须是红色的或带有红色标志，以引起注意；托运未列入汽车运输危险货物品名表的危险货物新品种必须提交危险货物鉴定表。凡未按以上规定办理危险货物运输托运，由此发生运输事故，由托运人承担全部责任。

2）承运。从事营业性道路危险货物运输的单位，必须具有十辆以上专用车辆的经营规模，五年以上从事运输经营的管理经验，配有相应的专业技术管理人员，并已建立健全安全操作规程、岗位责任制、车辆设备保养维修和安全质量教育等规章制度。

承运人受理托运时应根据托运人填写的托运单和提供的有关资料，予以查对核实，必要时应组织承托双方到货物现场和运输线路进行实地勘察。承运爆炸品、剧毒品、放射性物品、需控温的有机过氧化物、使用受压容器罐（槽）运输烈性危险品，以及危险货物月运量超过100t均应于起运前十天，向当地道路运政管理机关报送危险货物运输计划，包括货物品名、数量、运输线路、运输日期等。营业性危险货物运输必须使用交通部统一规定的运输单证和票据，并加盖危险货物运输专用章。

3）运输和装卸

①车辆。车厢、底板必须平坦完好，周围栏板必须牢固。铁质底板装运易燃、易爆货物时应采取衬垫防护措施，如铺垫木板、胶合板、橡胶板等，但不得使用谷草、草片等松软易燃材料；机动车辆排气管必须装有有效的隔热和熄灭火星的装置，电路系统应有切断总电源和隔离电火花的装置；凡装运危险货物的车辆，必须按国家标准《道路运输危险货物车辆标志》悬挂规定的标志和标志灯；根据所装危险货物的性质，配备相应的消防器材和捆扎、防水、防散失等用具。

②装卸。装运危险货物应根据货物的性质，采取相应的遮阳、控温、防爆、防火、防震、防水、防冻、防粉尘飞扬、防撒漏等措施。装运危险货物的车厢必须保持清洁干燥，车上残留物不得任意排弃，被危险货物污染过的车辆及工具必须洗刷消毒，未经彻底消毒的，严禁装运食用、药用物品、饲料及活动物。危险货物装卸作业，必须严格遵守操作规程，轻装、轻卸，严禁摔碰、撞击、重压、倒置；使用的工具不得损伤货物，不准粘有与所装货物性质相抵触的污染物。货物必须堆放整齐、捆扎牢固、防止失落。操作过程中有关人员不得擅离岗位。危险货物装卸现场的道路、灯光、标志、消防设施等必须符合安全装卸的条件。灌（槽）车装卸地点的储槽口应标有明显的货物铭牌；储槽注入、排放口的高度、容量和路面坡度应能适合运输车辆装卸的要求。

③运送。根据货物情况，制订运输方案，确保运输安全。危及安全时，应与当地运管、公安联系处理。运输危险货物时必须严格遵守交通、消防、治安等法规。车辆运行应控制车速，保持与前车的距离，严禁违章超车，确保行车安全。

④交接。货物运达后，要做到交付无误。货物交接双方，必须点收点交，签证手续完全。收货人在收货时如发现差错、破损应协助承运人采取有效的安全措施及时处理，并在运输单证上批注清楚。点收点交签证手续应完善。不能及时卸货的，应与托运人联系。

（3）汽车运输危险货物运输车辆及站场设施管理

1）危险货物运输车辆的技术要求

①车辆排气管应有隔热罩和火星熄灭装置。

②装运大型气瓶、可移动式槽罐的车辆必须装备有效的紧固装置。

③车厢底板必须平整完好，周围栏板必须牢固。

④在装运易燃、易爆危险品时，一般应使用木质底板车厢，如是铁质底板，就应采取衬垫防护措施，例如铺垫胶合板、橡胶板等，但不能使用稻草片、麻袋等松软材料。

⑤装有易燃、易爆危险品的车辆，不得使用明火修理或采用明火照明，不得用易产生火花的工具敲击。

⑥装运放射性同位素的专用车辆、设备、搬运工具、防护用具，必须定期进行放射性污染程度的检查；当污染量超过规定允许水平时，不得继续使用。

⑦根据所装危险货物的性质，车辆要配备相应的消防器材和捆扎、防散失、防水等工具、用具。

⑧装运危险品的车辆应具备有良好避震性能的装置。

⑨装运危险货物的车辆必须按国家标准 GB 13392—2005 规定设置"危险品"字样的信号装置，即三角形磁吸式有"危险"字样的荧光黄色标志灯和菱形标志牌。

⑩对运输危险货物车辆的限制：

• 拖拉机不得装运爆炸物品、一级氧化剂、有机过氧化物、一级易燃物品（包括固体、液体和气体）。

• 自卸车原则上不得装运各类危险货物，但沥青、粗蒽、萘、散袋硫黄除外。

• 非机动车不得装运爆炸品、压缩气体和液化气体（民用液化石油气暂予免除限制）。

• 畜力车不能驮运起爆器材、炸药或爆炸物品。

2）危险货物汽车运输设施管理。危险货物汽车运输设施主要包括供危险货物运输使用的汽车场、汽车站、停车场、专用仓库等建筑物、场地及其他从事汽车危险货物运输生产作业、经营活动的场所。

①汽车危险货物运输设施的建设要求

● 汽车危险货物运输设施，一般应建设在人口稀少的郊区，远离工厂企业、机关团体、商业网点及居民密集地区。

● 危险货物的仓库之间要保持一定的防火安全距离，一般为 20～30m。

● 仓库面积不要太大，一般不超过 600m²；每间库房应设有两个或两个以上安全出入口，库门应朝外开启。储存危险货物的仓库，还应有通风、防潮、防汛和避雷设施。仓库的电源装置必须采用防爆、隔离、密封式的安全设置。

● 仓库区必须与行政管理、生活区分开。

②汽车危险货物运输生产现场的安全管理。应按规章制度操作，并严格监督执行。

二、大件货物运输

1. 基本概念

（1）长大货物 凡整件货物，长度在 6m 以上，宽度超过 2.5m，高度超过 2.7m 时，称为长大货物，如大型钢梁、起吊设备等。

（2）笨重货物 货物每件重量在 4t 以上（不含 4t），称为笨重货物，如锅炉、大型变压器等。

笨重货物可以分为均重货物与集重货物。均重货物是指货物的重量能均匀或近乎均匀地分布于装载底板。而集重货物是指货物的重量集中于装载车辆底板的某一部分。装载集重货物时，需要铺垫一些垫木，使重量能够比较均匀地分布于底板。

2. 大件货物运输的基本技术条件

托运长大、笨重货物时，一般都要采取相应的技术措施和组织措施。

1）使用适宜的装卸机械，装车时应使货物的全部支承面均匀、平稳地放置在车辆底板上，以免损坏车辆。

2）用相应的大型平板车等专用车辆运输，严格按有关规定装载。

3）对于集重货物，为使其重量能均匀地分布在车辆底板上，必须将货物安置在纵横垫木上或具有垫木作用的设备上。

4）货物重心应尽量置于车底板纵横中心交叉点的垂直线上，还要严格控制横向移位和纵向移位。

5）重车重心高度应控制在规定限制内；若重心偏高，除应认真进行加载加固以外，还应采取配重措施，以降低其重心高度。

3. 运输

（1）托运 托运人在办理托运时，必须向已取得道路大件货物运输经营资格的运输单位或其代理人办理托运；必须在运单上如实填写大件货物的名称、规格、件数、件重、起运日期、收发货人地址及运输过程中的注意事项。托运人还应向运输单位提交货物说明书，必要时应附有外形尺寸的三面视图（以"+"表示重心位置）和计划装载加固等具体意见及要求。凡未按上述规定办理托运或运单填写不明确，由此发生运输事故的，应由托运人承担全部责任。

（2）承运

①受理。承运人在受理托运时，必须做到根据托运人填写的运单和提供的有关资料，予以查对核实；承运大件货物的级别必须与批准经营的类别相符，不准受理经营类别范围以外的大件货物。凡未按以上规定受理大件货物托运，由此发生运输事故的，由承运人承担全部责任。同时，按托运人提出的有关资料对货物进行审核，掌握货物的特性及长、宽高度，实际重量，外形特征，重心位置等以便合理选择车型，计算允许装载货物的最大重量，不得超载。应指派专人观察现场道路和交通状况，看附近有无电缆、电话线、煤气管道或其他地下建筑物，车辆是否能进入，现场是否适合装卸、调车等情况。了解运行路线中桥、涵渡口、隧道道路的负荷能力及道路的净空高度，并研究装载和运送办法。

②装卸。大型物件运输的装卸作业应根据托运人的要求、货物的特点和装卸操作规程进行作业。货物的装卸应尽可能使用适宜的装卸机械。装车时应使货物的全部支承面均匀地、平稳地放置在车辆底板上，以免损坏底板或大梁；对于集重货物，为使其重量能均匀地分布在车辆底板上，必须将货物安置在纵横垫木上或具有垫木作用的设备上；货物重心应尽量置于车底板纵、横中心交叉点的垂线上，如无可能时，则对其横向位移严格限制，纵向位移在任何情况下不得超过轴荷分配的技术数据；还应视货物重量、形状、大小、重心高度、车辆和线路、运送速度等具体情况采用不同的加固措施以保证运输质量。

③运送。应按指定的路线和时间行驶，并在货物最长、最宽、最高部位悬挂明显的安全标志。日间挂红旗、夜间挂红灯，以引起往来车辆的注意。特殊的货物，要有专门车辆在前引导，以便排除障碍。

三、鲜活易腐货物运输

1. 概念

鲜活易腐货物是指在运输过程中，需要采取一定措施防止货物死亡和腐坏变质，并须在规定运达期限内运抵目的地的货物。

汽车运输的鲜活易腐货物主要有：鲜鱼虾、鲜肉、瓜果、牲畜、观赏野生动物、花木秧苗、蜜蜂等。

2. 主要特点

①季节性强、货源波动性大，如水果、蔬菜等。

②时效性强。鲜活易腐货物极易变质，要求以最短的时间，最快的速度及时运到。

③运输过程需要特殊照顾，如牲畜、家禽、蜜蜂、花木秧苗等的运输，需配备专用车辆和设备，并有专人沿途进行饲养、浇水、降温、通风等。

3. 运输

①托运。托运鲜活易腐货物前，应根据货物不同特性，作好相应的包装。托运时须向具备运输资格的承运方提出货物最长的运到期限，货物运输的具体温度及特殊要求，提交卫生检疫等有关证明，并在托运单上注明。

②承运。承运鲜活易腐货物时，应对托运货物的质量、包装和温度进行认真检查，要求质量新鲜、包装达到要求、温度符合规定。

③装车。鲜活货物装车前，必须认真检查车辆的状态，车辆及设备完好方能使用，车厢如果不清洁应进行清洗和消毒，适当风干后，才能装车。装车时应根据不同货物的特点，确定其装载方法。

④运送。根据货物的种类、运送季节、运送距离和运送方向，按要求及时起运、双班运输、按时运达。炎热天气运送时，应尽量利用早晚行驶。运送牲畜、蜜蜂等货物时，应注意通风散热。

四、贵重货物运输

贵重货物指的是价格昂贵的货物。其运输责任重大，因此装车时应进行严格清查，查看包装是否完整，货物的品名、重量、件数和货单是否相符；装卸时，怕震的贵重货物要轻拿轻放，不要压挤。同时，贵重物品在托运时一定要让货主办理保险或保价。贵重物品应当用坚固、严密的包装箱包装，外加"#"字形铁箍，接缝处必须有封志。运送贵重物品需派责任心强的驾驶员运送，要由托运方委派专门押送人员跟车。交付贵重货物要做到交接手续齐全，责任明确。

知识检验

一、判断题

1. 特种货物一般分为四大类，即危险货物、大件（长大笨重）货物、鲜活易腐货物和贵重货物。（ ）

2. 氧化剂和有机过氧化物不是危险货物。（ ）

3. 压缩气体和液化气体是危险货物。（ ）

4. 危险货物包装的封口必须严密、牢靠，并与所装危险货物的性质相适应。（ ）

5. 托运人可通过一般运输单位办理危险货物托运。（ ）

6. 危险货物托运单必须是红色的或带有红色标志。（ ）

7. 凡整件货物，长度在 6m 以上，宽度超过 2.5m，高度超过 2.7m 时，称为长大货物。（ ）

8. 货物每件重量在 3t 以上（不含 3t）的，称为笨重货物。（ ）

9. 一般承运人都可办理大件货物运输。（ ）

10. 大件货物运送时，应在货物最长、最宽、最高部位悬挂明显的安全标志，日间挂红旗、夜间挂红灯，以引起往来车辆的注意。（ ）

11. 针对鲜活货物时效性强的特点，要求以最短的时间、最快的速度及时运到。（ ）

12. 鲜活货物托运时，不需提交卫生检疫等有关证明。（ ）

13. 运送贵重物品需派责任心强的驾驶员运送，不需要由托运方委派专门押运人员跟车。（ ）

二、选择题

1. （ ）不是鲜活易腐货物。

　　A. 瓜果　　　　　　B. 新鲜罐头　　　　　C. 牲畜　　　　　　D. 花木秧苗

2. 下列（ ）不是禁运货物。

　　A. 武器弹药　　　　B. 剧毒药品　　　　　C. 毒品　　　　　　D. 蜜蜂

3. 下列物品不能作为零担运输的是（ ）。

　　A. 危险货物　　　　B. 易破损货物　　　　C. 易污染货物　　　D. 鲜活货物

4. 危险货物托运时，托运单上要填写危险货物品名、包装方法、（ ）、收发货人详细地址及运输过程中注意事项。

　　A. 规格　　　　　　B. 件重　　　　　　　C. 件数　　　　　　D. 起运日期

5. 托运人在办理托运时，必须在运单上如实填写的内容除了大件货物的名称、件重、起运日期、运输过程中的注意事项之外还有（ ）。

　　A. 规格　　　　　　B. 到达日期　　　　　C. 件数　　　　　　D. 收发货人的地址

三、问答题

1. 简述危险货物的包装要求。

2. 危险货物运输和装卸的基本要求是什么？

3. 简述大件货物运输的基本技术条件。

4. 承运人在受理大件货物时应注意的事项是什么？

5. 重大件货物装卸时应注意的事项是什么？

6. 鲜活易腐货物的主要特点是什么？

7. 简述鲜活易腐货物运输中托运、承运、装车和运送四个环节的注意事项。

任务四　公路运费计算

> **知识卡**
>
> **公路运输费用**
>
> 1. 公路运输价格 = 运输成本 + 利润 + 税金。
> 2. 运输成本可分为固定成本和变动成本。
> 3. 变动成本是指那些成本的总发生额在相关范围内随着业务量的变动而呈线性变动的成本。
> 4. 固定成本是指在一定的范围内不随产品产量或商品流转量变动的那部分成本。

一、货物运价种类

货物运价按其适用范围分为普通运价、特定运价和优待运价三种。普通运价为运价的基本形式；特定运价为普通运价的一种补充形式，仅适用于一定货物、车型、地区及线路等；优待运价属于优待减价性质，适用于某些部门、有专门用途的货物以及返空方向运输的货物和重去空回容器等。

按货物发送数量分为整车（或整批）运价、零担运价和集装箱运价三种。整车（或整批）运价为按整车运输的货物所规定的运价；零担运价为按零担运输的货物所规定的运价；集装箱运价为按集装箱运输的货物所规定的运价。

按货物类型区分的运价是指在重量相同、运距相同的条件下，不同类型货物的不同运价。也就是要求按各种货物的运输成本加上适当的利润，确定各种货物的运价水平。为了反映按货物类型区分运价，汽车运输采取分级制，即将运价分成若干级别，各规定一个基本运价率（即超码里程运价率），各类型货物按其运输成本和国家政策要求分别纳入适当的运价级别中去。

按不同运距区分的运价是以不同运距上运输成本的差别为基本依据制定的。按运输生产过程所消耗费用同运距的关系，运输费用可分为吨次费、运行作业费及中转作业费。吨次费又称发到作业费，是指承运、交付货物所消耗的人力、物力等费用，与运距无关；运行作业费是指因货物运输所发生的车辆运行费用，与运距成正比关系。中转作业费是指货物运输进行中转作业消耗的费用。货物运价率与运距的关系有以下四种情况：

1）运价率随运距的增加而不断降低。这种情况适用于不宜规定合理运距的货物，如产销联运极为广泛的货物。

2）运价率在合理运距内随运距增加而递减，在合理运距外保持一定水平。这种情况适用于长途运输。

3）运价率在合理运距内随运距增加而递减，在合理运距外随运距增加而递增。这种形式适用于鼓励合理产销联系范围的运输，限制不合理运输。

4）运价率在运距变化时，始终保持一定水平。这种形式适用于发到作业（吨次）费很少的货物运输。

二、节约运输成本的措施

1）在汽车运输成本构成中，燃料费用占的比例相当大，居第一位。因此，把节能放在第一位，就有可能降低汽车运输成本。例如，选用节油车或低价燃油车，开展以节约燃料为中心的技术革新活动。

2）逐步发展大吨位柴油车，则可较大幅度地降低运输成本。目前，国外汽车都在向大型化、柴油化方向发展。

3）努力改造现有公路，相应地修建新公路，是降低汽车运输成本的重要途径。我国今

动动脑

节约运输成本的措施还有哪些？

后的公路建设应该是改造现有公路与新建公路相结合，这对降低运输成本有显著的经济效果。

4）降低汽车长途运价。我国的汽车运价制度曾在较长时期内不分长短途，实行一个运价，这不符合价值规律。因为短途运输的劳动消耗高于长途运输。调整汽车运价并在汽车运价总水平保持不变或略有降低的情况下，使汽车与铁路运输的比价趋于合理。

5）建设信息网络，使资源共享，减少回空。

三、公路货物运输计价标准

1. 计费重量

1）计量单位

①整批货物运输以 t 为单位。

②零担货物运输以 kg 为单位。

③集装箱运输以箱为单位。

2）重量确定

①一般货物：无论整批还是零担货物，计费重量均按毛重计算。轻泡货物：轻泡货物是指每立方米重量不足 333kg 的货物。

②整批货物吨以下计至 100kg，尾数不足 100kg 的，四舍五入。装运整批轻泡货物的高度、长度、宽度，以不超过有关道路交通安全规定为限度，按车辆标记吨位计算重量。

③零担货物起码计费重量为 1kg。重量在 1kg 以上，尾数不足 1kg 的，四舍五入。零担运输轻泡货物以货物包装最长、最宽、最高部位尺寸计算体积，按每立方米折合 333kg 计算重量。

3）包车运输按车辆的标记吨位计算。

4）散装货物，如砖、瓦、砂、石、土、矿石、木材等，按体积由各省、自治区、直辖市统一规定重量换算标准计算重量。

2. 计费里程

（1）里程单位　货物运输计费里程以 km 为单位，尾数不足 1km 的，进整为 1km。

（2）里程确定

①货物运输的营运里程，按交通部和各省、自治区、直辖市交通行政主管部门核定、颁发的《营运里程图》执行。《营运里程图》未核定的里程由承、托双方共同测定或经协商按车辆实际运行里程计算。

②出入境汽车货物运输的境内计费里程以交通主管部门核定的里程为准；境外里程按毗邻国（地区）交通主管部门或有权认定部门核定的里程为准。未核定里程的，由承、托双方协商或按车辆实际运行里程计算。

③货物运输的计费里程按装货地点至卸货地点的实际载货的营运里程计算。

④因自然灾害造成道路中断，车辆需绕道行驶的，按实际行驶里程计算。

⑤城市市区里程按当地交通主管部门确定的市区平均营运里程计算；当地交通主管部门未确定的，由承托双方协商确定。

3. 计时包车货运计费时间

计时包车货运计费时间以小时（h）为单位。起码计费时间为4h；使用时间超过4h，按实际包用时间计算。整日包车，每日按8h计算；使用时间超过8h，按实际使用时间计算。时间尾数不足半小时舍去，达到半小时进整为1h。

4. 运价单位

①整批运输：元／（t·km）。

②零担运输：元／（kg·km）。

③集装箱运输：元／（箱·km）。

④包车运输：元／（吨位·h）。

⑤出入境运输，涉及其他货币时，在无法按统一汇率折算的情况下，可使用其他自由货币为运价单位。

四、计价类别

1. 车辆类别

载货汽车按其用途不同，划分为普通货车、特种货车两种。特种货车包括罐车、冷藏车及其他具有特殊构造和专门用途的专用车。

2. 货物类别

货物按其性质分为普通货物和特种货物两种。普通货物分为三等，特种货物分为长大笨重货物、大型物件、危险货物、贵重货物、鲜活货物五类。

3. 集装箱类别

集装箱按箱型分为国内标准集装箱、国际标准集装箱和非标准集装箱三类。其中，国内标准集装箱又分为1t箱、5t箱、10t箱三种，国际标准集装箱分为20ft箱、40ft箱两种。

集装箱按货物种类分普通货物集装箱和特种货物集装箱两种。

> **知识卡**
>
> **英　尺**
>
> 英尺（ft）是使用于英国、其前殖民地和英联邦国家的长度单位。美国等国家也使用。
>
> 1ft＝12in＝30.48cm

4. 公路类别

公路按公路等级分等级公路和非等级公路两种。

5. 区域类别

汽车运输区域分为国内和出入境两种。

6. 营运类别

根据道路货物运输的营运形式，营运类别分为道路货物整批运输、零担运输和集装箱运输。

五、货物运价价目

1. 基本运价

（1）整批货物基本运价　整批货物基本运价是指一吨整批普通货物在等级公路上运输的每吨千米运价。

（2）零担货物基本运价　零担货物基本运价是指零担普通货物在等级公路上运输的每千克千米运价。

（3）集装箱基本运价　集装箱基本运价是指各类标准集装箱重箱在等级公路上运输的每箱千米运价。

2. 吨、箱次费

（1）吨次费　对整批货物运输在计算运费的同时，按货物重量加收吨次费。

（2）箱次费　对汽车集装箱运输在计算运费的同时，加收箱次费。箱次费按不同箱型分别确定。

3. 普通货物运价

普通货物实行分等级计价，以一等货物为基础，二等货物加成15%，三等货物加成30%。

4. 特种货物运价

（1）长大笨重货物运价

①一级长大笨重货物在整批货物基本运价的基础上加成40%~60%。

②二级长大笨重货物在整批货物基本运价的基础上加成60%~80%。

（2）危险货物运价

①一级危险货物在整批（零担）货物基本运价的基础上加成60%~80%。

②二级危险货物在整批（零担）货物基本运价的基础上加成40%~60%。

（3）贵重、鲜活货物运价　贵重、鲜活货物在整批（零担）货物基本运价的基础上加成40%~60%。

5. 特种车辆运价

按车辆的不同用途，在基本运价的基础上加成计算。

特种车辆运价和特种货物运价两个价目不准同时加成使用。

6. 非等级公路货运运价

非等级公路货运运价在整批（零担）货物基本运价的基础上加成10%~20%。

7. 快速货运运价

快速货物运价按计价类别在相应运价的基础上加成计算。

8. 集装箱运价

（1）标准集装箱运价　标准集装箱重箱运价按照不同规格箱型的基本运价执行，标准集装箱空箱运价在标准集装箱重箱运价的基础上减成计算。

（2）非标准集装箱运价　非标准集装箱重箱运价按照不同规格的箱型，在标准集装箱基本运价的基础上加成计算，非标准集装箱空箱运价在非标准集装箱重箱运价的基础上减成计算。

（3）特种集装箱运价　特种集装箱运价在箱型基本运价的基础上按装载不同特种货物的加成幅度加成计算。

9. 出入境汽车货物运价

出入境汽车货物运价，按双边或多边出入境汽车运输协定，由两国或多国政府主管机关协商确定。

六、货物运输其他收费

1. 调车费

1）应托运人要求，车辆调往外省、自治区、直辖市或调离驻地临时外出驻点参加营运，调车往返空驶者，可按全程往返空驶里程、车辆标记吨位和调出省基本运价的50%计收调车费。在调车过程中，由托运人组织货物的运输收入，应在调车费内扣除。

2）经承托双方共同协商，可以核减或核免调车费。

3）经铁路、水路调车，按汽车在装卸船、装卸火车前后行驶里程计收调车费；在火车、在船期间包括车辆装卸及待装待卸时，每天按8h、车辆标记吨位和调出省计时包车运价的40%计收调车延滞费。

2. 延滞费

1）发生下列情况，应按计时运价的40%核收延滞费。

①因托运人或收货人责任引起的超过装卸时间定额、装卸落空、等装待卸、途中停滞、等待检疫的时间。

②应托运人要求运输特种或专项货物需要对车辆设备改装、拆卸和清理延误的时间；因托运人或收货人造成不能及时装箱、卸箱、掏箱、拆箱、冷藏箱预冷等业务，使车辆在现场或途中停滞的时间。

延误时间从等待或停滞时间开始计算，不足1h者，免收延滞费；超过1h及以上，以半小时为单位递进计收，不足半小时进整为半小时。车辆改装、拆卸和清理延误的时间，从车辆进厂（场）起计算，以半小时为单位递进计算，不足半小时进整为半小时。

2）由托运人或收、发货人责任造成的车辆在国外停留延滞时间（夜间住宿时间除外），计收延滞费。延滞时间以小时为单位，不足1h进整为1h。延滞费按计时包车运价的60%～80%核收。

3）执行合同运输时，因承运人责任引起货物运输期限延误，应根据合同规定，按延滞费标准，由承运人向托运人支付违约金。

3. 装货（箱）落空损失费

应托运人要求，车辆开至约定地点装货（箱）落空造成的往返空驶里程，按其运价的50%计收装货（箱）落空损失费。

4. 道路阻塞停运费

汽车货物运输过程中，如发生自然灾害等不可抗力造成的道路阻滞，无法完成全程运输，需要就近卸存、接运时，卸存、接运费用由托运人负担。已完运程收取运费；未完远程不收运费；托运人要求回运，回程运费减半；应托运人要求绕道行驶或改变到达地点时，运费按实际行驶里程核收。

5. 车辆处置费

应托运人要求，运输特种货物、非标准集装箱等需要对车辆改装、拆卸和清理所发生的工料费用，均由托运人负担。

6. 车辆通行费

车辆通过收费公路、渡口、桥梁、隧道等发生的收费，均由托运人负担。其费用由承运人按当地有关部门规定的标准代收代付。

7. 运输变更手续费

托运人要求取消或变更货物托运手续，应核收变更手续费。因变更运输，承运人已发生的有关费用，应由托运人负担。

七、货物运费计算

1. 整批货物运费计算

1）整批货物运价按货物运价价目计算。

2）整批货物运费计算公式：

整批货物运费 = 吨次费 × 计费重量 + 整批货物运价 × 计费重量 × 计费里程 + 货物运输其他费用

2. 零担货物运费计算

1）零担货物运价按货物运价价目计算。

2）零担货物运费计算公式：

零担货物运费 = 计费重量 × 计费里程 × 零担货物运价 + 货物运输其他费用

3. 集装箱运费计算

1）集装箱运价按计价类别和货物运价价目计算。

2）集装箱运费计算公式：

重（空）集装箱运费 = 重（空）箱运价 × 计费箱数 × 计费里程 + 箱次费 × 计费箱数 + 货物运输其他费用

4. 计时包车运费计算

1）包车运价按照包用车辆的不同类别分别制定。

2）包车运费的计算公式：

包车运费 = 包车运价 × 包用车辆吨位 × 计费时间 + 货物运输其他费用。

5. 运费单位

运费以元为单位。运费尾数不足一元时，四舍五入。

知识检验

一、判断题

1. 车辆通过收费公路、渡口、桥梁、隧道等发生的收费，均由承运人负担。（　　）

2. 贵重、鲜活货物在整批（零担）货物基本运价的基础上加成40% ~60%。（　　）

3. 普通货物实行分等级计价，以一等货物为基础，二等货物加成15%，三等货物加成30%。（　　）

4. 在汽车运输成本构成中，维修费用占的比例相当大，居第一位。（　　）

5. 货物运输计费里程以km为单位，尾数不足1km的，进整为1km。（　　）

二、填空题

1. 集装箱按箱型分为国内标准集装箱、国际标准集装箱和非标准集装箱三类。其中，国内标准集装箱又分为_____、_____、_____三种，国际标准集装箱分为_____、_____两种。

2. 特种货车包括_____、_____及其他具有特殊构造和专门用途的_____。

3. 托运人要求取消或变更货物托运手续，应核收_____。因变更运输，承运人已发生的有关费用，应由_____负担。

4. 汽车货物运输过程中，如发生自然灾害等不可抗力造成的道路阻滞，无法完成全程运输，需要就近卸存、接运时，卸存、接运费用由_____负担。

三、选择题

1. （　　）是杂费。

　　A. 运输价格　　　　　　B. 装卸费　　　　　　C. 运输量　　　　　　D. 运费

2. 燃料费用属于汽车运输企业全部费用中的（　　）。

　　A. 固定费用　　　　　　B. 变动费用　　　　　　C. 装卸费用　　　　　　D. 管理费用

3. 下列不是货物运输其他收费的是（　　）。

　　A. 延滞费　　　　　　B. 调车费　　　　　　C. 车辆通行费　　　　　　D. 吨次费

4. 道路货物运输计价类别按营运类别分为（　　）。

　　A. 零担运输运价　　　　　　　　　　　　B. 整车运输运价

　　C. 集装箱运输运价　　　　　　　　　　　D. 特殊货物运输运价

四、问答题

1. 试写出零担、整车、集装箱货物运费的计算公式。

2. 道路货物运价价目包括哪些？

3. 节约运输成本的措施有哪些？

4. 道路货物运输其他收费包括哪些？

5. 货物运输计价标准中计费重量和计费里程怎么规定？

任务五　技 能 训 练

技能训练1　公路零担货物运输作业

任务描述

通过实训，学生能描述零担货物运输的作业程序，归纳各作业的作业内容和各作业内容的要点，能完成零担货物运输过程中各岗位的作业。

任务准备

1）人员准备：将学生分组，每组11人，一个流程结束之后，交换角色训练。

①托运人1人。

②受理托运组2人：核对运单1人，检查货物包装1人。

③验货司磅组 1 人。

④吊签入库组 2 人：扣、贴货物标签、标志 1 人，货物入库 1 人。

⑤配货装车组 2 人。

⑥到站卸货和货物交付组 2 人。

⑦收货人 1 人。

2）单据准备：公路货物丙种运单各联，货物标签，配装单和零担货物交接单。

3）机械器具准备：磅秤一台，零担货运车辆一辆，叉车一辆，货物若干件。

4）训练地点：公路零担货运站或模拟公路零担货运站。

任务实施

1）公路零担货物运输作业技能训练步骤如图 2-5 所示。

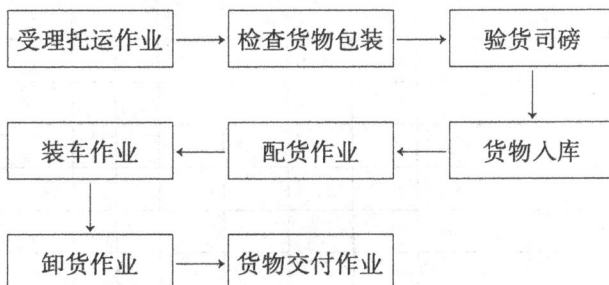

```
┌──────────┐     ┌──────────┐     ┌──────────┐
│ 受理托运作业 │ ──→ │ 检查货物包装 │ ──→ │ 验货司磅  │
└──────────┘     └──────────┘     └──────────┘
                                        │
                                        ↓
┌──────────┐     ┌──────────┐     ┌──────────┐
│ 装车作业  │ ←── │ 配货作业  │ ←── │ 货物入库  │
└──────────┘     └──────────┘     └──────────┘
     │
     ↓
┌──────────┐     ┌──────────┐
│ 卸货作业  │ ──→ │ 货物交付作业 │
└──────────┘     └──────────┘
```

图 2-5 公路零担货物运输作业技能训练步骤

2）技能训练注意事项：

①在零担货运站训练时，听从安排，注意安全。

②在训练时，注意来往的车辆和装卸机械，不要在货场内玩耍、追逐打闹。

③在各项作业的操作中，按要求进行。

④训练时注意各种单据的流转。

3）技能训练建议。选择的零担货运车以中型厢式货车为主。公路汽车行李、包裹、零担货物标签如图 2-6 所示。汽车零担货物交接清单如图 2-7 所示。

车次		
起站		
到站		
票号		
总件数		
		站发
	201 年 月 日	
	公路汽车行李、包裹、零担标签	
		站 至 站
票号	总件数	
		站 201 年 月 日

图 2-6 公路汽车行李、包裹、零担货物标签

本次	起运号					××省汽车零担货物交接清单　　No.000001								
	到达站													
	里程（公里）					车属单位　　　　　　　　车号　　　司机								

序号	受理站	中转站	终点站	运单号	货票号	托运单位	收货单位	货物名称	货物类别	包装	件数	重量/kg		备注
												实际重量	计费重量	
1														
2														
3														
4														
5														第×联
6														×××
7														×
8														
9														
10														
11														
12														
合计										件				

起运站发货人_____制单　　年　月　日　到达站收货人_____　　年　月　日

图2-7　汽车零担货物交接清单

说明：

①汽车零担货物交接清单由零担货物起运站开具，作为货物起运装车以及起运站与承运人、承运人与中转站、到达站进行货物交接时的有效凭证。同一到达站（中转站）的货物开具一份汽车零担货物交接清单。

②汽车零担货物交接清单一式四联，第一联为起运站存查；第二联为报核，作为起运站财务结算运费、站务费的核算依据；第三联为运费核算，随车同行到达站签收后作为承运人收取运费的核算依据；第四联为到达站存查。

任务评价

任务编号			学时		学生姓名			总分		
类别	序号	评价项目	评价内容		配分	学生自评	学生互评	教师评价	得分	
岗位技能评价	1	受理托运	学会运单填写		10					
	2	检查包装	理货及包装检查		10					
	3	验货司磅	检验货物并过磅		10					
	4	吊签入库	贴签并把货物入库		10					
	5	配货装车	货物出库并配载装车		10					
	6	卸货交付	卸货并跟收货人进行交接		10					
	7	完成时间	是否按时完成各项任务		10					
职业素质评价	8	文明和安全	遵守企业安全文明规章，或市场管理规定		10					
	9	个人礼仪	衣帽、发饰、仪态；在实训过程中的礼仪规范及守纪情况		10					
	10	团队合作	沟通交流、合作参与意识。小组活动的组织、展示、内容等；勇于发言，踊跃讨论，有独到见解		10					

注：按学生自评占20%、学生互评占30%、教师评价占50%计算总分。

任务小结

授课班级		授课时间		授课地点	
授课教师			任务名称		
学生表现					
存在问题及改进方法措施					

技能训练2 公路货物运输运费的计算

任务描述

　　掌握公路货物运输运费计算的要求，弄清公路货物运输运费计算的程序，会根据公路运输业务计算运费。

任务准备

　　1）单据准备：公路里程表、公路货物运输参考价目表、货物分类表。
　　2）训练地点：在教室训练。

任务实施

　　1）技能训练步骤
　　①整车货物运费的计算训练：
　　a. 确定货物的种类和基本运价。
　　b. 确定货物的计费重量。
　　c. 确定货物的计费里程。
　　d. 确定货物运输的其他费用。
　　②零担货物运费的计算训练：
　　a. 确定零担货物的种类和基本运价。
　　b. 确定零担货物的计费重量。
　　c. 确定零担货物的计费里程。
　　d. 确定零担货物运输的其他费用。
　　③包车费用的计算训练。
　　2）技能训练注意事项
　　①运费的计算是公路运输中比较重要的内容。训练时，按步骤仔细计算。
　　②公路货物运输的运费计算没有绝对统一的标准，要根据具体情况具体分析。
　　3）技能训练练习题目
　　①山东青岛一星机床厂有一批仪器设备，重量2.2t，运往山西太原，试计算运价。
　　②江西南昌有一批稻谷，重量70t，运往广东深圳，试计算运价。
　　③安徽合肥有一批板材，重量20t，目的地是江苏徐州，试计算运价。
　　④货物和运输情况见表2-1，试计算运价。

表2-1　货物和运输情况

序　号	货物名称	重　量	始　发　地	目　的　地
1	化工	20t	江西 玉山	浙江 台州
2	石材	18t	江西 玉山	浙江 湖州

　　⑤辽宁丹东有4000株树苗运往沈阳，要求20t车两辆，试计算运价。
　　⑥有一批散装块煤500t，始发地是山西大同，目的地是河南郑州，需要多少运费？

⑦有一批小食品 5t，郑州—南昌，需要多少运费？

4）技能训练活动建议：可以根据当地的运输业务情况增加实际业务题。

公路普通货物运价分等表见表 2-2，公路特种货物分类表见表 2-3。

表 2-2　公路普通货物运价分等表

等级	序号	货类	货物名称
一等货物	1	砂	砂子
	2	石	片石、渣石、寸石、石硝、粒石、卵石
	3	非金属矿石	各种非金属矿石
	4	土	各种土、垃圾
	5	渣	炉渣、炉灰、水渣、各种灰烬、碎砖瓦等
二等货物	1	粮食及加工品	各种粮食（稻、麦、杂粮、薯类）及其加工品
	2	棉花、麻	皮棉、籽棉、絮棉、旧棉、棉胎、木棉、各种麻类
	3	油料作物	花生、芝麻、油菜籽、蓖麻子及其他油料作物
	4	烟叶	烤烟、土烟
	5	植物的种子、草、藤、树条	树、草、菜、花的种子、干花、牧草、谷草、稻草、芦苇、树条、树根、木柴、藤等
	6	肥料、农药	化肥、粪肥、土杂肥、农药（具有危险货物性质的除外）等
	7	糖	各种食用糖（包括饴糖、糖稀）
	8	酱菜、调料	腌菜、酱菜、酱油、醋、酱、花椒、茴香、生姜、芥末、腐乳、味精及其他调味品
	9	土产杂品	土产品、各种杂品
	10	皮毛、塑料	生皮张、生熟皮毛、鬃毛绒及其加工品、塑料及其制品
	11	日用百货、一般纺织制品	各种日用小百货、一般纺织品、针织品
	12	药材	普通中药材
	13	纸、纸浆	普通纸及纸制品、各种纸浆
	14	文化体育用品	文具、教学用具、体育用品
	15	印刷品	报刊、图书及其他印刷品
	16	木材	圆木、方木、板料、成材、杂木棍等
	17	橡胶、可塑材料及其制品	生橡胶、人造橡胶、再生胶及其制品、电木制品、其他可塑原料及其制品
	18	水泥及其制品	袋装水泥、水泥制品、预制水泥构件等
	19	钢材（管、丝、线、绳、板、皮条）、钢铁、有色金属及其制品	生铁、毛坯、铸铁件、有色金属、材料、大五金制品、小五金制品、配件、小型农机具等
	20	矿物性建筑材料	普通砖、瓦、缸砖、水泥瓦、乱石、块石、级配石、条石、水磨石、白云石、蜡石、萤石及一般石制品、滑石粉、石灰膏、电石灰、矾石灰、石膏、石棉、白垩粉、陶土管、石灰石、生石灰
	21	金属矿石	各种金属石

（续）

等级	序号	货 类	货 物 名 称
二等货物	22	煤	原煤、块煤、可燃性片岩等
	23	焦炭	焦炭、焦炭末、石油焦、沥青、焦木炭等
	24	原煤加工品	煤球、煤砖、蜂窝煤
	25	盐	原盐及加工精盐
	26	泥、灰	泥土、淤泥、煤泥、青灰、粉煤灰等
	27	废品及散碎品	废钢铁、废纸、破碎布、碎玻璃、废鞋靴、废纸袋等
	28	空包装容器	篓、坛罐、桶、瓶、箱、筐、袋、包、箱皮、盒等
	29	其他	未列入表中的其他货物
三等货物	1	蜂	蜜蜂、蜡虫
	2	蚕、茧	蚕、蚕子、蚕蛹、蚕茧
	3	观赏用花、木	观赏用长青树木、花草、树苗
	4	蔬菜、瓜果	鲜蔬菜、鲜菌类、鲜水果、甘蔗、瓜类
	5	植物油	各种食用、工业、医药用植物油
	6	蛋、乳	蛋、乳及其制品
	7	肉脂及制品	鲜、腌、酱肉类，油脂及制品
	8	水产品	干鲜鱼、虾、蟹、贝、海带
	9	干菜、干果	干菜、干果、子仁及各种果脯
	10	橡胶制品	轮胎、橡胶管、橡胶布类及其制品
	11	颜料、染料	颜料、染料及助剂与其制品
	12	食用香精、树胶、木蜡	食用香精、糖精、樟脑油、芳香油、木榴油、木蜡、橡蜡（橡油、皮油）、树胶等
	13	化妆品	护肤、美容、卫生、头发用品等各种化妆品
	14	木材加工品	毛板、企口板、胶合板、刨花板、装饰板、纤维板、木构件等
	15	家具	竹、藤、钢、木家具
	16	交电器材	普通医疗器械、无线电广播设备、电线电缆、电灯用品、蓄电池（未装酸液）、各种电子元件、电子或电动玩具
	17	毛、丝、棉、麻、呢绒、化纤、皮革制品	毛、丝、棉、麻、呢绒、化纤、皮革制品
	18	烟、酒、饮料、茶	各种卷烟、各类瓶罐装的酒、汽水、果汁、食品、罐头、炼乳、植物油精（薄荷油、桉叶油）、茶叶及其制品
	19	糖果、糕点	糖果、果酱（桶装）、水果粉、蜜饯、面包、饼干、糕点
	20	淀粉	各种淀粉及其制品
	21	冰及冰制品	天然冰、机制冰、冰淇淋、冰棍
	22	中西药品、医疗器具	西药、中药（丸、散、膏、丹成药）及医疗器具
	23	贵重纸张	卷烟纸、玻璃纸、过滤纸、晒图纸、描图纸、绘图纸、国画纸、蜡纸、复写纸、复印纸

（续）

等级	序号	货 类	货 物 名 称
	24	文娱用品	乐器、唱片、幻灯片、录音带、录像带及其他演出用具及道具
	25	美术工艺品	刺绣、蜡或塑料制品、美术制品、骨角制品、漆器、草编、竹编、藤编等各种美术工艺品
三等货物	26	陶瓷、玻璃及其制品	瓷器、陶器、玻璃及其制品
	27	机器及设备	各种机器及设备
	28	车辆	组成的自行车、摩托车、轻骑、小型拖拉机
	29	污染品	炭黑、铅粉、锰粉、乌烟（墨黑、松烟）、涂料及其他污染人体的货物，角、蹄甲、牲骨、死禽兽
	30	粉尘品	散装水泥、石粉、耐火粉
	31	装饰石料	大理石、花岗岩、汉白玉
	32	带釉建筑用品	玻璃瓦、琉璃瓦、其他带釉建筑用品，耐火砖、耐酸砖、瓷砖瓦

注：未列入表中的其他货物，除参照同类货物分等外，均列入二等货物。

表 2-3 公路特种货物分类表

类 别	分类概念	各类档次或序号	各类货物范围或名称
大型特型笨重物件	货物长度 6m 及 6m 以上；货物高度 2.7m 及以上；货物宽度 2.5m 及以上；单件货物重量 4t 及以上	一级	1. 长度大于 6m（含 6m）小于 10m 2. 宽度大于 2.5m（含 2.5m）小于 3.0m 3. 重量大于 4t（含 4t）小于 8t
		二级	1. 长度大于 10m（含 10m）小于 14m 2. 宽度大于 3.0m（含 3.0m）小于 3.5m 3. 高度大于 2.7m（含 2.7m）小于 3m 4. 重量大于 8t（含 8t）小于 20t
		三级	1. 长度大于 14m（含 14m）小于 20m 2. 宽度大于 3.5m（含 3.5m）小于 4.5m 3. 高度大于 3m（含 3m）小于 3.8m 4. 重量大于 20t（含 20t）小于 100t
		四级	1. 长度大于 20m（含 20m）小于 30m 2. 宽度大于 4.5m（含 4.5m）小于 5.5m 3. 高度大于 3.8m（含 3.8m）小于 4.4m 4. 重量大于 100t（含 100t）小于 200t
		五级	1. 长度大于 30m（含 30m）小于 40m 2. 宽度大于 5.5m（含 5.5m）小于 6m 3. 高度大于 4.4m（含 4.4m）小于 5m 4. 重量大于 200t（含 200t）小于 300t
		六级	1. 长度在 40m 以上者 2. 宽度在 6m 以上者 3. 高度在 5m 以上者 4. 重量在 300t 以上者

（续）

类　别	分类概念	各类档次或序号	各类货物范围或名称
危险货物类	《汽车危险货物运输规则》中列名的所有危险货物	一级	《汽车危险货物运输规则》中规定的爆炸物品、一级氧化剂、压缩气体和液化气体、一级自燃物品、一级遇水易燃物品、一级易燃固体、一级易燃液体、剧毒物品、一级酸性腐蚀物品、放射性物品
		二级	《汽车危险货物运输规则》中规定的二级易燃液体、有毒物品、碱性腐蚀物品、二级酸性腐蚀物品
贵重货物类	价格昂贵，运输责任重大的货物	1	货币及有价证券：货币、国库券、邮票等
		2	贵重金属及稀有金属：贵重金属为金、银、白金等及其制品；稀有金属为钴、钛等及其制品
		3	珍贵艺术品：古玩字画，象牙、珊瑚、珍珠、玛瑙、水晶宝石、钻石、翡翠、琥珀、猫眼、玉及其制品，景泰蓝制品，各种雕刻工艺品、仿古艺术制品和壁毯刺绣艺术品等
		4	贵重药材和药品：鹿茸、麝香、犀角、高丽参、西洋参、冬虫草、羚羊角、田三七、银耳、天麻、蛤蟆油、牛黄、熊胎、鹿胎、豹胎、海马、海龙、藏红花、猴枣、马宝及以其为主要原料的制品和贵重西药
		5	贵重毛皮：水獭皮、海龙皮、貂皮、灰鼠皮、猞猁皮等及其制品
		6	高档服装：用高级面料、制作精细、价格较高的服装
		7	珍贵食品：海参、干贝、鱼肚、鱼翅、燕窝、鱼唇、鱼皮、鲍鱼、猴头、发菜等
		8	高级精密机械及仪表：显微镜、电子计算机、高级摄影机、摄像机、显像管、复印机及精密仪器仪表
		9	高级光学玻璃及其制品：照相机、放大机、显微镜等镜头片，各种科学试验用的光学玻璃仪器和镜片
		10	高档电器：电视机、电冰箱、录放音机、音响组合机、录像机、空调机、照相机、手表等
鲜活货物类	货物价值高、运输时间性强、责任大的鲜活货物	1	各种活牲畜、活禽、活鱼、鱼苗
		2	供观赏的野生动物：虎、豹、狮、熊、熊猫、狼、象、蛇、蟒、孔雀、天鹅等
		3	供观赏的水生动物：海马、海豹、金鱼、鳄鱼、热带鱼等
		4	名贵花木：盆景及各种名贵花木

任务评价

任务编号			学时			学生姓名			总分	
类别	序号	评价项目		评价内容		配分	学生自评	学生互评	教师评价	得分
岗位技能评价	1	查阅能力		查阅运价表、里程表、货物分类表的能力		15				
	2	知识掌握能力		对计算流程及公式的熟悉程度		20				
	3	理解及知识应用能力		是否理解所学知识，具有运用所学知识完成任务的能力		20				
	4	完成准确性		公路运费计算的准确性		10				
	5	完成时间		是否按时完成各项任务		10				
职业素质评价	6	纪律		遵守实训规定，认真完成任务		10				
	7	团队合作		沟通交流、合作参与意识。小组活动的组织、展示、内容等；勇于发言，踊跃讨论，有独到见解		15				

注：按学生自评占20%、学生互评占30%、教师评价占50%计算总分。

任务小结

授课班级		授课时间		授课地点	
授课教师			任务名称		
学生表现					
存在问题及改进方法措施					

项目三 铁路货物运输认知

1. 了解铁路货运的基本任务和基本要求。
2. 掌握铁路运输的发送、到达的程序。
3. 了解特殊货物的铁路运输条件。
4. 掌握铁路货运的费用计算方法。

1. 熟练掌握铁路货物运输的发送、到达程序。
2. 学会铁路货运的费用计算。

案例导入

氧化铝门到站运输

×××化工有限公司通过铁路运输将氧化铝、氢氧化铝等产品销往云、贵、川、湘等区域市场。南宁货运中心为其制定的"门到站"运输方案：货运中心受理客户的"门到站"业务后，将短途汽运业务外包给广西××物流有限公司代理，货物发送的铁路运输手续直接由货运营业所客服人员办理，货运中心负责为客户协调铁路运力支持，再根据铁路货运一口价进行费用结算。以10月24日发南宁南到盘塘氧化铝62t为例，具体内容如下：

1）10月22日10：00前，客户通过拨打南宁南营业所客服电话2729****提报即将发运的货物信息的品名、到站、托运人、收货人、吨数、规格等产品相关信息以及预计24日装车。

2）客服人员受理运输需求。通过12306网站为客户提报装车计划，生成预约号，并用此预约号预定24日装空车。

3）客服人员将物流信息告知××物流企业（物流外包企业），××物流企业在接单后2h内，指定具体的物流服务方案，并上门签订"物流需求服务订单"。

4）装车信息的反馈。客服人员于23日17：00前，通过12306网站核查配车情况，并将承运车情况电话通知×××化工企业和××物流企业。

5）××物流接到承运车通知后，根据"物流需求服务订单"信息上门取货。

6）完成货物接取后营业所客服人员引导物流外包企业车辆进入货场指定货位或仓库；同时组织装车前准备工作（如缮制货物运单并审核、选车、调配篷布等）。

7）监管装车。客服人员联系装卸进行对装，同时监管装车保证装车质量（如在车厢底部铺设彩条布或网兜以免包装袋被刮烂，核对件数等）。

8）完成装车。10月25日××物流企业工作人员代领取货票（货票号为DO15502）传送至×××化工企业后，完成此次装车。

9）结算。装车费用由货运营业所根据货票中一口价费用和代理费直接从预付款中扣除。短途运输产生的费用由货运营业所根据汽车运输的里程与外包物流企业进行清算，客户与物流企业没有费用结算环节。具体费用项目如下：

①门到站一口价费用：运费5771.60元；印花税3.40元；电化费258.20元；铁建基金2154.40元；篷布使用费168.00元；保价费120.00元；市场运费669.60元；发接取送达费1240.00元；发站装卸费1401.20元；合计11786.40元（备注：1.其中铁路保价为3万元；2.整车以62t计算；3.上门取货以10km来计算）。

②代理（综合）服务费：南宁南营业所氧化铝的代理（综合）服务费为5元/t，此车共收取代理（综合）服务费310元。

③合计总费用：12096.4元。

🔍动脑筋

完成整个"氧化铝门到站运输"主要进行了哪些工作？你了解费用是怎样产生的吗？

任务一　了解铁路货物运输知识

随着我国国民经济的持续发展和社会主义市场经济体制的不断完善，将有力地刺激和促进全社会货物运输需求的增长，特别是我国对中、西部地区的开发和投资倾斜，资源加工型和劳动密集型产业向中、西部转移，东部和中、西部地区的经济联合，将增大和加快区域间的物资交流，促进跨区域运输持续增长，运输量集中于主要区际通道，平均运距将继续延长。铁路将继续发挥大宗物资运输的主力作用和跨区中长距离运输优势，以快速货物运输和重载运输作为两个主要发展方向，在我国现代物流运输中发挥着重要作用。

一、铁路货运组织的基本任务和要求

1. 基本任务

1）在正确执行国家的运输政策和提高运输经济效益的前提下，加强货源组织，推行运输方案，合理地利用铁路运输能力，组织合理运输、均衡运输、直达运输，完成更多的运输任务。

2）实行负责运输，正确地制定货运规章制度和各种货物的运送条件，保证货物的安全运输和方便发收货单位。

3）采用新的货运设备和先进技术，挖掘现有设备潜力，加速车辆周转，提高运输效率，利用电子计算技术和现代科学理论，改进货运管理工作，实现货运组织的最优化。

4）加强货场及专用线管理工作，提高货场作业能力，改进货物运输生产过程的作业组织，实现作业标准化，不断提高作业效率。

2. 基本要求

●安全：按照货物运输合同的规定，将承运的货物完整地交给收货人。

●迅速：加快货物的送达速度。在规定的期限内将货物运抵到站。

- 经济：用最少的劳动消耗和物资消耗，增加更多的货物周转量，并节省运输费用。
- 便利：贯彻人民铁路为人民的宗旨，改善服务设施，提高服务质量，方便货物的运输。

二、铁路运输设施和设备

1. 铁路线路

铁路线路是机车车辆和列车运行的基础。铁路线路是由路基、桥隧建筑物（包括桥梁、涵洞、隧道等）和轨道（主要包括钢轨、连结零件、轨枕、道床、道岔等）组成的一个整体工程结构。

我国新建和改建铁路（或区段）的等级，是根据其在铁路网中的作用、性质和远期客货运量确定的。铁路等级划分为以下三级：

Ⅰ级铁路：Ⅰ级铁路在路网中起骨干作用，远期年客货运量大于或等于2000万t。

Ⅱ级铁路：Ⅱ级铁路在路网中起骨干或联络、辅助作用，远期年客货运量大于或等于1000万t、小于2000万t。

Ⅲ级铁路：Ⅲ级铁路为某一区域服务，具有地区运输性质，远期年客货运量小于1000万t。

2. 机车车辆

机车是铁路运输的基本动力，客货列车的牵引和车站上的调车工作，都要由机车来完成。因此，机车的保有数量、牵引性能、保养和检修质量以及正确组织对机车的运用，对于铁路能否完成和超额完成国家运输任务有很大的影响。按照原动力来划分，机车分为内燃机车和电力机车两种。

铁路车辆是运送旅客和货物的工具。铁路上的全部车辆根据任务的需要，分为客车和货车两大类。其中，货车分为以下几类：

（1）通用货车　通用货车的特点是能装载多种货物。

1）敞车。敞车（见图3-1）的车体两侧和端部设有高度在0.8m以上的固定墙板，无顶棚，侧面设有车门，可装运不怕湿损的货物；如装货后盖装有防湿篷布，也可装运怕湿损的货物。

2）棚车。棚车（见图3-2）的车体具有顶棚、车墙及门窗，用于装运贵重、怕日晒和怕潮湿的货物。车内设有安装火炉的烟筒座、床托等装置，有些新造棚车，还设有排水孔及排便设备，必要时可运送人员和牛马。

图3-1　敞车

3）平车。平车（见图3-3）的车体为一平板或设有活动的矮侧墙板和端墙板，可以当砂石车用。在装运长大货物时，可将侧墙板和端墙板翻下。平车主要用于装运木材、钢轨、汽车、拖拉机、军用物资及长大、笨重货物等。

（2）专用货车　专用货车专供运送某些种类的货物。

图 3-2　棚车

图 3-3　平车

1）罐车。罐车（见图 3-4）的车体为一圆罐筒，专门用于装载液体状态的货物，也有少数用以装载粉状货物。

图 3-4　罐车

2）冷藏车。冷藏车（见图 3-5）分为冰盐冷藏车和机械冷藏车。车体夹层装有隔热材料，车内装有冷却和加温装置，使车内能保持所需的温度；车体外部涂以银灰色，对阳光起反射作用，减少太阳辐射热传入车内。冷藏车主要装运易腐货物，如鲜鱼、肉类、水果、蔬菜等，又称为保温车。

图 3-5　冷藏车

3）煤车。煤车的车体一般与敞车相似，为装车方便设有各种结构不同的车门，如底开门等。其比容大于或等于 $1m^3/t$，可装运煤、焦炭、矿石等。

4）砂石车。砂石车专供装运砂石、碎石使用，设有高度 0.8m 以下的车墙，以防止超载。

5）矿石车。矿石车（见图 3-6）专供运送各种矿石使用。一般为全钢车体，比容小于 $1m^3/t$。为卸货方便，有的车体下部制成漏斗形，设底开门，卸货时开启底开门，矿石靠自重卸出（此种车辆也叫漏斗车）；有的整个车体能在液压或空气压力的作用下，向一侧倾斜，并开启车门，矿石能自动倾泻出车（此种车也叫自翻车）。

图 3-6　矿石车

6）长大货物车。长大货物车是铁路运输中使用的一种特殊平车，供装运各种长、大重型货物使用。一般载重 90t 以上，长度在 19m 以上。我国现有的长大货物车可分为凹底平车（见图 3-7）、长大平车、落下孔车、双支承车、两节平车和钳夹车等。

3. 车站

车站是铁路组织客货运输和办理各种行车作业的基层生产单位。它既是铁路和旅客、托运人、收货人联系的纽带，同时也是铁路内部各项作业的汇合点。

（1）车站按技术作业分类

1）编组站。编组站一般设于大量车辆集散、港口附近或若干铁路线衔接的地点。其主

图 3-7 凹底平车

要作业是对各种货物列车进行解体和编组。

2）区段站。区段站设于机车牵引区段的两端，为机务段或机务折返段所在站。区段站主要办理更换机车和乘务组，进行列车技术检查、货运检查等无调中转列车作业，也担当部分列车的编组、解体及直达、直通列车的补、减轴甩挂作业。

编组站和区段站统称为技术站。

3）中间站。中间站设于两技术站之间，其中包括单线区段的会让站和双线区段的越行站，主要办理列车接发、会让、越行和摘挂车辆的作业。个别中间站亦进行编组列车和机车给水、加煤等整备作业，以及补机摘挂、列车技术检查等作业。

动动脑

我们应该到哪种车站办理货物托运？

（2）车站按业务性质分类

1）客运站。客运站设于具有特殊意义或客流较大的城市，是专门办理客运业务的车站。

2）货运站。货运站设于大城市、工业中心、港口、矿区或有大量货物装卸、中转作业的地点，是专门办理货运业务的车站。

三、铁路货物运输分类

通过铁路运输的货物数以万计且各种各样，这些货物的性质、重量和形状等各不相同，托运的数量不等，运输的条件各异。因此，为了完成复杂的货运任务，货运工作必须采取适合各种货物性质、运送目的、办理种类的运输方式，加强各项作业环节的组织，以保证货运工作质量。

按照货物本身的性质和运送条件，货物可分为按普通条件办理的和按特殊条件办理两种。

1）普通货物是指在铁路运送过程中，按一般（普通）运送条件办理的货物。

2）特殊货物是指由于货物的性质、体积和状态等，在运输过程中需要使用特制的车辆（如长大货物车、冷藏车、罐车等）运送或需要采取特殊运送条件和措施，才能保证货物完整和行车安全。例如，超长货物、集重货物、超限货物、鲜活货物、危险货物。

知识检验

一、填空题

1. 铁路运输的基本任务就是要组织_____、_____、_____，完成更多的运输任务。

2. 铁路货物运输的基本要求是_____、_____、_____、_____。

3. 车站按技术作业可分为_____、_____、_____。

4. 铁路线路分为_____个等级。

5. 铁路货物运输车辆常见的有_____、_____、_____。

6. 铁路运输的特殊货物有_____、_____、_____、_____、_____。

7. 冷藏车分为_____冷藏车和_____冷藏车，用于装运易腐货物。

8. 目前我国的铁路机车，按照原动力来划分有_____机车和_____机车两种。

二、选择题

1. 列车运行的基础设施是（　　）。

    A. 车站　　　　　　B. 机车　　　　　　C. 货车　　　　　　D. 线路

2. 以下车辆中，不属于货车的是（　　）。

    A. 敞车　　　　　　B. 平车　　　　　　C. 机车　　　　　　D. 罐车

3. 铁路货车中（　　）主要用于装运贵重、怕日晒和怕潮湿的货物。

    A. 敞车　　　　　　B. 平车　　　　　　C. 棚车　　　　　　D. 罐车

4. 专门办理货运业务的车站，称之为（　　）。

    A. 编组站　　　　　B. 区段站　　　　　C. 货运站　　　　　D. 中间站

任务二　普通货物运输

一、铁路货物运输的基本条件

1. 运输种类

根据托运货物的数量、性质、体积和形状等条件，铁路货物运输种类分为整车运输、零担运输和集装箱运输三种。

（1）整车运输　一批货物的质量、体积或形状需要以一辆以上铁路货车运输，应按整车托运。

（2）零担运输　不够整车运输条件的，按零担运输。按零担托运的货物，一件体积最小不得小于 0.02m^3（一件重量在 10kg 以上的除外），每批件数不超过 300 件。

下列货物由于性质特殊或在运输途中需要特殊照料或受到铁路设备条件的限制，尽管数量不够整车运输条件，也不能按零担托运：

1）需要冷藏、保温或加温运输的货物。

2）规定限按整车运输的危险货物。

3）易于污染其他货物的污秽品。

4）蜜蜂。

5）不易计算件数的货物。

 **动动脑**

既不能按整车又不能按零担办理的货物该如何运输？

6）未装容器的活动物。

7）一件货物重量超过 2t、体积超过 $3m^3$ 或长度超过 9m 的货物（经发站确认不影响中转站和到站装卸作业的除外）。

（3）集装箱运输　凡适合集装箱运输的货物，都应按集装箱运输。

2. 按一批托运的规定

（1）按一批托运的条件　一批是铁路承运货物和计算运输费用的一个基本单位，是指使用一张货物运单和一份货票，按照同一运输条件运输的货物。所以，按一批托运的货物，其托运人、收货人、发站、到站和装卸地点必须相同（整车分卸货物除外）。

1）整车货物每车为一批，跨装、爬装及使用游车的货物，每一车组为一批。

2）零担货物以每张货物运单为一批。

3）用集装箱运输的货物，以每张货物运单为一批。每批必须是同一箱型，至少一箱，最多不得超过铁路一辆货车所能装运的箱数。

（2）不能按一批托运的规定　由于货物性质、运输的方法和要求不同，下列货物不能作为一批进行运输：

1）易腐货物和非易腐货物。

2）危险货物与非危险货物（另有规定者除外）。

3）根据货物的性质不能混装运输的货物。

4）投保运输险的货物与未投保运输险的货物。

5）按保价运输的货物与不按保价运输的货物。

6）运输条件不同的货物。

不能按一批运的货物，在特殊情况下，经铁路局承认也可按一批运输。

3. 铁路保价运输与运输保险

《中华人民共和国铁路法》规定，铁路运输企业对承运的货物自承运时起到交付时止发生的灭失、短少、变质、污染或者损坏，承担赔偿责任，但由于现行的货物运输费用制定并非以货物的价值为主要依据，即货物运费不是和货物的价值成正比，一旦发生货运事故后，则要以货物的损失价位赔偿就显得不够合理。所以根据《中华人民共和国铁路法》和《铁路货物运输规程》有关规定，只进行限额赔偿方法。

（1）铁路货物运输限额赔偿规定　不保价运输的货物由于铁路责任发生损失时，铁路按实际损失赔偿，但最高不得超过铁道部规定的赔偿限额。倘若货物的损失由于承运人的故意行为或重大过失造成的，则不适用赔款限额的规定，应按照实际损失赔偿。赔偿标准如下：

1）不按件数只按重量承运的货物，每吨最高赔偿 100 元。

2）按件数和重量承运的货物，每吨最高赔偿 2000 元。

3）个人托运的搬家货物、行李每 10kg 最高赔偿 30 元。

4）赔偿价格的标准：执行国家定价的货物，应按照各级物价管理部门规定的价格计算；执行国家指导价格或市场调节价格的货物，比照前项国家定价货物中相同规格或类似商品价格计算；个人托运的搬家货物、行李按货物交付当日（全部灭失时，为运到期限满了的当日）当地国有企业或供销部门的零售价格计算。

（2）铁路保价运输

1）保价方法。按保价运输办理的货物，托运人应以全批货物实际价格向发站办理保价运输，货物的实际价格以托运人提出的价格为准。货物的实际价格包括税款、包装费用和已发生的运输费用。按保价运输办理的货物，应全批保价，不得只保其中一部分。保价率不同的货物作一批托运时，应分项填记品名及保价金额，保价费用分别计算。保价率不同的货物合并填写时，适用其中最高的保价费率。自轮运转（包括企业自备或租用铁路）的铁道机车、车辆和轨道机械暂不办理保价运输。

2）赔偿范围。承运人从承运货物时起，至将货物交付收货人时止，对保价货物发生的灭失、短少、变质、污染、损坏均承担赔偿责任。但由于不可抗力、货物本身的自然属性或合理损耗以及托运人、收货人或押运人的过错等造成的损失则不承担赔偿责任。

3）赔偿金额。保价运输的货物发生损失时，按照实际损失赔偿，但最高不得超过保价金额。

4）票据记载。车站受理一批保价金额在 50 万元以上的整车、大型集装箱货物，一批保价金额在 30 万元以上的 1t、10t 集装箱货物或一批保价金额在 20 万元以上的零担货物，应在货物运单、货运票据封套或货物装载清单上加盖⚠戳记（或用红色书写），并在列车编组顺序表的记事栏内注明"⚠"字样。

（3）货物运输保险　货物运输保险是以运输过程中的货物作为保险标的，当保险标的在运输过程中由于灾难事故造成被保险人的损失时，由保险公司提供经济补偿的一种保险业务。

1）保险适用范围。依据《中华人民共和国保险法》和《中华人民共和国铁路法》，托运人可向保险公司办理货物运输保险。在办理保险后的有效期内，保险货物遭到保险范围内的自然灾害和意外事故而受损失时，可向保险公司要求按起运地货价（或货价加运费）计算赔偿。

2）除外责任。发生以下情况之一时，保险公司不承担赔偿责任：
①战争或军事行动。
②核事件或核爆炸。
③保险货物本身的缺陷或自然损耗以及包装不善所致的损失。
④被保险人的故意行为或过失。
⑤其他不属于保险范围内的损失。

3）票据记载。承运人对投保货物运输险的货物，应在货物运单、货票的托运人记载事项栏内加盖"已投保运输险，保险凭证×××号"戳记。

托运人托运货物，应在货物运单的货物价格栏内，准确填写该批货物的总价格，根据总价格确定保险总金额，投保货物运输险。

总而言之，办理保价运输或者货物运输保险，完全是依照托运人的自愿原则，可申请办理保价运输，也可以向保险公司办理货物运输保险，也可以既不办理保价运输也不办理运输保险，铁路不得以任何方式强迫。

4. 整车运输的特殊形式

（1）整车分卸　为了充分利用货车的载重力，方便托运人，铁路对限按整车办理的货物（但蜜蜂，使用冷藏车装运需要制冷、保温的货物和不易计算件数的货物除外），若其数量不够一车，按托运要求将同一径路的两个或三个到站在站内卸车的货物，装在同一货车内，作为一批整车货物运输，而在途中不同到站分卸的运输方式称为整车分卸。

（2）途中装卸 按整车办理运输的货物，如果托运人要求在车站站界以外的区间或在不办理货运营业的车站进行装卸作业，并经所在的铁路分局批准可按途中装卸办理。但危险货物不得办理该项运输。在计算运输费用时，应从装车地点的后方营业站或卸车地点的前方营业站作为该批货物的发站或到站结算。

知识卡

铁 路 轨 距

我国铁路的标准轨距是 1423mm，米轨轨距为 1000mm，在云南省还保留着部分米轨。

（3）准、米轨直通运输 为了方便物资单位，减少在不同轨距换装地点提货和托运手续，加速货物的运送，可以使用一份运输票据，从发站直通运输到站。

但其中准、米轨铁路直通运输的整车货物，一批的重量或体积有以下要求：

1）重质货物为 30t、50t、60t（不适用货车增载的规定）。

2）轻浮货物体积为 60m³、95m³、115m³。

此外，鲜活货物及需要冷藏、保温或加温运输的货物，以及需要使用罐车运输的货物，每件重量超过 5t（特别商定者除外）、长度超过 16m 或者体积超过米轨货物装载限界的货物，均不得办理准、米轨直通运输。

二、铁路货物运输的基本作业

铁路货物运输作业，按货物运输过程分为货物发送作业、货物途中作业和货物到达作业三部分。

1. 货物发送作业

货物发送作业又称为货物在发站的货运作业，包括托运人向作为承运人的发站申报运输要求、提交货物运单、进货、缴费，与发站共同完成承运手续；发站受理托运人的运输要求，审查货物运单，验收货物及其运输包装，与托运人共同完成承运手续，编制货物运送票据，核收运费，在货物运单上加盖发站的日期戳，组织装车（整车货物是先装车后承运，零担和集装箱货物则是先承运后装车）。

（1）托运 托运是指托运人向承运人提出货物运单和运输要求。托运人在托运货物时应做好以下工作：

1）提交货物运单。货物运单是承运人与托运人之间，为了运输货物而签订的一种运输合同。铁路运输合同有以下两种：

①预约合同：大宗物资的运输，有条件的可按年度、半年度或季度签订货物运输合同，也可以签订更长期的运输合同；其他整车货物运输，应按月签订运输合同。按月度签订的运输合同，可以用铁路货物运输服务订单作为运输合同，见表3-1

②承运合同：在实施整车运输、零担运输和集装箱运输时，托运人还需向铁路车站递交货物运单作为合同文件，见表3-2。

铁路货物运单体现了在货物运输中双方的权利、义务和责任，是处理承运人与托运人、收货人间责任的根据，因此双方应该认真填写并对所填写的内容负责。

表3-1 铁路货物运输服务订单

提表时间：　年＿＿＿月＿＿＿日
要求运输时间：＿＿＿日至＿＿＿日
受理号码：

发站	名称	略号

发货单位盖章：
省/部名称＿＿＿＿＿＿＿＿＿＿　代号＿＿＿＿＿
发货单位名称＿＿＿＿＿＿＿＿＿　代号＿＿＿＿＿
地址　　　　　　　　　　　　　电话

顺号	到局：代号			收货单位				货物			车种代号	车数	特征代号	换装港	终到港	报价/（元/t）（元/车）	备注
	到站	到站电报略号	专用线名称	省/部		名称	代号	品名		吨数							
				名称	代号			名称	代码								

供托运人自愿选择的服务项目（由托运人填写，需要的项目打√）		说明或其他要求事项	承运人签章
□1. 发送综合服务　　□5. 清运、消纳垃圾			
□2. 实施货物运输　　□6. 代购、代加工装载加固材料			
□3. 仓储保管　　　　□7. 代对货物进行包装			
□4. 篷布服务　　　　□8. 代办一关三检手续		□保价运输	年　月　日

说明：1. 涉及承运人与托运人、收货人的责任和权利，按《铁路货物运输规程》办理。
　　　2. 实施货物运输，托运人还应递交货物运单，承运人应按报价核收费用，装卸等需发生后确定的费用，应先列出项目，金额按实际发生核收。
　　　3. 用户发现超出国家计委、铁道部、省级物价部门公告的铁路货运价格及收费项目、标准收费的行为和强制服务、强行收费的行为，有权举报。
　　　举报电话：　　　　物价部门：　　　　　　铁路部门：

表3-2 铁路货物运单

货物指定于　月　日搬入
货位：
计划号码或运输号码：
运到期限　日

××铁路局

🚉 货物运单

托运人→发站→到站→收货人

货票第　　号

承运人/托运人装车
承运人/托运人施封

领货凭证
车种及车号
货票第　　号
运到期限　日

发站	
到站	
托运人	
收货人	

货物名称	件数	重量

合计

发站承运日期戳

托运人盖章或签字

托运人填写			承运人填写					
发站		到站（局）	车种车号		货车标重			
到站所属省（市）自治区			施封号码					
托运人	名称		经由		铁路货车篷布号码			
	住址		电话	运价里程				
收货人	名称		集装箱号码					
	住址		电话					
货物名称	件数	包装	货物价格	托运人确定重量/kg	承运人确定重量/kg	计费重量	运价号	运价率	运费
合计								
托运人记载事项			承运人记载事项					

注：本单不作为收货凭证，托老红军人签约须知见背面。　托运人盖章或签字　年　月　日　到站交付日期戳　发站交付日期戳

注：收货人领货须知见背面

铁路货物运单的填写，分为托运人填写和承运人填写两部分。在运单粗线的左侧和领货凭证各栏由托运人用钢笔、毛笔、圆珠笔或用加盖戳记的方法填写。粗线右侧各栏由承运人填写。运单的填写要做到正确、齐全、字迹清楚。如有更改，属于托运人填写的，由托运人盖章证明；属于承运人填写的，由车站加盖站名戳记。

2）备齐证明文件。托运人托运需凭证明文件运输的货物，必须在托运货物前备齐相应的证明文件。根据中央或省（市）、自治区法令，需凭证明文件运输的货物，托运人在托运货物时应将证明文件与货物运单同时提出，并在货物运单托运人记载事项栏注明文件名称和号码。车站应在证明文件背面注明托运数量，并加盖车站日期戳，然后退还托运人或按规定留发站存查。

①物资管理方面的，如托运麻醉品、枪支、民用爆炸品等货物，托运人必须提供药政管理部门或公安部门的证明文件。

②物资运输归口管理方面的，如托运烟草、酒类等，托运人应提供有关物资管理部门的证明文件。

③国家行政管理方面的，如托运进出口货物，托运人须提供进出口许可证。

④卫生检疫方面的，如托运种子、苗木、动物及其产品等，托运人应提供动植物检疫部门的检疫证明文件。

对需凭证明文件运输的货物，若托运人未按规定提出证明文件，承运人可以拒绝受理。

（2）进货 在车站内公共场所装车的货物，托运人应按车站指定日期凭铁路受理的货物运单将货物全部搬入车站。托运的货物应该符合以下要求：

1）货物包装要求。托运人托运货物，应根据货物的性质、重量、运输种类、运输距离、气候以及货车装载等条件，使用符合运输要求、便于装卸作业和保证货物安全的运输包装。

有国家包装标准或行业包装标准的，应按国家包装标准或行业包装标准执行。货物的运输包装不符合要求时，应由托运人改善后承运。没有统一规定包装标准的，托运人和车站研究制定货物运输包装暂行标准，共同执行。

当货物状态有缺陷，但不致影响货物安全时，托运人在货物运单内具体注明后承运。

2）标明标记和标志

①货物标记是根据运输需要，用文字形式显示的运输指示标记。其内容包括：发站、到站、托运人、收货人、货物品名、件数和运输号码，它必须和与其相关的货物运单记载内容相符。它的作用是将货物和与其

动动脑

标记和标志有什么区别？

相关的运输票据联系起来。在运输作业中，铁路工作人员凭此进行票、货核对，在发生票货分离时，可以凭它来确认货物的所属和去向。因此，正确地按规定作好货物标记对准确、迅速地将货物运至指定到站，交付给收货人具有重要作用。

托运人托运零担货物，应在每件货物上标明清晰明显的标记。标记应用坚韧的材料制作，在每件货物两端各粘贴、钉固一个，包装不适宜粘贴或钉固时，可使用拴挂的方法。集装箱应在门把手上拴挂一个货签（1t集装箱另在吊环上加挂一个），货签上货物名称免填。箱体上严禁张贴任何标记。不适宜用纸制货签的货物，应使用油漆在货件上书写标记或用金

属、木质、布、塑料板等材料制成的标记。包装规格相同而到站、收货人不同的零担货物，可选用带色货签，防止互串。

托运搬家货物，托运人应对每一货件进行编号，并将其编号分别填在物品清单上和每件货物标记（货签）总件数之后。

有包装的货件内还必须由托运人存放记有到站、收货人地址的字条。

②托运人应根据货物性质按照国家标准，在货物包装上标明包装储运图示标志，见表3-3。它是根据货物性质及其在运输、保管、搬运过程中需要注意的事项，以图示形式显示货件上与本批货物无关的运输标记和包装储运图示标志，托运人必须撤除或抹消。

表 3-3　包装储运图示标志

1. 易碎物品 运输包装件搬运时应小心轻放		2. 禁用手钩 搬运运输包装时禁用手钩	
3. 向上 运输包装件的正确位置是竖直向上		4. 怕晒 表明运输包装件不能直接阳光照射	
5. 怕辐射 包装物品一旦受辐射便会完全变质或损坏		6. 怕雨 包装件怕雨淋	
7. 重心 表明一个单元货物的重心		8. 禁止翻滚 不能翻滚运输包装	
9. 此面禁用手推车 搬运货物时此面禁放手推车		10. 堆码层数极限 相同包装的最大堆码层数，n 表示层数极限	

（续）

11. 堆码重量极限 该运输包装件所能承受的最大重量极限	$kg\,max$	12. 禁止堆码 该包装件不能堆码并且其上也不能放置其他负载	

标志1使用示例 标志3使用示例

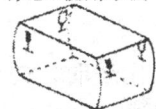

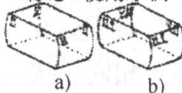

a) b)

标志7使用示例

本标志应标在实际的重心位置上

3）货物的重量。货物的重量是货车装载和计费的依据，货物重量（包括包装重量）必须正确确定，重量不正确会造成车辆使用上的浪费，如果以多报少还会因超重而损坏车辆，甚至造成行车事故。因此，货物重量的正确与否，对保证运输安全，提高运输效率，有着重要的作用。货物的重量以千克（kg）为单位，确定的方法如下：

①整车货物和使用集装箱运输的货物，由托运人确定。

整车货物的重量不得超过货车容许的载重量。托运人组织装车的整车货物，装载超过货车规定的容许载重量的，除应补收运费外，还应按规定核收违约金。

货车容许载重量 = 货车标记载重量 + 允许增载量 + 允许多装量

允许增载量是根据现行规定，标重 60t 的 C_{62A}、C_{62B} 型敞车允许增载 2t；标重 60t 的平车装载军运特殊货物允许增载标重的 10%；国际联运的中、朝、越铁路货车允许增载标重的5%；货车涂刷有禁增标记的，不允许增载。

知识卡

标 记 载 重

涂刷在车辆外侧，表明车辆允许的装载量，以吨（t）为单位，目前我国货车一般的标记载重为 60t。

允许多装是由于货物包装、防护物重量影响净重或机械装载不易计算件数的货物，装车后减吨确有困难时，可以多装，但不得超过货车标记载重量的 2%。

对于用体积换算方法确定重量的散堆装货物，装车时，应由托运人在货车内壁标划装车白线，车站货运员复查；装后由装车单位负责平整顶面，托运人与货运员会同验收，防止超载、亏吨。

重质货物装载高度可按下列公式计算：

$$画线高度 = \frac{货车标重（含增载量）}{车辆长度 \times 车辆宽度 \times 货物比重}$$

②零担货物，除标准重量、标记重量、有过秤清单及一件重量超过车站衡器最大称量的货物外，由铁路部门确定重量，并核收过秤费。

托运人确定重量的整车货物、集装箱货物和零担货物，铁路应进行抽查，重量不符，超过国家规定的衡器公差时，可以向托运人或收货人核收过秤费。

4）货物的件数。铁路运输货物按重量和件数承运，但下列货物按整车运输时，只按重量承运，不计件数。

①散堆装货物。

②成件货物规格相同（规格在三种以内的视作规格相同），一批数量超过 2000 件；规格不同，一批数量超过 1600 件。

下列整车货物，无论规格是否相同，按一批托运时，每件平均重量在 10kg 以上，托运人能按件点交给车站的，铁路都按重量和件数承运。

①针织品、纺织品、衣、袜、鞋、帽。

②钟表、中西成药、卷烟、文具、乐器、工艺美术品。

③面粉、肥皂、糖果、橡胶、油漆、染料、轮胎、罐头食品、瓶装酒类、医疗器械、洗衣粉、缝纫机头、空钢瓶、化学试剂、玻璃仪器、241L 空铁桶。

④电视机、收音机、录音机、电唱机、电风扇、计算机、照相机。

上述明定品名的货物与未明定品名的货物作为一批托运时，按未明定品名货物的规定办理。

托运人组织装车，到站由收货人组织卸车的货物，按托运人在货物运单上填记的件数承运。

整车运输按规定可不派押运人的爆炸品、毒害品，应按件数和重量承运；按规定只按重量承运的货物，如托运人在运单的托运人记载事项栏内填写货物件数，对承运人无约束力。

（3）装车　装车是货物发送作业中十分重要的一个环节，货物运输的质量在很大程度上取决于装车作业组织的好坏。货物装载方法不当、使用的货车状态不良，往往是造成事故的主要原因。装车工作还直接影响到货车载重量的利用效率。

1）装（卸）车作业的责任范围。货物装车和卸车的组织工作，在车站公共装卸场所以内由承运人负责；在其他场所，均由托运人或收货人负责。但罐车运输的货物、冻结易腐货物、未装容器的活动物、蜜蜂、鱼苗、一件重量超过 1t 的放射性同位素，以及用人力装卸带有动力的机械和车辆，均由托运人或收货人负责组织装车或卸车。

其他货物由于性质特殊，经托运人或收货人要求，并经承运人同意，也可由托运人或收货人组织装车或卸车。

2）车辆的选择。货车是铁路运输货物的主要工具，其使用是否正确、合理，对于保证货物安全、货车完整和方便装卸作业都有很大的影响。合理使用车辆的原则是车种要适合货种。

①车辆使用必须符合"货车使用限制表"的规定。

②对保密物资、涉外物资、精密仪器、展览品，能用棚车装运的必须使用棚车装运，不得用其他货车代替。

③装运活鱼、家禽、家畜时，不得使用无窗棚车，以防禽畜窒息。装运牛、马、驴、骡等大型牲畜时，不得使用铁地板货车，以防牲畜打滑偏向车辆一侧，形成偏重而导致行车事故或牲畜碰伤。

④装运特殊条件下运送的货物，如阔大货物、危险货物或易腐货物等，应使用规定要求的货车。

3）装车作业

①装车前检查。为保证装车工作质量，使装车工作顺利进行，装车前应做好三检工作。

● 检查货物运单。核对运单记载的到站有无停装和限装命令；核对要求的车种、车吨与计划表上记载的车种、车吨是否相符；对轻重配装和整车分卸的货物，要检查其到站顺序是否合理；检查零担货物配装的中转站是否符合零担车组织计划的规定；检查货物运单内托运人有无特别记载事项。

● 货物检查。按照运单记载内容对待装货物进行检查。检查货物的品名、件数和堆码货位号码与运单记载是否相符；托运人记载事项与货物实际状况是否相符；加固材料、加固装置及装车备品是否齐全，是否符合要求；如同一货位或相邻货位上有易于混淆的货物时，应分别做出标记符号，防止误装。

● 车辆检查。检查车体（包括透光检查）、车门、车窗、盖阀是否完整良好；有无扣修通知、色票或货车洗刷的回送标签；货车使用上有无限制，有无装载（通行）限制；车内是否干净、是否被毒物污染；装载食品、药物、活动物或有押运人乘坐时，检查车内有无恶臭异味；冷藏车要检查车体设备是否完整良好；装运超限、集重货物要注意选择车型；跨装和使用游车时要选择车底板高度一致的车辆。

②货物的装车。在装车作业开始前，应向装车工组传达要求和注意事项。作业开始后，应与装车工组密切配合，努力改进装载技术，巧装满载，充分利用货车的载重力和容积，并充分注意装卸安全、堆码稳固，并认真清点件数，防止漏装和误装。

③装车后检查

● 检查车辆装载。检查棚车车门、车窗和罐车的盖、阀关闭状态；敞车要检查车门插销、底开门搭扣；有无超重、偏重、集重现象，装载是否稳固；篷布和施封是否符合要求，表示牌插挂是否正确。

● 检查运单。检查车种、车号和运单记载是否相符；有关篷布和施封事项是否填记齐全、正确。

● 检查货位。检查货位有无误装或漏装的情况。

4）货车和集装箱的施封。为了划分铁路承运人与托运人或铁路内部各部门对货物运输的安全与完整应负的责任而使用施封。

①凡使用棚车、冷藏车、罐车运输的货物，由组织装车单位负责施封。派有押运人的货物，需要通风运输的货物以及组织装车单位认为不需施封的货物可以不施封。

②使用集装箱运输的货物，由托运人负责施封。

③托运人委托承运人代封时，托运人应在货物运单上注明"委托承运人施封"字样，由承运人以托运人责任施封，并核收施封作业费。

应施封运送的货车、集装箱均须采用施封锁施封。使用施封锁施封的货车，应用粗铁线将两侧车门上部门扣和门鼻拧紧，在每一车门下部门扣处各置施封锁一枚。施封后，应对施封锁的锁闭状态进行检查，确认

动动脑

装车完毕如果需要施封，该由谁负责呢？

施封有效，车门不能开启。在货物运单、货车装载清单或货运票据封套上记明 F 及施封号码（如 F246853、F246854）。对车门每侧只有一个门扣的货车施封，按下部施封办理；遇车门下部门扣损坏须在上部门扣处施封时，施封单位应编制普通记录证明。

5）货物的押运。有些货物因性质特殊，在运输途中需要有熟悉货物性质的人加以特殊的防护和照料，才能保证货物在运输途中的安全与完整。托运人必须派人押运的货物：活动物、需要浇水运输的鲜活植物、需要生火加温运输的货物、挂运的机车和轨道起重机以及按特殊规定应派人押运的货物。押运人数，除特定者之外，每批不超过 2 人。

（4）制票和承运　整车货物在装车完毕后，零担和集装箱货物在验收完毕以后，托运人应向车站货运室交付运输费用，并办理制票和承运作业。

制票是指根据货物运单填制货票。货票是铁路运输的凭证，也是一种财务性质的货运票据。它是铁路清算运输费用、确定货物运到期限、统计铁路完成的工作量、确定货运进款和运送里程及计算有关货运工作指标的依据。货票是有价证券并带有号码，必须妥善保管，不得遗失。

货票一式四联，甲联为发站存查联；乙联为报告联，由发站定期上报路局；丙联为报销联，发站收清运输费用后交托运人报销用；丁联为运输凭证，由发站将其随同运单和货物递至到站，由到站存查。货票甲、乙、丙、丁四联的格式基本相同，丁联的格式见表3-4。

表3-4　货票丁联的格式

铁 路 局

计划号码或运输号码　　　　　　　　　　货 票　　　　　　　　　　　　丁 联

货物运到期限　　日　　　　　运输凭证：发站→到站存查　　　　　　　　A00001

发　站		到站（局）		车种车号		货车标重		承运人/托运人装车	
托运人	名称			施封号码				承运人/托运人施封	
	住址		电话	铁路货车篷布号码					
收货人	名称			集装箱号码					
	住址		电话	经　由				运价里程	
货物名称	件数	包装	货物重量/kg		计费重量	运价号	运价率	现　付	
			托运人确定	承运人确定				费　别	金　额
								运　费	
								装　费	
								取送车费	
								过秤费	
合　计									
记　事								合　计	

卸货时间　月　日　时　　　　收货人盖章或签字　　　　到站交付日期戳　　　　发站承运日期戳

催领通知方法：

催领通知时间　月　日　时

到站收费的收据号码　　　　　　　　　　　　　　　经办人盖章　　　　经办人盖章

制票后，货运员应向托运人核收运输费用，在运单及货票上加盖发站承运日期戳，并将领货凭证及货票丙联交给托运人，然后将运单及货票丁联折叠整齐，填记票据移交簿办理移交。托运人应将领货凭证及时交给收货人，收货人据此向到站领取货物。

零担和集装箱货物在发站验收完毕，整车货物在装车完毕，并核收运输费用后，发站在货物运单上加盖承运日期戳的作业，称为承运。货物承运意味着托运人和承运人的运输合同签订完毕，开始生效。承运是铁路负责运输的开始，也是承运人对托运人履行运输合同的一个重要标志，它表示铁路开始对托运人托运的货物承担运输义务，并负运输上的一切责任。

2. 货运合同的变更和解除

（1）货运合同变更 托运人或收货人由于特殊原因，对铁路承运后的货物，可按批向货物所在中途站或到站提出变更到站、变更收货人。但在下列情况下承运人不予变更：

1）违反国家法律、行政法规、物资流向、运输限制的变更要求和蜜蜂。

2）变更后的货物运到期限大于容许运输期限。

3）变更一批货物中的一部分。

4）第二次变更到站。

（2）货运合同的解除 承运后发送前，托运人可向发站提出取消托运。

> **动动脑**
>
> 运输变更和运输合同解除有什么区别？

（3）货运合同变更或解除的办理 托运人或收货人要求变更时，应提供领货凭证和货物运输变更要求书（见表3-5），不能提供领货凭证时，应提供其他有效证明文件，并在货物运输变更要求书内注明。

解除合同，发站退还全部运费与押运人乘车费。但特种车使用费和冷藏车回送费不退。此外，还应按规定支付变更手续费、保管费等费用。

表3-5 货物运输变更要求书

				受理变更顺序号	第 号

提出变更单位名称和住址_____印章_____ 年 月 日

变更事项						
原票据记载事项	运单号码	发 站	到 站	托运人	收货人	办理种别
	车种车号	货物名称		件 数	重 量	承运日期
	记 事					
承运人记载事项						经办人

3. 货物到达作业

货物到达作业也就是货物在到站进行的货运作业。包括收货人向作为承运人的到站查询、缴费、领货，与到站共同完成交付手续；到站向收货人发出货物催领通知，接受到货查询、收费、交货、交单，与收货人共同完成交付手续；由铁路组织卸车或收货人自己组织卸车，到站向收货人交付货物或办理交接手续。

（1）到货的查询　货物到达到站后，如果是承运人组织卸车的货物，到站应在不迟于卸车完成的次日内向收货人发出催领通知。催领的方式有电话、书信、揭示等，收货人也可与车站商定其他通知方法。

收货人在到站查询所领取的货物时，车站要认真确认货物是否到达，如果确实未到达时，到站应在领货凭证背面加盖车站日期戳，证明"货物未到"。

货物运抵到站，收货人应及时领取；如果拒绝领取时，应出具书面说明，自拒领之日起 5 日内到站应及时通知托运人和发站，征求处理意见，托运人自接到通知次日起 30 日内提出处理意见答复到站。

为了加速车站货位的周转，同时给收货人有一定的准备时间，铁路组织卸车的货物，收货人应于铁路发出催领通知的次日（不能实行催领通知或会同收货人卸车的货物为卸车的次日）起算，2 日内将货物搬出。超过上述期间未将货物搬出的，应对超过的期间核收货物暂存费。

（2）货物的交付　货物的交付是铁路履行运输合同的最后一个程序，到站向货物运单内所记载的收货人交付货物完毕，即视为铁路履行合同的义务已经结束。货物的交付分为票据交付和现货交付。

1）票据交付。收货人在铁路货场领取货物时，必须提供领货凭证，并在货票丁联上盖章或签字，车站核对货物运单和领货凭证的骑缝戳记。收货人为个人时，还须持本人身份证；收货人为单位时，还须有该单位出具所领货物和领货人姓名的证明文件及领货人本人身份证。不能出具领货凭证的，可凭由经车站同意的、有经济担保能力的企业出具担保书取货。对收货人在专用线或专用铁路内领取货物的，车站可与收货人商定票据交付办法。

> **动动脑**
>
> 没有领货凭证能否领到货物？

到站在收货人办完领取手续和支付费用后，应将货物连同货物运单一并交给收货人。到达到站的货物，如已编有记录或发现有事故可疑痕迹，到站必须复查重量和现状。如已构成货运事故，到站在交付货物时，应将货运记录交给收货人。

2）现货交付。车站货运员在现场向收货人点交货物，并在运单上加盖"货物交讫"戳记。对装备物品和加固材料也应一并点交，同时在卸货簿或卸货卡片中将交付事项作记载。

铁路组织卸车和发站铁路组织装车，到站由收货人组织卸车的货物，在向收货人点交货物或办理交接手续后，即为交付完毕；发站由托运人组织装车，到站由收货人组织卸车的货物，在货车交接地点交接完毕，即为交付完毕。

3）货车的交接。收货人组织卸车的货物，除派有押运人的不办理交接外，承运人与收货人应按下列规定进行交接：

①交接地点。在车站内或专用线内卸车的货物，在装卸地点交接。在特殊情况下，专用线内装车或卸车的，也可在商定的地点交接。专用铁路内装车或卸车的货物，在交接协议中指定的货车交接地点交接。

②交接方法。到站与收货人使用货车调送单进行交接。施封的货车，凭封印交接；不施封的货车、棚车、冷藏车凭货车门窗关闭状态交接；敞车、平车、砂石车不苫盖篷布的凭货物装载状态或规定标记交接，苫盖篷布的凭篷布现状交接。

知识检验

一、选择题

1. 某托运人要托运炸药30t、瓶装罐头500kg、听装饮料300kg、茶叶100箱、苹果3箱，至少应提出（　　）份运单。

    A. 6　　　　　　　　B. 5　　　　　　　　C. 4　　　　　　　　D. 3

2. 派有押运人的货物应由托运人在货物运单内注明押运人姓名和（　　），经发站审核后发给押运人须知。

    A. 发货人介绍信　　　　　　　　B. 委托押运单位名称

    C. 证明文件名称及号码　　　　　　D. 工作证号码

3. （　　）按规定不能办理运输变更。

    A. 蜜蜂　　　　　　B. 危险货物　　　　C. 鲜活货物　　　　D. 超限货物

4. （　　）可用敞车装运。

    A. 精密仪器　　　　　　　　　　B. 装往深圳北的活牛

    C. 展览品　　　　　　　　　　　D. 原木

5. 由承运人负责装卸的货物有（　　）。

    A. 罐车运输的货物　　　　　　　B. 冻结易腐货物

    C. 蜜蜂　　　　　　　　　　　　D. 零担货物

6. 按零担托运由铁路确定重量的货物是（　　）。

    A. 有标准重量的货物　　　　　　B. 有标记重量的货物

    C. 有过秤清单的货物　　　　　　D. 行李

7. 按零担托运的货物，一批体积最小不得小于（　　）（一件重量在10kg的以上除外）。

    A. $0.02m^3$　　　B. $0.2m^3$　　　C. $0.002m^3$　　　D. $2m^3$

8. 收货人拒领货物时，应当出具（　　）。

    A. 货物运单　　　B. 领货凭证　　　C. 书面证明　　　D. 提货介绍信

9. （　　）可以按零担办理。

    A. 蜜蜂　　　　　B. 散装水泥　　　C. 炸药　　　　　D. 书籍

二、填空题

1. 铁路货物运输种类分_____、_____和_____三种形式。

2. 按一批托运的货物，其_____、_____、_____、_____和_____必须相同（整车分卸货物除外）。

3. 整车货物以_____为一批。

4. 零担货物和使用集装箱运输的货物，以_____为一批，使用集装箱的货物，每批必须是_____，至少_____，最多不得超过_____的箱数。

5. 整车运输的特殊形式有_____、_____和_____三种。

三、判断题

1. 用棚车装运的货物都必须施封。（　　）

2. 所有的货物都应该由承运人装车。（　　）

3. 去到站领取个人货物时，有领货凭证就可以要求车站办理交付。（　　）

4. 集重货物就是货物重量超过车辆标记载重的货物。（　　）

5. 货物运单填记的重量应该包括货物包装的重量。（　　）

6. 不够整车运输条件的货物必须按照零担托运。（　　）

7. 对承运后的货物，发站可以办理变更。（　　）

8. 押运人数除特定者外，每批不得少于2人。（　　）

9. 货票是承托双方划分责任的原始依据。（　　）

四、实作题

A市果品蔬菜公司（电话：××××××××，邮码：××××××，地址：A市××东路15号），向A北站搬运一批未冷却的青蒜（条筐包装），品类号为20号，500件，货物价格1万元，到站B北站，收货人：B市蔬菜公司（电话：×××××××××，邮码：××××××，地址：B市××西路49号），要求在收货人专用线卸车，容许运输期限为10天，运价里程1000km。请代表托运人按要求填制一份运单。

运单的填写填制办法如下：

1）"发站"栏和"到站（局）"应分别按《铁路货物运价里程表》规定的站名完整填记，不得简称。到达（局）名应填写到达站主管铁路局名的第一个字，例如（哈）、（上）、（广）等。

2）"到站所属省（市）、自治区"栏填写到站所在地的省（市）、自治区名称。托运人填写的到站、到达局和到站所属省（市）、自治区名称，三者必须相符。

3）"托运人名称"和"收货人名称"栏应填写托运单位和收货单位的完整名称，如托运人或收货人为个人时，则应填记托运人或收货人姓名。

4）"托运人地址"和"收货人地址"栏应详细填写托运人和收货人所在省、市、自治区城镇街道和门牌号码或乡、村名称，托运人或收货人装有电话时，应记明电话号码。如托运人要求到站于货物到达后用电话通知收货人时，必须将收货人电话号码填写清楚。

5）"货物名称"栏应按《铁路货物运价规则》附件二《货物运价分类表》或国家产品目录，危险货物则按《危险货物运输规则》附件一《危险货物品名索引表》所列的货物名称完全、正确填写。托运危险货物还应在品名之后用括号注明危险货物编号。《货物运价分类表》或《危险货物品名索引表》内未经列载的货物，应填写生产或贸易上通用的具体名称，但须用《铁路货物运价规则》附件一相应类项的品名加括号注明。

按一批托运的货物，不能逐一将品名在运单内填记时，须另填物品清单一式三份，一份由发站存查，一份随同运输票据递交到站，一份退还托运人。

需要说明货物规格、用途、性质的，在品名之后用括号加以注明。

对危险货物、鲜活货物或使用集装箱运输的货物，除填记货物的完整名称外，还应按货物性质，在运单右上角用红色墨水书写或用加盖红色戳记的方法，注明"爆炸品""氧化剂""毒害品""腐蚀物品""易腐货物""×t集装箱"等字样。

6）"件数"栏应按货物名称及包装种类，分别记明件数；"合计件数"栏填写该批货物的总件数。承运人只按重量承运的货物，则在本栏填记"堆""散""罐"字样。

7）"包装"栏记明包装种类，如"木箱""纸箱""麻袋""条筐""铁桶""绳捆"等。按件承运的货物无包装时，填记"无"字。使用集装箱运输的货物或只按重量承运的货物，本栏可以省略不填。

8）"货物价格"栏应填写该项货物的实际价格，全批货物的实际价格作为确定货物保价运输保价金额或货物保险运输保险金额的依据。

9）"托运人确定重量"栏应按货物名称及包装种类分别将货物实际重量（包括包装重量）用kg记明；"合计重量"栏填记该批货物的总重量。

10）"托运人记载事项"栏填记需要由托运人声明的事项。

11）托运人于运单填记完毕，并确认无误后，在"托运人盖章或签字"栏盖章或签字。

12）托运人填写领货凭证各栏时（包括印章加盖与签字），应与运单相应各栏的记载内容保持一致。

任务三　铁路特殊货物运输组织

经由铁路运输的货物中，有的货物具有危险性，有的货物容易腐烂变质，有的货物外形尺寸和重量庞大，这些货物在运送、装卸和保管过程中有特殊的要求，因而把这类货物统称为铁路特殊货物。特殊货物主要分为三种，即危险货物、鲜活货物和阔大货物。

一、危险货物运输

1. 危险货物运输概述

（1）危险货物的定义 在铁路运输中，凡具有爆炸、易燃、毒害、腐蚀、放射性等特性，在运输、装卸和储存保管过程中，容易造成人身伤亡和财产毁损而需要特别防护的货物，均属危险货物。

（2）危险货物的判定 为了经济、便利地完成运输任务，要求正确地判断危险货物。若把危险货物混同于普通货物运输，就降低了运输条件，易于酿成事故，造成损失；若把普通货物误认为是危险货物，也会增加不必要的手续和措施，从严了运输条件，延误货物的运送，影响运输效率。具体判定方法如下：

1）在《铁路危险货物运输管理规则》（简称《危规》）附件一《危险货物品名表》列载的品名，均按危险货物运输，如氢氧化钠，硫酸等。

2）在《危险货物运输规则参考资料》（简称《危参》）中列载的品名，可按普通条件运输（另行规定除外），如虫胶酸、四氯苯二甲酸等。

3）在《危险货物品名表》和《危参》中均未列载的品名，按新产品运输条件的办理程序运输。

（3）危险货物的分类编号 在前面的章节已经讲述了危险货物的分类，每类危险货物按照其危险程度又分为若干项，并且还对每一危险货物进行了编号。危险货物编号作为办理承运、配装、确定运输条件和发生事

动动脑

制定危险货物编号有什么用处呢？

故迅速判定货物性质，采取措施的依据。编号由 5 位阿拉伯数字和英文字母组成。第一位数字代表危险货物的类别，第二位数字代表危险货物的项别，后三位数字代表品名的顺序号。危险货物分类编号见表3-6。

2. 危险货物运输组织

由于危险货物具有爆炸、易燃、腐蚀、毒害、放射性等特性，容易造成事故，为了确保运输安全，在组织危险货物运输过程中除了应满足一般运输条件之外，还必须根据货物的危险性，在承运、包装、配装、装卸、保管、交付等环节加强组织，采取相应的运输条件。

表3-6 危险货物分类编号

类别名称	项别名称	编号范围
第1类：爆炸品	第1项：有整体爆炸危险的物质和物品	11001～11148
	第2项：有进射危险，但无整体爆炸危险的物质和物品	12001～12057
	第3项：有燃烧危险并有局部爆炸危险或局部进射危险或两种危险都有，但无整体爆炸危险的物质和物品	13001～13061
	第4项：不呈现重大危险的物质和物品	14001～14066
	第5项：有整体爆炸危险的非常不敏感物质	15001～15005
	第6项：无整体爆炸危险的极端不敏感物品	16001

（续）

类别名称	项别名称	编号范围
第2类:气体	第1项:易燃气体	21001～21072
	第2项:非易燃无毒气体	22001～22069
	第3项:毒性气体	23001～23077
第3类:易燃液体	第1项:一级易燃液体	31001～31318
	第2项:二级易燃液体	32001～32158
第4类:易燃固体、易于自燃的物质和遇水放出易燃气体的物质	第1项:易燃固体	41001～41559
	第2项:易于自燃的物质	42001～42537
	第3项:遇水放出易燃气体的物质	43001～43510
第5类:氧化性物质和有机过氧化物	第1项:氧化性物质	51001～51530
	第2项:有机过氧化物	52001～52123
第6类:毒性物质和感染性物质	第1项:毒性物质	61001～61940
	第2项:感染性物质	62001～62004
第7类:放射性物质	不分项	71001～71030
第8类:腐蚀性物质	第1项:酸性腐蚀物质	81001～81647
	第2项:碱性腐蚀物质	82001～82526
	第3项:其他腐蚀物质	83001～83515
第9类:杂项危险物质和物品	第1项:危害环境物质	91001～91021
	第2项:高温物质	92001～92002
	第3项:经过基因修改的微生物或组织	93001

（1）托运受理

1）运输资质管理。铁路危险货物运输实行托运人资质认证制度，办理铁路危险货物运输的托运人，应具备企业法人资格。在办理托运前，托运人必须取得"铁路危险货物托运人资质证书"，在办理时，应向承运人出具该资质证书，经确认后方可受理。同样，只有具备相应的货运设备设施，能办理危险货物运输的车站方可受理托运该类货物运输。

2）一批办理条件。性质或消防方法相互抵触，以及配装号或类项不同的危险货物不能按一批托运，也不得混装在同一包装内。

3）运单的填写。托运危险货物应在货物运单的"货物名称"栏内填写危险货物的品名和编号，并在运单的右上方。用红色戳记标明货物的类项名称。托运爆炸品时，托运人应提供危险货物品名表内规定的许可运输证明（公安机关的运输证明应该是收货单位所在县市公安部门签发的爆炸品运输证），同时在"托运人记载事项"栏内注明名称和号码。托运放射性物品或放射性物品的空容器时，应提供铁路卫生防疫部门核查签发的"铁路运输放射性物品包装件表面污染及辐射水平检查证明书"（见表3-7）或"铁路运输放射性物品空容器检查证明书"一式两份，一份随货物运单交收货人，一份留发站存查。

4）包装标志要求。为了防止被包装的危险货物发生化学反应，保持相对稳定状态，便于储运，危险货物的运输包装和内包装应按《铁路危险货物品名表》和《铁路危险货物运输管理规则》附件二《危险货物包装表》的规定确定包装方法。

表 3-7　铁路运输放射性物品包装件表面污染及辐射水平检查证明书

编号：　　　发货人：　　　年　月　日

货物名称：						件数：				
射线类型：α、β、γ、中子						物理状态：块状、粉末、晶体、液体、气体				
放射性比活度：Bq/kg(μci/kg)						放射线总活度：Bq(μci) 半衰期：				

包装件号码	放射性元素的符号	放射性活度 Bq(μci)	包装件表面污染情况 Bq/cm²(μci/cm²)		包装件运输等级	包装件表面辐射水平 msv/h (mrem/h)	运输指数	包装类型
			α	β				

检查单位（盖章）：　　　　　　　　核查单位（盖章）：

检查人员（签名）：　　　　　　　　核查人员（签名）：

　　　　　　　　　　　　　　　　　签发日期：　　　年　月　日

　　为了保证运输安全、指导作业，每件货物包装上应该牢固、清晰地标明危险货物包装标志和包装储运图示标志，并有与货物运单相同的危险货物品名。

　　5）新产品的托运要求。托运危险货物品名索引表未列载的危险货物时，托运人在托运前向发站提供经县级以上（不包括县）主管部门审查同意的"危险货物运输技术说明书"（见表3-8），铁路部门以此确定运输条件组织试运。爆炸品、氧化剂和有机过氧化物、剧毒品由铁路局批准。其他品类由铁路分局批准。

表 3-8　危险货物运输技术说明书

品　　名		别　　名	
外文名称		分子式(结构式)	
成分及百分含量			
货物主要物理性质	颜色：　；状态：　；气味：　；密度：　；溶解度；　　g/100mL		
	熔点：　℃；沸点：　℃；闪点：　℃[开(闭)杯]		
	燃点：　℃		
	控温温度：　℃；应急温度：　℃；黏度：		
	其他有关物理性质：		
货物主要化学性质	遇　　分解；分解产物：		
	分解温度：　；聚合温度：　；稳定剂及含量：		
	货物与酸、碱及水反应情况：		
	其他有关化学性质：		

（续）

		县以上（不包括县）主管单位意见
货物主要危险性	爆炸性： 爆发点： °C;爆速:m/s;撞击(摩擦)感度：	
	压缩和液化气体特性:临界温度： °C;50°C 时蒸气压： kPa 充装压力： kPa	
	易燃性:闪点： °C(闭杯);爆炸极限： ;燃点： °C 燃烧产物：	
	自燃性:自燃点： °C	
	遇湿易燃性:与水反应产物： ;反应速度： ;放热量：	
	氧化性:与可燃物粉末混合后燃烧、摩擦、撞击情况：	
	毒害性:经口或皮肤接触半数致死量 $LD_{50} =$ mg/kg 吸入蒸气 $LC_{50} =$ mg/kg	
	放射性:比活度： Bq/kg;总活度： Bq;半衰期： 天 射线类型：	
	腐蚀性:与皮肤、碳钢、纤维等作用情况：	
	其他危险性:感染性 ;恶臭 ;其他影响运输的性质：	
货物包装情况	内包装(材质、规格、封口)：	
	衬垫(材质、方法)：	
	外包装(材质、规格、封口、捆扎)：	
	单位重量： ;总重： ;包装标志： ;包装类：	
防护及应急措施	作业注意事项：	
	容器破损及撒漏处理方法：	
	灭火方法： ;灭火禁忌：	
	中毒急救措施：	
	存放注意事项： ;洗刷除污方法：	
鉴定单位意见	该货物应属危险货物第 类,第 项 比照编号 比照品名 比照《危规》第 包装。 其他：	
鉴定单位及鉴定人	鉴定单位(公章) 鉴定人(签章) 年 月 日 年 月 日	（公章）
装车站意见	(公章) 年 月 日	年 月 日
铁路局意见	(公章) 年 月 日	
产品生产及托运单位	产品生产单位： 地址： 邮政编码： 电话： 托运单位： 地址： 邮政编码： 电话： 托运单位(公章) 联系人(签章) 年 月 日	

（2）装卸和运输

1）车辆的使用。危险货物限使用棚车（包括毒品专用车）装运，危险货物品名表有特殊规定的除外。整车发送的毒害品和放射性矿石、矿砂必须使用毒品专用车。

爆炸品（爆炸品保险箱除外）、氯酸钠、氯酸钾、黄磷和铁桶包装的一级易燃液体应使用木底棚车装运。

2）装卸作业。装卸前，应对车辆和仓库进行必要的通风和检查。车内、仓库必须清扫干净。装卸危险货物严禁使用明火灯具照明。照明灯具应具有防爆性能，装卸作业使用的机具应能防止产生火花。

作业前应了解货物品名、性质，明了装卸作业安全注意事项和需准备的消防器材及安全防护用品。作业时要轻拿轻放，堆码整齐牢固，防止倒塌，要严格按规定的安全作业事项操作，严禁货物倒放、卧装（钢瓶及特殊容器除外）。破损的包装件不准装车。

在同一车配装数种危险货物时，应符合危险货物配装表的规定。放射性物品与其他危险货物不能同车配装。

3）押运整车运输的爆炸品（配装表内 1，2 号所列的品名除外），液化气体罐车运输，托运人应派人押运。押运人员应熟悉货物性质，掌握押运人须知的有关规定，随带必要的工具、备品和防护用品，保证全程押运。

（3）洗刷除污

1）装过危险品的货车（包括毒品车），卸后必须清扫干净。

2）对装过剧毒品的货车（包括毒品车）及受到危险货物污染，有刺激异臭气味或危险货物撒漏的货车（包括苫盖篷布及有关用具），必须进行洗刷除污。

3）对装过放射性矿石、矿砂及受到放射性污染的货车，需由收货单位彻底清洗除污，车辆经铁路防疫部门检测后，污染水平低于《危规》规定的 1/50 时，方能使用。

二、鲜活货物运输

1. 鲜活货物运输概述

（1）鲜活货物定义　在铁路运输过程中需要采取制冷、加温、保温、通风、上水等特殊措施，以防止腐烂变质或病残死亡的货物，以及其他托运人认为须按鲜活货物运输条件办理的其他货物。

（2）鲜活货物分类　鲜活货物分为易腐货物和活动物两大类。

1）易腐货物主要包括肉、鱼、蛋、奶、鲜水果、鲜蔬菜、冰、鲜活植物等。

按其温度状态（热状态）又分为冻结货物、冷却货物和未冷却货物。

2）活动物主要包括禽、畜、蜜蜂、活鱼、鱼苗等。

2. 易腐货物运输组织

（1）托运与承运

1）运输方式。为了适应各种性质的易腐货物在不同运输季节和外界气温条件下的运输要求，易腐货物运送有冷藏、加温、通风、保温、防寒等五种运输方式，以最大限度地保持货物的质量。采用何种运输方式应

小知识

冻洁货物的温度一般在 -10℃。

冷却货物的温度一般在 0~7℃。

未冷却货物是指处于自然状态的易腐货物。

根据货物的种类、运输距离、运输季节及运送去向等确定。

2）按一批托运的规定

①不同热状态的易腐货物不能按一批托运。

②按一批托运的整车易腐货物，一般限运同一品名。但不同品名的易腐货物，如在冷藏车内保持或要求的温度上限（或下限）差别不超过3℃时，允许拼装在同一冷藏车内按一批托运。

例如：热状态均为未冷却的甜椒和番茄（已开始上色），用机械冷藏车装运，车内保持的温度分别为6~9℃和2~6℃，两者车内保持温度的下限相差4℃，上限相差3℃，上限差别不超过3℃，允许拼装在同一车内按一批托运。若用加冰冷藏车装运，车内要求的温度分别为6~10℃和2~8℃，下限相差4℃，上限相差2℃，上限差别不超过3℃，也可以拼装在同一车内按一批托运。

但此时，托运人应在货物运单"托运人记载事项"栏内记明："车内保持温度（或途中加冰掺盐）按××品名规定的条件办理。"

3）运单填写

①托运人应填写具体的货物品名，并注明其品类序号及热状态，并在"托运人记载事项"栏内注明易腐货物的容许运输期限。易腐货物的容许运输期限至少须大于铁路规定的货物运到期限3天时，发站方可承运。

②使用冷藏车运输易腐货物时，托运人应按"易腐货物运输条件表"（见表3-9）或与车站另行商定的运输条件确定运输方式，并在"托运人记载事项"栏内具体注明"途中加冰""途中制冷""途中加温""途中通风""途中不加冰""途中不制冷""不加冰运输"等字样。

表3-9　易腐货物运输条件表（节选）

品类序号	货物品名	承运质量	承运温度/℃	适用包装号或包装	装载方法 装载要求	装载方法 装载号	机械冷藏车车内保持的温度/℃	加冰冷藏车车内保持的温度/℃
18	已开始上色的番茄	色泽新鲜质硬、无破裂腐烂现象		2	稳固装载留通风空隙	1、2、3	2~6	2~8
				6		4		

品类序号	运输方式										说明
	热季		温季						寒季		
	平均气温20°C以上		平均气温13~19°C		平均气温7~12°C		平均气温1~6°C		平均气温0°C以下		
	选用车辆	冰内掺盐（%）	选用车辆	冰内掺盐（%）	选用车辆	冰内掺盐（%）	选用车辆	冰内掺盐（%）	选用车辆	冰内掺盐（%）	
13	用冷藏车冷藏运输	5	用冷藏车冷藏运输	0	用冷藏车或棚敞车通风运输	0	用冷藏车或棚敞车通风运输		用冷藏车保温防寒或加温运输		根据货主请求，可紧密堆码

③在托运需要检疫运输的易腐货物时，应按国家有关规定提供检疫证明书，并在货物运单"托运人记载事项"栏内注明检疫证明的名称和号码，并将随货同行联牢固地粘贴在运单背面。车站凭此办理运输。

4）易腐货物的质量、温度和包装。托运人托运易腐货物时，货物的质量、温度和包装必须符合"易腐货物运输条件表"和"易腐货物包装表"（见表3-10）的规定。

表3-10　易腐货物包装表（节选）

包装号	包装名称	包装材质	包装要求	包装规格	包装重量/kg	货物净重/kg	堆码试验
1	木箱	木材（干燥、无虫蛀、霉变腐朽）	用木材组合装钉，通风、透气、清洁。内部光滑无尖凸物，外部无钉头或钉尖显露，并无其他尖刺。箱子应有足够的强度	具有坚固26根条挡的木箱，箱板厚度不少于10mm，条挡宽为40~60mm。箱外用两道14号铁丝或铁腰捆扎箍紧，箱内应加纸张铺衬。具体规格尺寸需根据盛装货物的特性、体积、层数和重量而定	不少于6	20~25	空箱净压400kg，24h不变形。装货后，重箱自码3.5m高，箱不变形
2	花格木箱	木材（干燥、无虫蛀、霉变腐朽）	用木材组合装钉，通风、透气、清洁。内部光滑无尖凸物，外部无钉头或钉尖显露，并无其他尖刺。箱子应有足够的强度	具有坚固12根条挡的花格木箱，箱板厚度不少于10mm，条挡宽为40mm。箱底部木板间距不大于10mm，其他部位木板间距为15mm，箱内需用韧性纸张衬垫，并打通风圆孔，直径5mm，孔距20mm。具体规格尺寸需根据盛装货物的特性、体积、层数和重量而定	不少于4	5~20（樱桃5kg，葡萄10kg）	空箱净压400kg，24h不变形。装货后，重箱自码3.5m高，箱不变形

5）不按规定条件运输和试运

①托运人要求不按规定的条件运输易腐货物时，在托运人确认货物不致腐烂变质的条件下，应事先与车站另行商定运输条件。商定的条件应在货物运单"托运人记载事项"栏内注明。

②托运人托运"易腐货物运输条件表"内未列名的易腐货物时，应事先与车站商定运输条件，一式六份（托运人、发站、发送分局、路局、到站、铁道部各一份），报铁路局审批后方可办理试运。托运人应将商定的运输条件在货物运单"托运人记载事项"栏内注明。

③不按规定条件运输和组织试运的易腐货物，车站与托运人应签订运输协议，货物质量由托运人负责。使用机械冷藏车时，要通知乘务组，并在"乘务报单"和"机械冷藏车作业单"内注明。

（2）装车

1）车辆选择与使用。装运易腐货物必须按规定使用冷藏车，确因冷藏车不足，需要使用棚敞车时应按"使用棚敞车运输易腐货物的措施"的规定办理。

①冷藏车使用规定。冷藏车应用于装运易腐货物，但无包装的瓜果、蔬菜、卤鱼和能损坏车内设备的易腐货物，不得使用冷藏车装运（西瓜、哈密瓜、南瓜、冬瓜除外）。

冷藏车严禁用于装运能污染和损坏车辆的非易腐货物。冷藏车回空利用及装运需用冷藏车进行冷藏、保温或加温的非易腐货物时，车站应逐级上报铁道部，经调度命令承认后，方可使用。

机械冷藏车组，可组织同一到站的两站分装，B18，B20 型机械冷藏车组可组织同一发站装车的两站分卸。但两分装或分卸站应为同一径路，距离不超过 200km。第一装车站的装车数或第二卸车站的卸车数不得少于全车组的一半（枢纽地区除外）。

机械冷藏车组工作车前部或后部各车，应装同一热状态、要求温度相同的货物，但前部、后部的温度可不相同。

机械冷藏车每个车的装货重量不准超过车辆的标记载重量。

②棚敞车的使用规定

冷藏车不足时，承运人可根据托运人的要求，使用棚敞车代替冷藏车装运易腐货物。

易腐货物的质量是否适合棚敞车运输，由托运人负责确定。托运人应在提出的要车计划表上注明"如无冷藏车也可拨配棚车或敞车"。

托运时，托运人应在货物运单的"托运人记载事项"栏内记明要求使用的车种和容许运输期限。是否需要押运由托运人确定。

使用棚敞车运输易腐货物，应按"易腐货物使用棚敞车运输条件表"的要求办理。对未规定具体运输条件的易腐货物，托运人应事先与发站商定试运条件，报铁路局批准。

使用棚敞车装运易腐货物，装车单位在装车前要认真检查车辆状态和卫生状况，对状态不良不能保证货物安全的车辆，承运人应予以调换，对不符合卫生的车辆要进行洗刷除污。根据运输全程气温条件采取防寒、保温、隔热措施时，所用材料应清洁无污染。

敞车装运蔬菜用易燃材料作防寒覆盖物不苫盖篷布运输时，应按 ⚠ 编组隔离。

2）冷藏车装车前准备

①车辆检查

装车前（加冰运输在加冰前），装车单位应检查冷藏车的冰箱、排水装置、车门及车内设备是否齐全良好，车内是否清洁卫生。不能保证货物质量的车辆严禁使用。

②车辆预冷

车辆预冷有利于货物降温和保持适宜的运输温度。用冷藏车运输易腐货物，在装车前必须预冷车辆，待车内温度降低后才能装车。

加冰冷藏车装运冻结货物，车内温度应预冷到 6℃ 以下，达不到时，可预冷 6h；装运冷却或未冷却货物，车内应预冷到 12℃ 以下，达不到时，可预冷 3h。

机械冷藏车车内的预冷温度：冻结货物为 −3～0℃；香蕉为 12～15℃；菠萝、柑橘为 9～12℃；其他易腐货物为 0～3℃。

③加冰冷藏车始发加冰加盐

为了使加冰冷藏车获得低于 0℃ 的温度，在冰中掺盐，成为冰盐混合物，这样不仅冰融化吸收热量，并且盐溶解也吸收热量，就能使车内获得低于 0℃ 的温度。使用加冰冷藏车装运易腐货物时，在始发站需要的冰、盐和劳动力由托运人准备和组织。使用的冰、盐要清洁、无杂物。冰块大小不超过 1kg。车站有供冰条件的，经协商也可由车站供应，费用由托运人负担。

始发加冰盐应加足冰箱定量，并应在冷藏车调离装车地点前再次补足冰、盐，以保证冷藏车运行到下一加冰所时，冰箱内存冰不少于20%。

冰内掺盐比例应根据易腐货物的品名、运输季节，按"易腐货物运输条件表"的规定分始发、中途加冰两种情况确定。

冰盐用量按下列公式计算

$$Q_冰 = \frac{100Q_{冰盐}}{100 + x}$$

式中　$Q_{冰盐}$——冰箱加冰加盐总量（kg）；

　　　$Q_冰$——加冰量（kg）；

　　　x——冰内掺盐比例（%）。

$$Q_盐 = Q_{冰盐} - Q_冰$$

式中　$Q_盐$——加盐量（kg）。

例：热季用 B_6 型冷藏车装运冻肉，冰箱内需要加冰盐总量为7000kg，试确定冰箱需要加冰和加盐的量。

解：根据"易腐货物运输条件表"得知掺盐比例为25%，则

$$Q_冰 = \frac{100 \times 7000}{100 + 25}kg = 5600kg$$

$$Q_盐 = 7000kg - 5600kg = 1400kg$$

答：这次冰箱需要加冰5600kg，加盐1400kg。

加冰掺盐时，掺盐比例不同，制冷的效果也不一样。盐要按规定比例掺匀，掺盐比例和方法，要根据货物的热状态及前方加冰所或到站的气温情况以及要达到的目的而定。

加冰掺盐的方法很多，例如：

● 先将全部的冰和80%的盐掺和均匀，加入冰箱，再将余下的盐均匀地铺盖在冰盐混合物上。其优点是：在一定时间内，冰箱的温度比较均匀稳定。

● 先将50%的冰和全部的盐掺和均匀，加入冰箱，再将余下的冰加入。其优点是：能迅速降低车内温度，使货物快速冷却。

● 先将50%的冰加入冰箱，再将余下的冰与60%的盐掺和均匀后加入冰箱，最后将余下的盐均匀覆盖在冰盐混合物上。其特点是：冰盐的制冷是由弱到强逐渐变化的。适用于由低温地区向高温地区运输易腐货物，能起到随外界温度变化而自动调节车内温度的作用。

④机械冷藏车装车通知单。使用机械冷藏车运输易腐货物，发站在机械冷藏车到达后，应将装车时间，地点、货物品名、吨数、到站等事项填记在"机械冷藏车装车通知单"内，于装车前12h交乘务组，作为准备装车的通知。"机械冷藏车装车通知单"是车站与机械冷藏车乘务组进行工作联系的书面凭证。

3）装车作业

①装车注意事项。经过预冷的冷藏车装车时，应采取措施，保持车内温度。在装（卸）作业中应使用不致损坏车内设备的工具，并不得挤碰循环挡板，上层货物距离循环挡板最少应留出50mm的空隙。开关车门时，严禁乱砸硬撬。采取保温、防寒、防湿等措施时，严禁

以钉钉等方式损坏冷藏车车体。

用加冰冷藏车装运需要通风运输的易腐货物时，可以将进向左侧车门开启并固定。开启的车门最外突出部位从车辆中心线起不得超过1750mm。用棚敞车通风运输的易腐货物，可将门窗开启固定，或将敞车侧板吊起，翻转到最大限度用铁线捆绑牢固，并用栅栏将货物挡住。开启的门窗和吊起的侧板最外突出部位不得超过机车车辆限界。

②易腐货物的装载方法。选择正确的装载方法，对保证易腐货物的质量至关重要。易腐货物装车时，应根据货物的性质、热状态、运输方式，采用相应的装载方法。

易腐货物的装载方法可以分为两类：紧密堆码装载法和留通风间隙装载法。

紧密堆码装载法主要适用于冻结货物和冷却的夹冰鱼虾、贝类。采用紧密堆码，可减少货物之间的空隙，减缓货物冷量散失，有利于保证货物质量和有效地利用货车装载量。

留通风间隙装载法是在货物之间留有间隙，以保证空气流通，利于货物散热和车内空气循环，适用于具有各种包装有热量散发的冷却货物和未冷却货物。

（3）填制冷藏车作业单　使用加冰冷藏车运输易腐货物时，装车单位必须填写"加冰冷藏车作业单"，使用机械冷藏车时，应填写"机械冷藏车作业单"。装卸车单位、发站、中途站、到站及机械冷藏车乘务组都要认真填写冷藏车作业单，并做好作业单的传递交接工作。用机械冷藏车运输时，对同一到站、同一收货人和同一热状态、要求同一温度的货物可不限车数合填"机械冷藏车作业单"。

（4）卸车除污　到站对到达的易腐货物应及时组织卸车和交付。

在货场内卸车的易腐货物要严防污染变质，车站应联系收货人采取措施，随卸随搬。冻结货物、冷却货物和寒季运送保温、加温货物，收货人应准备防护用品和搬运工具，组织直接卸车，防止货物温升过快或发生冻损。发现事故货物，应及时妥善处理，防止扩大损失。

卸车单位对卸后空车应负责清扫干净。装过鱼、贝、肉类以及被其他易腐货物污染的车辆，卸车单位必须按规定彻底洗刷除污，必要时进行消毒，使车内没有残留的污水、秽物。洗刷除污、消毒后的空车应适当通风、晾干再关车门。

3. 活动物运输组织

（1）托运与承运

1）托运人托运活动物时，应按国家有关规定提出检疫证明，在货物运单"托运人记载事项"栏内注明检疫证明的名称和号码，并将随货同行联牢固地粘贴在运单背面，车站凭此办理运输。如果托运猛禽、猛兽（包括演艺用）时，应与发送铁路局商定运输条件和运输防护方法。跨局运输时，发送局应将商定的事项通知有关的铁路局。

2）装运活动物时，托运人必须委派熟悉活动物习性的押运人随车押运，在货物运单"托运人记载事项"栏内注明押运人的姓名、证明文件名称及号码。押运人的人数，每车以1~2人为限，托运人要求增派时，须经车站承认，但增派人数一般不得超过5人。鱼苗每车押运人数不得超过8人。蜜蜂每车押运人数不得超过9人。租用的家畜、家禽车回空时每次准许派2人押运。押运人携带物品只限途中生活用品和途中需要的饲料和饲养工具，数量必须符合限量规定。

（2）活动物的装车

1）车辆的选择。装运活动物必须选用家畜车、家禽车、活鱼车以及清扫干净、未受污染的棚车、敞车，但不得使用无车窗的棚车。同时应遵守以下规定：

①装运牛、马、骡、驴、骆驼等大牲畜，不得使用铁底货车。

②发往深圳北站的活牛，应用活牛专用车或棚车装运。

③装运活鱼、鱼苗必须使用活鱼车、棚车，但不得使用全钢和车窗不能开起的棚车（采用增氧机运输的除外）。

拨配的车辆是否适合装运活动物一律由托运人检查确定。托运人认为不适合装运时，承运人应给予调换。

2）装载方法。禽、畜可单层或多层装载，每层的装载数量由托运人根据季节、运输距离、活动物的体积及选用的车种等情况确定。

装运活动物的车辆可开启门窗，但应采取措施防止大牲畜头部伸出。对棚车开启的车门窗和敞车吊起的侧板须固定和捆绑牢固并不得超限。

装活鱼、鱼苗应使用木箱、鱼篓、帆布桶、帆布槽等容器盛装。使用帆布槽盛装时，应用坚固的金属支架支撑，支架的高度不得超过 1.7m。帆布应牢固、不渗水。装入鱼苗后，槽内水位不得超过 1.5m，鱼苗与水的比例为 1:12 为宜。禁止托运人在车体上钻孔安装支架。

蜜蜂蜂箱巢门外应安装好纱罩。蜜蜂的装载，应纵向排列，堆码稳固，并留有足够的通风道和押运人的休息位置。使用敞车装运时，其高度不得超过 4600mm，高出端、侧板的蜂箱要捆绑牢固，保证安全。

三、阔大货物运输

阔大货物是超限货物、超长货物和集重货物的总称。阔大货物具有长、大、重的特点，多属国民经济发展需要的大型设备。阔大货物外形复杂、体积庞大、价格昂贵，对运送条件要求高，经由铁路运输时，不仅在车辆使用上要严格挑选，而且必须遵守阔大货物的装载加固技术条件。

1. 货物装载的基本技术条件

货物装载因受到车辆的技术规格、铁路限界和运行条件等因素的影响，要求必须对装在货车上的货物在重量、高度、宽度、长度和重心位置等方面加以限制，以确保货物、车辆的完整和列车运行的安全，经济合理地利用货车载重力。

1）装载货物的重量，不得超过货车容许载重量，并应合理地分布在车地板上，不得偏重。

2）货物装载的宽度与高度，除超限货物外，不得超过机车车辆限界和特定区段装载限制。

3）当一件货物宽度等于或小于车底板宽度时，突出货车端梁长度不得超过 300mm；大于车底板宽度时，突出货车端梁长度不得超过 200mm。超过时必须使用游车。

4）货物重心的投影，一般应位于车地板纵、横中心线的交叉点上。特殊情况下必须位移时，横向位移不得超过 100mm，超过时要采取配重措施；纵向位移时，每个车辆转向架所承受的货物重量一般不得超过货车容许载重量的 1/2，且两转向架承受重量之差不得大于 10t。

5）重车重心高自钢轨面起一般不得超过 2000mm。如重车重心高超过 2000mm 时，可采取配重措施，以降低重车重心高度，否则应限速运行。

运行限速规定见表3-11。

表3-11 运行限速规定

重心高度/mm	区间限速/(km/h)	通过侧向道岔限速/(km/h)
2001～2400	50	15
2401～2800	40	15
2801～3000	30	15

2. 超长、集重货物装载

（1）超长、集重货物概念 一车负重，突出车端，需要使用游车或跨装运输的货物，称为超长货物。重量大于所装车辆负重面长度的最大容许载重量的货物，称为集重货物。货车负重面长度是指货车地板负担货物重量的长度。货物支重面长度是指支承货物重量的货物底面的长度。

（2）装载方法 超长货物的装载方法有两种：一种是一车负重加挂游车装运；另一种是两车跨装运送。

避免集重装载的方法有三种：在货物底部加横垫木；在货物底部加纵横垫木；使货物重心偏移。

3. 超限货物运输

经铁路运输的货物，其装载的高度和宽度，在一般情况下不得超出机车车辆限界（见图3-8）。但是随着国民经济的发展，要求铁路运输的大件货物日益增加。由于机车车辆限界和建筑接近限界之间尚有一定的安全空间，只要采取一定的措施，有的大件货物就可以通过铁路运输，从而产生了超限货物运输。

超限货物外形庞大，形状不规则，有些货物还同时具有超长、集重货物的特性。因此，在装载超限货物时，必须遵守超限、超长和集重货物的装载技术条件，了解超限货物超出机车车辆的程度和部位，选择有利的装载方案，选用最合适的车型，以便最大限度地降低其超限等级和超限车的重心高度。

（1）超限货物定义 一件货物装车后，在平直线路上停留时，货物的高度或宽度有任何部位超过机车车辆限界或特定区段装载限界者，均为超限货物。在平直线路上停留虽不超限，但行经半径为300m的曲线线路时，货物的内侧或外侧的计算宽度仍然超限的，亦为超限货物。

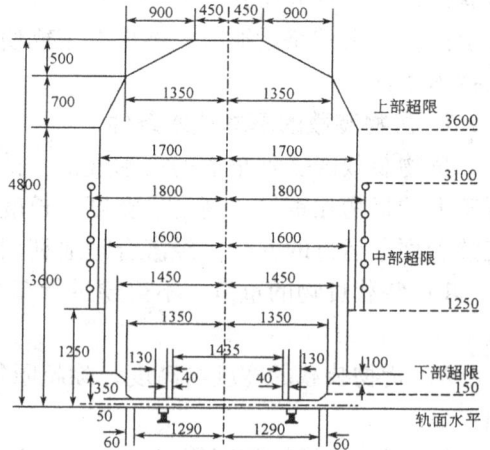

图3-8 机车车辆限界

（2）超限货物的种类 超限货物根据其超限部位，以线路中心线为标准，按装车站最初挂运列车的运行方向，分为左侧超限和右侧超限。如两侧宽度均超出机车车辆限界时，称两侧超限。两侧超限又分为对称超限和非对称超限。

超限货物根据超限部位在高度方向的位置不同，又可分为：

①上部超限——由轨面起高度超过3600mm有任何部位的超限。

②中部超限——在高度自 1250mm 至 3600mm 之间有任何部位的超限。

③下部超限——在高度自 150mm 至未满 1250mm 有任何部位的超限。

（3）超限货物的等级 划分超限货物等级的目的是为了说明超限货物的超限程度。因而确定超限货物的运送条件，同时超限等级也是发站核收超限货物运费的依据。

超限货物按其超限的程度划分为一级超限、二级超限和超级超限。

（4）超限货物运输组织

1）托运。托运超限货物时，托运人除应根据批准的要车计划向车站提出货物运单外，还应该向车站提交下列资料：

①托运超限货物说明书（见表 3-12）。

表 3-12 托运超限货物说明书

发 局		装车站		预计装后尺寸			
到 局		到 站		曲轨面起高度		由车辆纵中心线起	
品 名		件 数				左宽	右宽
每件重量		总重量	重心位置	中心高			
货物长度		支重面长度		侧 高			
高度	中心高	由线路纵中心线起的宽度	左	右	侧 高			
	侧 高		左	右	侧 高			
	侧 高		左	右	侧 高			
	侧 高		左	右	侧 高			
要求使用车种		标记载重		侧 高			
装卸时的要求							
其他要求				车底板高度			
				垫木或货物转向架高度			
				预计装在车上货物重心位置距轨面的高度			
				重车重心高度			

注：粗线栏内由铁路填记

发货单位 　　　　　　　　　　　　　　　　　　　　　戳记　年　月　日　提出

②货物外形的三视图，并以"＋"号标明重心的位置。

③自轮运转的超限货物，应有自重、轴数、轴距、固定轴距、长度、转向架中心销间距离、制动机形式，以及限制条件。

④必要时，应附有计划装载、加固计算根据的图样和说明。

2）装车。车站接到上级指示装运办法的文电后，应严格按照指示文电内容装车。

①装车前的准备工作。应严格按照指示文电的内容选择车辆。检查车辆车体是否完好，定检修是否过期，是否适合加固，并通知车辆部门检查车辆的技术状态。检查加固材料及加固装置是否符合加固方案要求。选择平直线路作为超限货物装车线。车辆调妥后安放止轮器防止车辆移动，然后按照计划装载方案在车地板和货件上标画装车标志，并准备好装车工具。

②组织装车。超限货物一般应使用起重机装车。装车时，货运、装卸人员都应注意起吊位置是否合适，方法是否恰当，尤其是起吊和落下时要平稳，不能用力过猛，以免在起升的过程中索具脱落或货物包装的底架折断等造成不良后果。使用两台起重机共同装一件货物时，更应互相配合得当，将货物按计划的装载方案装在车上。

③装车后的工作。货物装车后，在加固前应根据超限货物装车后的实际装载状态测量各超限部位尺寸，并检查是否与批示文电内容相符，如超出文电批示尺寸时应尽最大努力使之符合文电内容，否则应重新请示。车站会同工务、车辆等部门人员，将复测后各超限部位尺寸以及运输有关事项填入"超限货物运输记录"内。各部门有关人员确认上述记录内容与实际情况完全相符时，各方分别在记录上签章。该记录一式两份，甲页发站存查，乙页随货运票据送达到站，并作为途中检查交接之用。

为了便于运送途中有关人员检查超限货物是否发生移动，应以不褪色的油质颜料在车地板上按货物外形轮廓的主要部分标画易于判别货物是否移动的检查线。在货物两侧明显处，以油质颜料书写或刷印"×级超限"字样。书写困难时，亦可挂牌表示。对二级以上的超限货物，应安插"禁止溜放"表示牌。在车牌、运单上注明"超限货物"字样，限速运行时应注明"限速××km"字样。

知识检验

一、填空题

1. 超限货物按其超限的程度划分为_____超限、_____超限和_____超限。

2. 货物装车后其重心的投影，一般应位于车地板_____交叉点上。特殊情况下必须位移时，横向位移不得超过_____，超过时要采取配重措施；纵向位移时，每个车辆转向架所承受的货物重量一般不得超过_____，且两转向架承受重量之差不得_____。

3. 危险货物是指在铁路运输中，凡具有_____、_____、_____、_____、_____等特性，在运输、装卸和储存保管过程中，容易造成_____和_____而需要特别防护的货物。

4. 易腐货物按其热状态可分为_____、_____、_____三类。

5. 铁路运输中阔大货物是_____、_____和_____的总称。

6. 每件危险货物的包装上应牢固、清晰地标明规定的_____和_____等标志。

7. 托运人托运危险货物时，应在货物运单"货物名称"栏内填写品名和_____。

8. 托运超限货物时，除提供运单外，还应提供_____和_____等资料。

二、计算题

某人使用一辆 B6 型加冰冷藏车装运蔬菜，查易腐货物运输条件表知道需要加冰掺盐，掺盐比例为 5%，B6 全车共七个冰箱，每个冰箱容量 1000kg，问托运人需要准备冰盐各多少 kg？

任务四　铁路货物运费计算

铁路货物运输费用是铁路运输企业所提供的各项生产服务消耗的补偿，包括运行费用、车站费用、服务费用和额外占用铁路设备的费用等。铁路货物运输费用由铁路运输企业使用货票和铁路运输杂费收据进行核收。

一、货物运输费用的依据

计算铁路货物运输费用的依据是《铁路货物运价规则》（简称《价规》）及其附件。承运人和托运人、收货人必须遵守该规则的规定。

二、货物运输费用的计算程序

铁路货物运输费用的计算是一项复杂细微的工作，正确计算与核收运费，对维护铁路与托运人双方的正当权益具有重要意义。《价规》规定了货物运输费用的程序如下：

第一步，根据运单上填写的发站和到站，按《货物运价里程表》算出发站至到站的运价里程。

第二步，根据货物运单上填写的货物名称查找《铁路货物运输品名分类与代码表》、《铁路货物运输品名检查表》，确定适用的运价号。

第三步，整车、零担货物按货物适用的运价号，集装箱货物根据箱型，冷藏车货物根据车种分别在《铁路货物运价率表》中查出适用的运价率（即基价1和基价2，以下同）。

第四步，货物适用的基价1加基价2与货物的运价里程相乘之后，再与按本规则确定的计费重量（集装箱为箱数）相乘，计算出运费。

第五步，按《价规》的规定计算杂费。

1. 货物运价里程的确定

计算货物运费时所采用的里程称为货物运价里程，运价里程是根据《货物运价里程表》按照发站至到站间国铁正式营业线最短径路计算，但《货物运价里程表》内或铁道部规定有计费径路的，应按规定的计费径路计算。

2. 货物运价号的确定

由于货物的性质和运输要求的不同，货物运费的计算分为不同的等级，就是铁路货物运价号。

（1）铁路货物运价号分类　铁路货物运价号分为整车货物运价号（包括保温车货物运价号）、零担货物运价号、集装箱货物运价号三种。

整车货物运价号：1～7号和冰保、机保共9个号。

零担货物运价号：21～22号共2个号。

集装箱货物运价号：按箱型分为1t箱、10t箱、20ft箱、40ft箱共4个号。

（2）货物品类代码和运价号的判定　《铁路货物运输品名分类与代码表》（简称《分类表》）和《铁路货物运输品名检查表》（简称《检查表》），都是用来判定货物的类别代码和确定运价号的工具。

《分类表》由代码、货物品类、运价号（整车、零担）、说明等项组成，见表3-13。根据货物所属的类项，便可确定货物的运价号。代码由4位阿拉伯数字组成，是类别码（前2位表示货物品类的大类，第3位表示中类，第4位表示小类），对应运价号。铁路运输的货物共分26类，每一类都是按大类、中类、小类的顺序排列。其大类代码、货物品类名称见表3-14。

《检查表》由品名、拼音码、代码、运价号（整车、零担）五项组成。根据货物的拼音码，便可确定货物的类别代码和运价号。拼音码由不超过5个汉语拼音字母、阿拉伯数字、英文字母构成。根据品名，由左向右，汉字一般取每字拼音的首码，构成拼音码。《检查表》中的品名是按由A到Z的顺序排列的。

表 3-13　铁路货物运输品名分类与代码表（节选）

代　码		货物品类	运 价 号		说　明
			整车	零担	
01		煤			
01	1	0 原煤	4	21	含未经入洗、筛选的无烟煤、炼焦烟煤、一般烟煤、褐煤
01	2	0 洗精煤	5	21	含冶炼用炼焦精煤及其他洗精煤
01	3	0 块煤	4	21	含各种粒度的洗块煤和筛选块煤
01	4	0 洗、选煤	4	21	指洗精煤、洗块煤以外的其他洗煤（含洗混煤、洗中煤、洗末煤、洗粉煤、洗原煤、煤泥），及筛选块煤以外的其他筛选煤（含筛选混煤、筛选末煤、筛选粉煤）
01	5	0 水煤浆	4	21	
01	9	0 其他煤	4	21	含煤粉、煤球、煤砖、煤饼、蜂窝煤等煤制品，泥炭、风化煤及其他煤。不含煤矸石（列入0897）
02		石油			
02	1	0 原油	6	22	含天然原油、页岩原油、煤炼原油
02	2	0 汽油	6	22	含各种用途的汽油
02	3	0 煤油	6	22	含灯用煤油、喷气燃料及其他煤油
02	4	0 柴油	6	22	含轻柴油、重柴油及其他柴油

表 3-14　货物品类名称表

代　码	货物品类	代　码	货物品类	代　码	货物品类
01	煤	10	木材	19	农业机具
02	石油	11	粮食	20	鲜活货物
03	焦炭	12	棉花	21	农副产品
04	金属矿石	13	化肥及农药	22	饮食品及烟草制品
05	钢铁及有色金属	14	盐	23	纺织品
06	非金属矿石	15	化工品	21	纸及文教用品
07	磷矿石	16	金属制品	25	医药品
08	矿物性建筑材料	17	工业机械	99	其他货物
09	水泥	18	电子、电气机械		

1）先查《检查表》。使用该表时首先从品名首字汉语拼音索引表或品名首字笔画索引表中，查出该品名在检查表中的页数，再根据《检查表》查出该品名的拼音码、代码和运价号。

2）《检查表》中有具体名称时，按具体名称判定代码和运价号。不属该具体名称的不能比照。但由于货物的别名、俗名、地方名称等不同，而实际属于该具体名称的，仍应按该具体名称判定类别和运价号。

3）《检查表》中无该具体名称时，则按照分类与代码表中的概括名称判定类别和运价号。

4）半成品除明定者外，均按制成品判定类别和运价号。

5）在分类表和检查表中既无该货物的具体名称，又无概括名称时，按小类—中类—大类的顺序逐层次判定其归属的收容类目。各类均不能归属的货物，则列入总收容类目9990

未列名的其他货物。

（3）确定运价率 铁路货物运价率是根据运价号相应制定出每一运价号的基价1和基价2。铁路现行运价率见表3-15。

表3-15 铁路现行运价表

办理类别	运价号	基价1		基价2	
		单位	水平	单位	水平
整平	1	元/t	5.4	元/(t·km)	0.0276
	2	元/t	6.1	元/(t·km)	0.0310
	3	元/t	7	元/(t·km)	0.0352
	4	元/t	8.6	元/(t·km)	0.0395
	5	元/t	9.2	元/(t·km)	0.0459
	6	元/t	13.1	元/(t·km)	0.0655
	7	元/t		元/(t·km)	0.2055
	加冰冷藏车	元/t	8.3	元/(t·km)	0.0466
	机械冷藏车	元/t	9.8	元/(t·km)	0.0686
零担	21	元/(10kg)	0.105	元/(kg·km)	0.00045
	22	元/(10kg)	0.155	元/(kg·km)	0.00065
集装箱	1t箱	元/箱	7.4	元/(箱·km)	0.03356
	10t箱	元/箱	86.2	元/(箱·km)	0.39104
	20ft箱	元/箱	161	元/(箱·km)	0.7304
	40ft箱	元/箱	314.7	元/(箱·km)	1.4309

（4）计费运费 货物运费的计费重量，整车货物以吨（t）为单位，吨以下四舍五入；零担货物以10kg为单位，不足10kg进为10kg；集装箱货物以箱为单位。零担货物按货物重量或货物体积折合重量择大计费，即每立方米重量不足500kg的为轻浮货物，按每1m³体积折合重量500kg计算。运费计算公式如下：

1）整车货物

按重量计费：运费 = （基价1 + 基价2 × 运价里程）× 计费重量

按轴数计费：运费 = 基价2 × 运价里程 × 轴数

2）零担货物

运费 = （基价1 + 基价2 × 运价里程）× 计费重量/10

3）集装箱货物

运费 = （基价1 + 基价2 × 运价里程）× 箱数

（5）计算其他费用 铁路货物运输费用包括货物作业过程中实际发生的各种杂费。铁路货运杂费是铁路运输的货物自承运至交付的全过程中，铁路运输企业向托运人、收货人提供的辅助作业、劳务，以及托运人或收货人额外占用铁路设备、使用用具、备品，所发生的费用，简称货运杂费。

货运杂费分为货运营运杂费，延期使用运输设备、违约及委托服务杂费和租、占用运输设备杂费三大类，每类都有各自的项目和费率。各项杂费按从杂费费率表中查出的费率与规定的计算单位相乘进行计算。各项杂费凡不满一个计算单位的，均按一个计算单位计算（另有规定者除外）。

一批货物除运费、杂费外，还可能发生铁路建设基金、电气化附加费、加价运费（在统一运价的基础上再加收一部分运价）和其他代收款（如印花税）等费用。这些费用在计算时，发生几项计算几项。

每项运费、杂费的尾数不足 1 角时四舍五入处理。零担货物的起码运费每批 2.00 元。

三、计算举例

1. 某托运人从沈阳南托运一台机床，重 26t，使用 60t 货车一辆装运至桂林北，计算其运费。

解：查《运价里程表》可知两站的最短径路为 2962km。

查《品名分类代码表》得知机床运价号为 6 号。

查《运价率表》得知基价 1 = 13.1 元/t，基价 2 = 0.0655 元/（t·km）

计费重量为 60t。

运费 = （13.1 + 0.0655 × 2962）× 60 元 = 12426.66 元 ≈ 12426.70 元

2. 某托运人从成都东站托运一批布匹至徐州北站，货物一共 15 件，确定重量为 2250kg，体积6m³，计算其运费。

解：查《运价里程表》可知两站的最短径路为 1730km。

查《品名分类代码表》得知布匹运价号为 22 号。

查《运价率表》得知基价 1 = 0.155 元/10kg，基价 2 = 0.00065 元/（10kg·km）。

货物实重2250kg，体积折重 6 × 500kg = 3000kg，两者取大，则计费重量为 3000kg。

运费 = （0.155 + 0.00065 × 1730）× 3000 元/10 = 383.85 元 ≈ 383.90 元

3. 某托运人从大同站托运一批教学仪器至长沙北站，使用了一个 10t 集装箱装运，计算其运费。

解：查《运价里程表》可知两站的最短径路为 1925km。

查《运价率表》得知基价 1 = 86.20 元/箱，基价 2 = 0.39104 元/（箱·km）

计费重量为 1 箱。

运费 = （86.20 + 0.39104 × 1925）× 1 元 = 838.95 元 ≈ 839.00 元

知识检验

一、填空题

1. 整车货物计费重量以_____为单位；零担货物计费重量以_____为单位，不足_____进为_____；集装箱货物以_____为单位。

2. 零担货物按货物重量或_____择大计费，即每立方米重量不足_____kg 的轻浮货物，按规定折合的重量大于货物重量时，即按折合重量计算。

3. 每项运费、杂费的尾数不足 1 角时_____处理。零担货物的起码运费每批_____元。

4. 整车货物有_____个运价号；零担货物有_____个运价号；集装箱货物按箱型分为_____个运价号。

二、计算题

1. 南宁站发到义乌站一批零担货物，品名衬衣，40 件。发站检斤量尺，货物共重 860kg，体积共 2.05m³。已知：全程1742km，运价号为22 号，计算运费。

2. 沈阳站发塘沽站显像管一批，使用一个企业自备 20in 集装箱装运。已知：全程 682km，计算运费。（非集装箱一口价）

任务五 技能训练

任务描述

以本项目案例导入的内容为素材，模拟铁路货物发送作业的基本流程。

任务准备

1）有条件的学校先组织学生到铁路货运站进行参观学习。

2）准备好铁路货物运单（见表3-2）、铁路货运货票（见表3-4）、空白纸张。

3）将学生按6~8人一组进行分组（以双数为宜），选1人作为组长。

任务实施

1）托运

①将已分好的小组再分为A、B两组。

②A组以托运人的身份填写货物运单的相关内容，并用空白纸张注明所提供的相关证明文件；B组以承运人的身份填写货物运单的相关内容。

③角色互换。B组以托运人的身份填写货物运单的相关内容，并用空白纸张注明所提供的相关证明文件；A组以承运人的身份填写货物运单的相关内容。

2）进货装车。根据案例中的货物性质，每组用空白纸提出相关要求。

3）制票承运。以小组为单位，填写铁路货运货票。

任务评价

任务编号			学时		学生姓名		总分		
类别	序号	评价项目	评价内容	配分	学生自评	学生互评	教师评价	得分	
岗位技能评价	1	理解知识应用知识的能力	是否理解所学知识，具有运用所学知识完成任务的能力	40					
	2	沟通交流能力	在完成任务中，A、B角色进行沟通、交流的能力	20					
	3	完成时间	是否按时完成各项任务	10					
职业素质评价	4	个人礼仪	衣帽、发饰、仪态；在企业或市场调研中的礼仪规范及守纪情况	10					
	5	团队合作	合作参与意识。小组活动的组织、展示、内容等；勇于发言，踊跃讨论，有独到见解	10					
	6	任务执行	协作性、积极主动性和任务完成度	10					

注：按学生自评占20%、学生互评占30%、教师评价占50%计算总分。

任务小结

授课班级		授课时间		授课地点	
授课教师			任务名称		
学生表现					
存在问题及 改进方法措施					

项目四　水路货物运输认知

知识目标

1. 能说出水路运输的营运方式。
2. 掌握内河货物运输的程序及运输合同的内容。
3. 能说出远洋运输的组织程序。

技能目标

能填制水路运输合同。

案例导入

水路运输合同纠纷

2002 年×月×日，原告 A 公司作为托运人与承运人"苏拖×××船队"的代表 B、C 签订了一份水路货物运输合同，合同约定由承运方"苏拖×××船队"运送 A 公司 3300t 煤炭从山东杨堂港码头至上海港九亭留得码头，同日煤炭装载于由"苏拖×××"轮拖带的数艘驳船上离港。此后，A 公司获知，"苏拖×××船队"承运的 3300t 煤炭已灭失。

2002 年×月×日，A 公司与 B 就已灭失的 3300t 煤炭达成赔偿协议，双方约定由 B 以返还煤炭等形式补足原告的 3300t 煤炭。当日 B 即按协议向 A 公司支付了 5 万元人民币，但此后 B 却未履行补货协议。

另查明，涉案船舶"苏拖×××"轮系本案承运船队的动力船，事发当时该船所有权已由 D 公司转至被告 E 公司名下，船舶登记证书上载明所有权人为 E 公司。2002 年×月×日，江苏省铜山县人民法院因另案纠纷扣押了 D 公司所有的登记在 E 公司名下的"苏拖×××"轮并以（2003）铜执字第××—×号裁定认定，B 等与 D 公司签订的拖轮转让协议无效，拖轮过户亦无效。"苏拖×××"轮（即"徐矿××"号）所有权仍归 D 公司。

【裁判】

上海海事法院审理认为，本案系水路货物运输合同引发的货物灭失纠纷，属合同法调整范围。根据涉案水路货物运输合同的签约主体可以明确认定 B 系本案的实际承运人。A 公司没有提供相关证据证明"苏拖×××"轮属于 E 公司所有，且"苏拖×××"轮和"苏拖×××船队"并非同一概念。因此，涉案的"苏拖×××船队"与 E 公司没有直接关系。遂判决 B 支付 A 公司煤炭灭失赔偿款人民币 110.5 万元，对 A 公司的其他诉讼请求不予支持。A 公司不服提起上诉，二审审理认为，船舶所有权的取得适用法定登记对抗主义，"苏拖×××"轮应属于 E 公司所有。但拖轮所有人与驳船所有人之间属于拖航合同关系，驳船所有人与货物所有人之间属于运输合同关系，因 A 公司未举证证明 E 公司是驳船所有人或经营人，故驳回上诉，维持原判。

任务一　了解水路运输知识

一、水路运输的设施与设备

1. 港口

港口是运输网络中水路运输的枢纽，是货物的集散地，船舶与其他运输工具的交接点，它可以提供船舶靠泊，旅客上下船舶，货物装卸、存储、驳运，以及相关服务等。港口有明确的水域和陆域范围，一般有码头、泊位、港区、港界、作业区、腹地等。

（1）港口分类

1）按用途分：①供商船进出使用的公共性质的商用港；②用于军事目的的军用港；③企业自己使用的货主港；④具有良好的天然地势，为船舶躲避台风等灾害而设置的避风港。

2）按运输功能分：①支线集散型港口。其码头为小型及中型码头，主要停靠支线运输船舶及短途干线船舶，目前世界上大多数均属此类港口；②海上转动型港口。它是海上运输主要航线的连接点，拥有大型码头，是支线的汇集点。主要功能是在港区范围内接受、堆存货物以及装船发送货物；③水路腹地型港口。它是国际运输主要航线的端点港，与内陆发达的交通运输网络相连接，是水陆运输的枢纽。主要功能是服务于内陆腹地货物的集散运输，同时兼营海上转运业务。此类港口在现代物流中发挥着举足轻重的作用。

3）按地理条件分：①海港（海岸线上的港口）；②河港（河流沿岸上的港口）；③河口港（河流入海口的港口）；④湖港（湖泊岸壁的港口）。

（2）港口设施与设备　港口的设施与设备包括生产设施与设备以及港口集散运输设施与设备。

1）生产设施与设备。主要包括：①生产建筑。生产建筑是为水运企业进行主要生产工艺过程的建筑。在港口中，码头、货场、仓库、客运站、铁路、公路等建筑，还有船坞、船台、轮船生产车间等均属于此种建筑。②辅助生产服务建筑：它是指为水运企业辅助生产服务的建筑物，如修理厂、航修站、消防站、通信建筑以及港务管理办公建筑等。③港口作业调度：它是港口日常装卸作业、生产的调度中心。其作业内容包括：编制港口生产作业计划；合理组织和安排船舶与港口的生产活动；协调船港作业，加强水运与其他交通运输和物资部门的紧密配合；及时处理在生产过程中出现的各种情况；充分发挥港口的能力，更好地完成运输任务。④候工室：它是港口作业区工人交接班与临时等候、休息的场所。⑤港口机械：它包括起重机械、运输机械、装卸运输机械及车辆。

2）港口集散运输设施与设备。主要包括：①港区道路：它是港区内通行各种流通机械、运输车辆和行人的道路，联系着码头、仓库、货场以及港区与外界的交通。为利于消防，港区道路一般都设置为环形系统。②港口铁路：它是港口内专供货物装卸、转运的铁路线路及设备，一般由车站、车场、码头线及货场组成。③港口铁路专用线：它以轨道方式直接与国家铁路网的铁路线相连接。

2. 船舶

船舶是指航行或停泊于水域进行运输或作业的交通工具。船载重量从数百吨到数十万吨不等。

（1）散装货船（bull cargo ship） 散装货船是用来运输没有外包装的大宗货物的船舶。因所装货物单一，不怕挤压，不需包装就可整包、整箱进行运输，且装卸方便，所以此举船舶基本都是单甲板船，超过 5 万 t 的船基本都不配货物装载工具。

知识卡

船舶的分类

船舶可分为散装货船、杂货船、冷鲜船、木材运输船、原油运输船、滚装船、集装箱运输船。

（2）杂货船（general cargo ship） 杂货船又称为普通货船，主要装载一般包装、袋装、箱装和桶装的杂件货物。杂件货物批量较小，一般载货量为 1 万~2 万 t，货船有双层甲板，配有完善的货物装载工具。杂货船既能装载杂件货物，也能装载大件货、冷鲜货、集装箱等。

（3）冷鲜船（refrigerated ship） 大多数食品类货物，如肉、鱼、果、蔬菜等，在常温下进行长时间的运输、储存会由于微生物的作用或食物本身的因素，导致食品易发生腐坏。采用冷藏保鲜运输就是一种有效避免食品腐坏的运输方式，这类船舶称之为冷鲜船。

（4）木材运输船（timber ship） 木材运输船是用来运载木材或原木的船舶。此类船舱口较大，舱内无横梁、支柱以及其他有碍货物装卸的设备，船舱及甲板上均可运载木材。

（5）原油运输船（oli ship） 原油运输船是专门用来运输原油的船舶。由于原油装载以及运输量很大，其船载重量可以达到 50 万 t，是运输船舶中最大的。其结构一般为单底，目前，由于环保的要求，有的船舶已经变为双壳、双底的结构。其甲板上没有大的舱口，装卸原油使用泵和管道，为了防止原油在低温情况下产生凝固而影响装卸，有些船舶设有加热设施。

（6）滚装船（roll on/off ship） 滚装船是用来运输汽车、集装箱的船舶。此类船舶一般在其侧面或前、后设有与码头连接的开口斜坡，汽车或集装箱（带挂车的）可直接开进及开出船舶。此类船舶的优点是装卸速度快，不依赖码头的装卸设备，可提高码头的船舶周转。

（7）集装箱运输船（container ship） 集装箱运输船是专门用来运输集装箱的船舶，又称货柜船或箱装船。这种船的货舱口较为宽大且较长，货舱的尺寸一般按照装载的集装箱尺寸设计。大部分船舱都用来装载集装箱，甲板及舱盖上都可以用来堆放集装箱。

二、水路运输的营运方式

为适应不同货物及货主对运输的不同需求，充分利用船舶的运输能力，水路运输的主要营运方式有两种：班轮运输和租船运输。

1. 班轮运输

（1）班轮运输的概念 班轮运输又称定期运输，是指船舶在固定的航线上，按照规定的时间表从事运输业务。班轮运输可进一步分为定期班轮和不定期班轮两种。定期班轮即严格按照预先公布的船期表运行，到离港的时间是固定的。而不定期班轮即定线但不一定定期，到离港时间有一定的伸缩性。

（2）班轮运输的基本特点

1）班轮运输的承运人和货主之间在货物装船之前不签订运输合同或租船合同，而是在货物装船后，由船公司或其代理人签发记有详细的有关承运人、托运人或收货人的责任、权利和义务条款的提单，并以此为依据处理运输中有关的问题。

2）除承运批量较大的货物有时根据协议可允许托运人在船边交货和收货人在船边提货外，通常都要求托运人将货物送至承运人指定的码头仓库交货，或将货物卸至码头或仓库后，收货人在码头或仓库提取货物。

3）班轮运输的承运人负责包括装货、卸货和理舱在内的作业，有时还负责仓库至船边或相反方向的搬运作业，并负担其全部费用，即所有装、卸费和理舱费均已计入班轮费率表所规定的费率中，不另行计收。至于仓库与船边之间的搬运费，有的在运费率之外增收附加费，有的则计入运费率之内一并向货方计收。

4）班轮运输的承运人与货主之间不规定装卸时间，也不计算滞期费和速遣费，仅约定托运人或收货人须按照船舶的装卸速度交货或提取货物，否则，应赔偿船方因降低装卸速度或中断装卸作业所造成的损失。

2. 租船运输

（1）租船运输的概念　租船运输也是一种不定期船运输，是出租人向承租人提供船舶的全部或部分舱位装运约定的货物，从某一港口运至另一港口，并由承租人支付租金的运输方式。

（2）租船运输的基本特点

1）租船运输是根据合同组织运输的，船舶所有人与承租人必须在签订合同的前提下才能安排运输。合同中规定了船舶运行的航线、承载货物的种类、具体目的地以及双方的责任、义务和权利，以此来作为解决双方就运输业务中发生争议的依据。

2）租船运输的收费水平高低，受市场行情的影响，不是固定不变的。

3）租船运输主要从事大宗货物的运输，如油类、矿石、煤炭、化肥等，它们一般是整船装运的。

知识检验

一、填空题

1. 港口按用途可分为_____、_____、_____和避风港。
2. 港口的设施与设备包括_____和_____。
3. 滚装船是用来运输_____、_____的船舶。
4. 用来运输没有外包装的大宗货物的船舶称为_____。

二、问答题

1. 港口有哪些作用？港口是怎样分类的？
2. 什么叫班轮运输？班轮运输有哪些特点？
3. 简述租船运输的基本特点。

任务二　掌握内河货物运输的组织程序

随着铁路和公路越来越发达，内河运输业务日渐衰退，班轮运输基本上已退出，只是一些租船业务得以保留。内河货物运输的流程与远洋租船运输相似，所不同的是国内货物运输不需要报关等手续。国内内河货物运输的依据是《中华人民共和国合同法》《危险化学品安全管理条例》《国内水路货物运输规则》等法律、法规。

一、货物的托运

托运货物时，托运人应该提出货物运单、提交货物、支付费用。

1. 提出货物运单

1）填写要求：①一份运单填写一个托运人、收货人、起运港、到达港；②货物名称填写具体品名，名称过繁的可以填写概括名称；③规定按重量或体积择大计费的货物应当填写货物的重量和体积（长、宽、高）；④填写的各项内容应当准确、完整、清晰；⑤危险货物应填制专门的危险货物运单（红色运单）。国家禁止利用内河以及其他封闭水域等航运渠道运输剧毒化学品以及交通部门禁止运输的其他危险化学品，除上述以外的危险化学品，只能委托有危险化学品运输资质的运输企业承运。因此，托运人在托运危险货物时，必须确认水运企业的资质。

2）货物的名称、件数、重量、体积、包装方式、识别标志等应当与运输合同的约定相符。

3）对整船散装的货物，如果托运人在确定重量时有困难，则可要求承运人提供船舶水尺计量数作为其确定重量的依据。

4）对单件货物重量或者长度（沿海为5t、12m，长江、黑龙江干线为3t、10m）超过标准的，应当按照笨重、长大货物运输办理，在运单内载明总件数、重量和体积。

5）托运人应当及时办理港口、检验、检疫、公安和其他货物运输所需各项手续的单证送交承运人。

6）已装船的货物，可由船长代表承运人签发运单。

7）水路货物运单一般为六联。第一联为起运港存查联；第二联为解缴联，由起运港航运公司留存；第三联为货运收据联，由起运港交托运人留存；第四联为船舶存查联，由承运船舶留存；第五联为收货人存查联；第六联为货物运单联，是提货凭证，收货人交款、提货、签收后交到达港留存。

2. 提交托运的货物

1）按双方约定的时间、地点将托运货物运抵指定港口暂存或直接装船。

2）须包装的货物应根据货物的性质、运输距离及中转等条件作好货物的包装。

3）在货物外包装上粘贴或拴挂货运标志、指示标志和危险货物标志。

4）散装货物按重量或船舶水尺计量数交接，其他货物按件数交接。

5）散装液体货物由托运人装船前验舱认可，装船完毕由托运人会同承运人对每处油舱和管道阀进行施封。

6）运输活动物，应将绳索拴好牲畜，备好途中饲料，派人随船押运照料。

7）使用冷藏船运输易腐、保鲜货物，应在运单内载明冷藏温度。

8）运输木（竹）排货物应按约定编排，将木（竹）排的实际规格、托运的船舶或者其他水上浮物的吨位、吃水及长、宽、高以及抗风能力等技术资料在运单内载明。

9）托运危险货物，托运人应当按照有关危险货物运输的规定办理，并将其正式名称和危险性质以及必要时应当采取的预防措施书面通知承运人。

3. 支付费用

托运人按照约定向承运人支付运费。如果约定在装运港船上交货，运费由收货人支付，则应当在运输单证中载明，并在货物交付时向收货人收取。如果收货人在约定指定目的地交货，托运人应交纳货物运输保险费、装运港口作业费等费用。

二、货物的领取

收货人接到到货通知办理提货手续，主要做提交取货单证、检查验收货物、支付费用这三件事。

1. 提交取货单证

1）收货人接到到货通知后，应当及时提货。接到到货通知后满 60 天，收货人不提取或托运人也未派人处理货物时，承运人可将该批货物作为无法交付货物处理。

2）收货人应向承运人提交证明收货人单位或者经办人身份的有关证件及由托运人转寄的运单提货联或有效提货凭证，供承运人审核。

3）如果货物先到，而提货单未到或单证丢失时，收货人还需提供银行的保函。

2. 检查验收货物

收货人提取货物时，应当按照运输单证核对货物是否与之相符，检查包装是否受损、货物有无灭失等情况。

1）发现货物损坏、灭失时，交接双方应当编制货运记录；确认不是承运人责任的，应编制普通记录。

2）收货人在提取货物时没有提出货物的数量和重量异议，视为承运人已经按照运单的记载交付货物。

3. 支付费用

按照约定在提货时支付运费，并须付清滞期费、包装整修费、加固费用以及其他中途垫款等。

因货物损坏、灭失或者迟延交付所造成的损害，收货人有权向承运人索赔，承运人可依据有关法规、规定进行抗辩。托运人或者收货人不支付运费、保管费以及其他费用时，承运人对相应的运输货物享有留置权，但另有约定的除外。查验货物无误并交清所有费用后，收货人在运单提货联上签收后取货。

知识检验

一、选择题

1. 本身一般无自航能力的船舶是（　　）。

    A. 驳船　　　　　　　B. 干货船　　　　　　　C. 拖船

2. 托运危险货物时应注意（　　）。

    A. 填制专门的危险货物运单（红色运单）

    B. 禁止利用内河以及其他封闭水域运输剧毒化学品

    C. 委托有危险化学品运输资质的运输企业承运并确认水运企业的资质

3. 内河运输托运货物时，托运人主要做的三件事是：（　　）。

    A. 提出运单、提交货物、办理保险

    B. 提出运单、提交货物、支付费用

    C. 提交货物、办理保险、支付费用

4. 接到到货通知后满（　　），收货人不提取或托运人也未派人处理货物时，可作为无法交付货物处理。

A. 30 天   B. 45 天   C. 60 天

二、问答题

1. 简述水路货物运输合同条款内容。

2. 收货人在领取货物、办理提货手续时应做好哪几件事？

任务三　掌握远洋货物运输的组织流程

远洋运输是使用船舶跨越大洋的运输。针对不同货物及货主对运输的不同需求，充分利用船舶的运输能力，其运输的主要营运方式有两种：班轮运输和租船运输。

一、班轮运输组织

班轮运输是在特定的航线上，按照规定的时间表运行。轮船运输公司在航线的两端及中间停靠的港口设立办事机构，帮助收发货物。班轮运输的货运组织程序如图 4-1 所示。

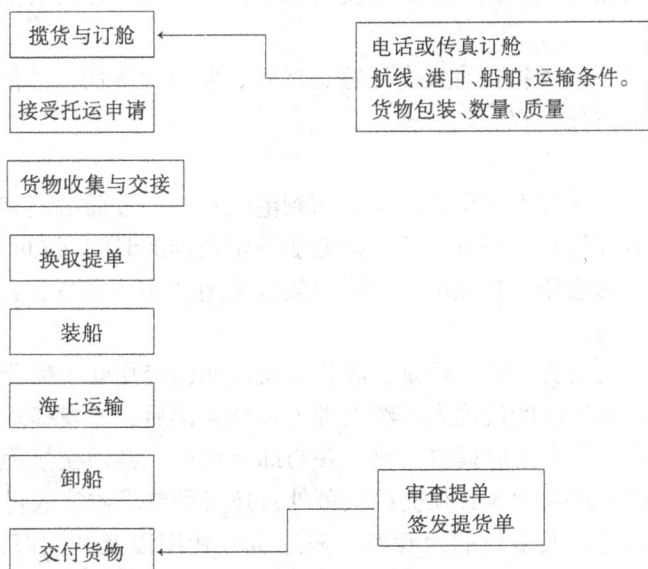

图 4-1　班轮运输的货运组织流程

1. 揽货与订舱

揽货是指承运人在市场上争取货源的行为。船舶公司为充分提高设施与设备的利用率及企业的经济效益，公司设有专门的业务部门进行企业宣传、咨询及订立货运合同。

订舱则是指货物托运人或其代理人向承运人申请货物运输的行为。

2. 接受托运申请

货主或其代理向船公司提出订舱申请后，船公司首先考虑其航线、港口、船舶、运输条件等能否满足发货人的要求，然后再决定是否接受托运申请。

3. 货物收集与交接

传统的件杂货不仅种类繁多、性质各异、包装形态多样，而且这些货物又分属不同的货主，如果每个货主都将自己的货物送至船边装船，势必会造成装货现场混乱，影响装货效率。所以，传统的件杂货班轮运输一般采用集中装船的形式，即由船公司在各装货港指定装船代理人，在装货港的指定地点（通常是仓库）接受托运人送来的货物，将货物集中，并按货物的性质、包装、目的港及卸货次序进行适当的分类后进行装船。对一些特殊货物（如危险品、冷冻货、贵重货或批量较大的同类货物），可以考虑由托运人将货物直接送至船边装货。仓库在收到托运人送交的货物后，应注意认真检查货物的包装，核对货物的数量和重量，核对无误后，签署场站收据给托运人。至此，承运人与托运人之间的货物交接即已完成。

4. 换取提单

托运人凭经签署的场站收据，向船公司或其代理换取提单，然后去银行结汇。

5. 装船

船舶到港前，船公司和码头计划室对本航次需装运的货物制订装船计划，待船舶到港后，将货物从仓库运至船边，按照装船计划装船。如果船舶系靠在浮筒或在锚地作业，船公司或其代理人则用自己的或租用的驳船将货物从仓库驳运至船边再装船。

6. 海上运输

海上承运人对装船的货物负有安全运输、保管、照料的责任，并依据货物运输提单条款划分与托运人之间的责任、权利、义务。

7. 卸船

船公司在卸货港的代理人根据船舶发来的到港电报，一方面编制有关单证，约定装卸公司，等待船舶进港后卸货；另一方面还要把船舶预定到港的时间通知收货人，以便收货人作好接收货物的准备。为避免卸货混乱，卸货一般也采用"集中卸货，仓库交付"的方式。

8. 交付货物

在实际业务中，交付货物的过程是：收货人将注明已经接受了船公司交付的货物并签章的提单交给船公司在卸货港的代理人，经代理人审核无误后，签发提货单交给收货人，然后收货人再凭提货单前往码头仓库提取货物，并与卸货代理人办理交接手续。

交付货物时，除要求收货人必须交出提单外，还必须要求收货人付清运费和其他应付的费用，如船公司或其代理人垫付的保管费、搬运费等费用以及共同海损分摊和海难救助费等。如果收货人没有付清上述费用，船公司有权根据提单上的留置权条款的规定，暂不交付货物。如果收货人拒绝支付应付的各项费用而使货物无法交付时，船公司还可以经卸货港所在地法院批准，对卸下的货物进行拍卖，以卖得的货款抵扣运输及其他有关部门费用。但是，根据运输中出现的具体情况，也有一些特殊的交付货物方式。

（1）船边交付货物　船边交货又称"现提"，是指收货人以提单在船公司卸货港的代理人处换取提货单后，凭提货单直接到码头船边提取货物，并办理交接手续的方式。

收货人要求船边提货，必须事先征得船公司或其代理人的同意。船边交货适用于贵重货物、危险货物、冷冻货物、长大件货物以及其他批量较大的货物。

（2）选港货物　选港货物是指货物在装船时尚未确定卸货港，待船舶开航后再由货主选定对自己最方便或最有利的卸货港，并在这个港口卸货和交付货物。在这种情况下，提单上的"卸货港"一栏内必须记明两个或两个以上的卸货港的名称。如"选择神户/横滨"或"选择伦敦/鹿特丹/汉堡"。而且，货物的卸货港也只能在提单上所写明的港口中选择。货主托运选港货物会给积载工作造成困难，因此，船公司对选港货物要增收一定的附加费用。

货物托运人应在办理货物托运时提出申请，且必须在船舶自装货港开航后，到达第一个选卸港前的一定时间以前（通常为24h或48h），把决定了的卸货港通知船公司及被选定卸货港船公司的代理人，否则船长有权在任何一个选卸港将货物卸下，并认为船公司已履行了对货物的运送责任。

（3）变更卸货港交付货物　变更卸货港交付货物是指在提单上所记载的卸货港以外的其他港口卸货和交付货物。如果收货人认为将货物改在提单上所载明的卸货港以外的其他港口卸货并交付对其更为方便有利时，可以向船公司提出变更卸货港的申请。船公司接到收货人提出变更卸货港的申请后，须根据本船的积载情况，考虑在装卸上能否实现这种变更。例如，是否会发生严重的翻舱、捣载情况；在变更的卸货港所规定的停泊时间能否来得及将货物卸下；是否会延误本船的开航时间等。待确定了这些情况后，才能决定是否同意收货人的这种变更申请。因变更卸货港而发生的翻舱费、捣载费、装卸费，以及因变更卸货港的运费差额和有关手续费等，均由收货人负担。由于变更卸货港交付货物与一般情况下货物的交付不同，收货人在办理提货手续时，必须向船公司或变更后的卸货港船公司的代理人交出全套正本提单之后，才能办理提货手续，这是与正常情况下的提货手续不相同的地方。

（4）凭保证书交付货物　在班轮运输中，有时因提单邮寄延误而出现提单到达的时间迟于船舶到港时间（特别是装货港与卸货港间距离较短）的情况；或因提单失窃；或者是当船舶到港时，作为押汇的跟单票据的提单已到达进口地银行，只是因为汇票的兑现期限的关系，收货人暂时还拿不到提单，因而造成船舶虽已到港，而收货人尚未收到提单的局面。在这些情况下，收货人就无法以交出提单来换取提货单提取货物。此时，常由收货人开具保证书，以保证书交换提货单，然后持提货单提取货物。

保证书的内容一般包括：收货人保证在收到提单后立即向船公司或其代理人交回这一提单，承担应由收货人支付的运费及其费用的责任；对因未提交提单而提取货物所产生的一切损失承担责任，并表明对上述保证内容由有关银行与收货人一起负连带责任。

二、租船运输组织

在租船运输业务的实际操作中，主要有航次船、定期租船、包运租船和光船租船等经营方式。租船是通过租船市场进行的，在租船市场上，船舶的所有人是船舶的供给方，承租人则是船舶的需求方。一项租船业务从发出询价到履行完租船合同的全过程称为租船程序。

1. 租船经纪人

在国际租船市场上，租船交易通常都不是由船舶所有人和承租人亲自到场直接洽谈，而是通过租船经纪人代为办理并签约的。

租船经纪人有着丰富的租船知识和经验，在整个租船交易过程中起着桥梁和中间人的作用，对交易顺利成交起着重要的作用。租船经纪人一般都与船舶所有人和货主经常保持着联系，一些大的租船经纪人更和世界范围的租船市场保持着互通情报的关系，他们能够经常地掌握货源和运力的情况，及时了解市场行情的变动。所以船舶所有人或承租人委托他们代办租船交易，能以比较合理的条件满足自己的需要并减少许多繁琐手续。

国际上使用租船经纪人开展租船业务的做法已十分普遍。租船经纪业已成为一种专门的行业。通过租船经纪人洽谈租船业务的主要方式有两种，一种是由船舶所有人和承租人分别指定的租船经纪人进行洽谈；另一种是船舶所有人和承租人共同指定同一租船经纪人进行洽谈，双方当事人在现场当面洽谈决定是否成交。在这当中，租船经纪人只是起着引导双方当事人共同议定各项条款，利用自己的知识和技能，尽可能促使谈判顺利进行、成交并签约的作用。

租船经纪人按受船舶所有人或承租人的委托，代办租船交易的谈判和签订租船合同后，将从船舶所有人那里取得一定的报酬，这种报酬称为佣金（commission）。通常佣金为租金的 1.25%。如果船舶所有人和承租人双方只委托一个租船经纪人，那么，在谈判成功并签订租船合同后，船舶所有人只需按租金的 1.25% 支付佣金即可。但是，如果双方各委托一个租船经纪人，在谈判成功并签订合同后，船舶所有人需按租金的 2.5% 支付佣金。以此类推，双方委托的租船经纪人越多，船舶所有人就要照人数等比例增加佣金的支出，对此，承租人和船舶所有人都不能不加以考虑。从表面上看，佣金是成交后由船舶所有人支付的，但实际上，船舶所有人是会通过提高租金而将这种支出转嫁给承租人的。

通常有关佣金的支付有如下三种规定：①佣金在签订合同时支付。如果合同中规定"佣金在签订合同时支付"，则在签订租船合同时，租船经纪人即可获得该项佣金；②佣金在货物装运时支付。如果合同中规定"佣金在货物装运时支付"，则一旦租船合同在货物实际开始装运前被取消，租船经纪人就不能获得该项佣金。③佣金在赚取运费的基础上支付。如果合同中规定"佣金在赚取运费的基础上支付"，则租船经纪人只能在租船合同得到履行，且船舶所有人从承租人那里获得了运费之后，才能获得该项佣金。

在定期租船方式或光船租船方式下，如果合同在履行过程中被撤销，可能会使租船经纪人遭受一定的佣金损失，为此，租船合同中常规定以一"特定期限"（如半年、一年）的租金为基数计算佣金补偿给租船经纪人。至于这个"特定期限"的长短，则取决于双方在租船合同中的规定。虽经租船经纪人的努力但仍不能达成租船交易时，租船经纪人是不能获得佣金的，但可要求"本人"补偿其在整个洽谈中支付的电传费、电报费等费用及相应的劳务费。

2. 租船程序

一项租船交易的成交，大致要经过如下几个阶段：

（1）询价（inquiry） 询价又称询盘，通常是指由承租人以其期望的条件通过租船经纪人在租船市场上要求租用船舶的行为。询价主要以电报或电传等书面形式提出。承租人询价所期望条件的内容一般应包括：需要承运的货物种类、数量，装货港和卸货港，装运期限，租船方式或期限，期望的运价（租金）水平，以及所需用船舶的明细说明等内容。询价也可以由船舶所有人为承揽货载而首先通过租船经纪人向租船市场发出。由船舶所有人发出的询价内容应包括：出租船舶的船名、国籍、船型、船舶的散装和包装容积，可供租用的时间，希望承揽的货物种类等。

（2）报价（offer） 报价又称发盘，当船舶所有人从船舶经纪人那里得到承租人的询价后，经过成本估算，或者比较其他的询价条件，选定对自己有利的条件后，通过租船经纪人向承租人提出自己所能提供的船舶情况和提供的条件称为报价或报价供租。

如果询价是由船舶所有人先提出的，则报价由承租人提出。报价的主要内容，除对询价的内容作出答复和提出要求外，最主要的是关于租金（运价）的水平和选定的租船合同范本及对范本条款的修订、补充。

报价有"硬性报价"和"条件报价"之分。"硬性报价"常附有有效期的规定，询价人必须在有效期内对报价人的报价做出接受订租的答复，超过有效期，这一报价即告失效。"硬性报价"对报价人也有约束力，在"硬性报价"的有效期内，不得再向其他询价人报价，也不得撤销或更改已报出的报价条件。

在"条件报价"的情况下，报价人可与询价人反复磋商、修改报价条件，报价人也有权同时向几个询价人发出报价。当然，作为商业习惯和从商业信誉考虑，当报价人先后接到几个询价人的询价时，应按"先到先复"（first come first served）的原则，先向第一个询价人报价。

（3）还价（counteroffer） 还价又称还盘，在条件报价的情况下，承租人与船舶所有人之间对报价条件中不能接受的条件提出修改或增删的内容，或提出自己的条件称为还价。

还价意味着询价人对报价人报价的拒绝和新的询价开始。因此，报价人收到还价后，需要对是否同意还价条件作出答复，

> **记一记**
>
> **"硬性报价"**
> 是报价条件不可改变的报价。
> **"条件报价"**
> 是可以改变报价条件的报价。

或再次做出新的报价。这种对还价条件做出答复或再次做出新的报价称为返还价（recounted offer）或称返还盘。还价和返还价常需多次反复，直至双方达成租船交易或终止谈判。

（4）报实盘（fin offer） 在一笔租船交易中，经过多次还价与返还价后，如果双方对租船合同条款的意见渐趋一致，一方可以报实盘的方式要求对方做出是否成交的决定。报实盘时，要列举租船合同中的必要条款，既要把双方已经同意的条款在实盘中加以明确，也要对尚未最后确定的条件加以确定。同时还要在实盘中规定有效期限，要求对方答复是否接受实盘，并在规定的有效期限内作出答复。若在有效期限内未答复，所报实盘即告失效。同样在有效期内，报实盘的一方对报出的实盘是不能撤销或修改的，也不能同时向其他第三方报实盘。

（5）接受订租（acceptance） 接受订租又称受盘，即一方当事人对实盘所列条件在有效期内明确表示承诺的意见。至此，租船合同即告成立。原则上，接受订租是租船程序的最后阶段。接受订租后，一项租船洽商即告结束。

（6）签认订租确认书（fixture note） 如上所述，接受订租是租船程序的最后阶段，一项租船业务即告成交，但通常的做法是，当事人之间还要签署一份"订租确认书"。"订租确认书"无统一格式，但其内容应详细列出船舶所有人和承租人在洽租过程中双方承诺的主要条款，一般应包括如下内容：

1）订租确认书制定日期。

2）船名（注明可否代替）。

3）双方当事人名称及详细地址。

4）货物名称及数量。

5）装货港名称及装船期。

6）卸货港名称。

7）运费率或租金率。

8）装卸条款（注明由谁承担装卸费）。

9）运费计价币种及支付方式。

10）各方应承担的有关税收。

11）亏舱费的计算。

12）所采用的租船合同范本的名称。

13）其他特殊约定的事项。

14）双方当事人或其代表的签署。

也常有这种情况：接受订租时，当事人双方只在主要条款方面达成一致，而对于细节问题还需要进一步商定。这时，不论是否接受订租，在主要条款确认书中都应列明"细节另定"。在商定细节后，再次签署订租确认书，表明船舶所有人全部接受承租人上一还价内容，并在此确认另定细节的订租确认书；或承租人再次确认另定细节的订租确认书。订租确认书经当事人双方签署后，各保存一份备查。

知识检验

一、选择题

1. 远洋货物运输的主要营运方式有（　　）。

    A. 班轮运输   B. 货轮运输   C. 租船运输

2. 在"条件报价"的情况下，承租人与船舶所有人之间对报价条件中不能接受的条件提出修改或增删的内容，或提出自己的条件称为（　　）。

    A. 发盘   B. 还盘   C. 实盘

3. 根据运输中出现的具体情况，有一些特殊的交付货物的方式，包括（　　）。

    A. 船边交付货物   B. 选港货物   C. 变更卸货港交付货物

    D. 凭保证书交付货物

4. 水路货物运单、货票共一式（　　）。

    A. 6份   B. 5份   C. 4份

二、问答题

1. 简述班轮运输组织流程。

2. 简述租船业务流程。

3. 租船经纪人在租船运输组织中有何作用？

任务四　技　能　训　练

任务描述

根据所给定的材料，完成内河运输合同的填写。

任务准备

1）准备内河运输合同一份。

2）将学生按6~8人一组进行分组（组数以双数为宜）。

3）准备相关素材一份。

参考资料

托运人：海南××油气化工有限公司；

承运人：中国××船务有限公司；

货名：钢板；包装：散；件数/货量：1000t；

船名：云海268，载货量1000t。

装卸事项：起运港（广东佛山港，受载期限正负1天，装船期限2天），目的港（海南马村港，受载日期2011年9月30日，卸船期限2天），运费结算及支付方式［运价，32元/t（含码头建设基金在内）］，结算款（卸完后一次性付清），付款方式（汇款或现金）。

托运人（甲方）责任：

①承运船舶到达装卸港前，联系、安排好码头泊位，以便能及时安排装卸货物。②负责货物的一切准运手续，确保货物运输的合法性并承担因此产生含乙方损失在内的一切责任。③购买货物运输保险，乙方代办，保险风险自行承担。④承运船舶抵达装港锚地48h未能装货，则视为落空，需支付总运费的30%作为赔偿给乙方。

承运人（乙方）责任：

①承运船舶必须适航、适载，非不可抗力因素影响，船舶应按期抵达。②向甲方提供承运船舶的营运证和经交通部门发放的有关船舶适航、适载证书，确保船舶足以运载合同数之货量且以合同货量为限装载货物，并于航行期间及时通报船舶动态。③确保船舱清洁，负责垫料及盖舱物料，以保证货物质量不因乙方原因受损。

备注：教师可另行准备相关资料。

任务实施

1）将已分好的小组再分为A、B两组。

2）A组以托运方的身份填写货物运单的相关内容，B组以承运方的身份填写货物运单的相关内容。

3）角色互换。B组以托运方的身份填写货物运单的相关内容，A组以承运方的身份填写货物运单的相关内容。

任务评价

任务编号			学时		学生姓名			总分	
类别	序号	评价项目	评价内容	配分	学生自评	学生互评	教师评价		得分
岗位技能评价	1	理解知识应用知识的能力	是否理解所学知识，具有运用所学知识完成任务的能力	40					
	2	沟通交流能力	在完成任务中，A、B角色进行沟通、交流的能力	20					
	3	完成时间	是否按时完成各项任务	10					
职业素质评价	4	个人礼仪	衣帽、发饰、仪表；在企业或市场调研中的礼仪规范及守纪情况	10					
	5	团队合作	合作参与意识。小组活动的组织、展示、内容等；勇于发言，踊跃讨论，有独到见解	10					
	6	任务执行	协作性、积极主动性和任务完成度	10					

注：按学生自评占20%、学生互评占30%、教师评价占50%计算总分。

任务小结

授课班级		授课时间		授课地点	
授课教师			任务名称		
学生表现					
存在问题及改进方法措施					

任务拓展

《国内水路运输管理条例》
第三章　水路运输经营活动

第十七条　水路运输经营者应当在依法取得许可的经营范围内从事水路运输经营。

第十八条　水路运输经营者应当使用符合本条例规定条件、配备合格船员的船舶，并保证船舶处于适航状态。

水路运输经营者应当按照船舶核定载客定额或者载重量载运旅客、货物，不得超载或者使用货船载运旅客。

第十九条　水路运输经营者应当依照法律、行政法规和国务院交通运输主管部门关于水路旅客、货物运输的规定、质量标准以及合同的约定，为旅客、货主提供安全、便捷、优质的服务，保证旅客、货物运输安全。

水路旅客运输业务经营者应当为其客运船舶投保承运人责任保险或者取得相应的财务担保。

第二十条　水路运输经营者运输危险货物，应当遵守法律、行政法规以及国务院交通运输主管部门关于危险货物运输的规定，使用依法取得危险货物适装证书的船舶，按照规定的安全技术规范进行配载和运输，保证运输安全。

第二十一条　旅客班轮运输业务经营者应当自取得班轮航线经营许可之日起60日内开航，并在开航15日前公布所使用的船舶、班期、班次、运价等信息。

旅客班轮运输应当按照公布的班期、班次运行；变更班期、班次、运价的，应当在15日前向社会公布；停止经营部分或者全部班轮航线的，应当在30日前向社会公布并报原许可机关备案。

第二十二条　货物班轮运输业务经营者应当在班轮航线开航的7日前，公布所使用的船舶以及班期、班次和运价。

货物班轮运输应当按照公布的班期、班次运行；变更班期、班次、运价或者停止经营部分或者全部班轮航线的，应当在7日前向社会公布。

第二十三条 水路运输经营者应当依照法律、行政法规和国家有关规定，优先运送处置突发事件所需的物资、设备、工具、应急救援人员和受到突发事件危害的人员，重点保障紧急、重要的军事运输。

出现关系国计民生的紧急运输需求时，国务院交通运输主管部门按照国务院的部署，可以要求水路运输经营者优先运输需要紧急运输的物资。水路运输经营者应当按照要求及时运输。

第二十四条 水路运输经营者应当按照统计法律、行政法规的规定报送统计信息。

项目五　航空货物运输认知

1. 能描述航空运输的发展过程及特征。
2. 能描述航空货物运输组织和管理，能说出航空货物运输的流程。

能够按照流程完成航空运输服务操作，让客户满意。

案例导入

柳州某企业将一批价值 10000 美元的 10 箱广西织锦刺绣通过 A 航空公司办理空运经北京出口至法国巴黎。货物交付后，B 航空公司的代理人出具航空货运单一份，该货运单注明：第一承运人为 B 航空公司，第二承运人是 C 航空公司，货物共 10 箱，重 250kg。货物未声明价值。B 航空公司将货物由青岛运抵北京，准备按约将货物转交 C 航空公司时，发现货物灭失。为此，B 航空公司于当日即通过 A 航空公司向货主告知货物已灭失。为此，货主向 A 航空公司提出书面索偿要求，要求 A 航空公司全额赔偿。

动脑筋

航空货物运输，就是把货物直接送上飞机这么简单吗？航空货物运输应该有什么具体的流程呢？

任务一　了解航空运输知识

航空运输是指使用航空器运送人员、行李、货物和邮件的一种方式。

一、航空货物运输基本知识

1. 航线

民航从事运输飞行，必须按照规定的线路进行，这种线路叫作航空交通线，简称航线。航线不仅确定了航行的方向、经停地点，还根据空中管理的需要，规定了航路的宽度和飞行的高度层，以维护空中交通秩序，保证飞行安全。航线按飞机飞行的路线分为国内航线和国际航线。线路起降、经停点均在国内的称为国内航线。跨越本国国境，通达其他国家的航线称为国际航线。

2. 航班

飞机由始发站起飞，按照规定的航线经过经停站至终点站所做的运输飞行，称为航班。

航班分为去程航班和回程航班。班次是指在单位时间内（通常用一个星期计算）飞行的航班（包括去程及回程）数。在机型不变动的情况下，班次增多表明提供的运输能力增长。班次根据客观需要和主观能力确定。

3. 航空器

航空器是指借助空气浮力或空气动力作用在大气中获得支撑的飞行器具。航空器既包括重于空气的飞机、直升机、滑翔机，又包括轻于空气的飞艇、氢气球。飞机是目前最主要、应用最广泛的航空器。飞机主要由机翼、机身（设置驾驶舱、客舱、货舱）、动力装置（产生推动飞机前进的动力）、起落装置、稳定操纵机构等组成。

飞机按推进装置的不同可分为螺旋桨飞机和喷气式飞机；喷气式飞机又可分为涡轮喷气式飞机和涡轮风扇喷气式飞机。飞机按航程的远近分为短程飞机（航程一般在1000km以内，一般用于国内支线）、近程飞机（航程一般在3000km以内，一般用于国内主要干线）、中程飞机（航程一般在5000km以内，一般用于洲内主要干线）和远程飞机（航程一般在8000km以上，用于洲际航线）。飞机按运送对象的不同可分为以运送旅客为主的客机、专门运送货物的全货机和客货混用机。客机只在下舱内装载货物。客货混用机一般由客机改装而成，在主舱后部和下舱内装载货物。飞机按机身尺寸的不同，可分为宽体飞机和窄体飞机。窄体飞机是指机身宽度约为3m、客舱内只有一条通道的飞机，其下舱内一般只能装载散装货物，如B737、B757、DDC—80、MD—11、A300、A340、A310。

现代飞机（波音747除外）的内部容积可划分为主舱（基本上是客舱，在全部用于载货的飞机上客舱也用于载货）和下舱（货舱）。

4. 航空港

航空港为航空运输的经停点，又称航空站或机场，是供飞机起降、停放与存放货物、报关、上下旅客以及进行其他活动使用的划定区域，包括附属的建筑物、装置和设施。近年来随着航空港功能的多样化，港内一般还配有商务中心、娱乐中心、货物集散中心，满足往来旅客的需要，同时吸引周边地区的生产、消费。

航空机场主要分为民用航空运输机场、通用航空固定性机场和其他专门用途的民用航空机场。按照国际惯例，凡用于商业性运输的机场均称为航空港。航空港根据其地位与作用分为重要空港、一般空港、通用空港和备用空港四类。我国一般习惯将大型民用航空机场称为空港，将小型民用航空机场称为航站。中国民用航空运输机场根据服务和规模，可分为以下三类：

（1）大型枢纽机场 大型枢纽机场的国际、国内航线密集，客、货、邮吞吐量大，如北京首都机场、上海虹桥机场和广州白云机场。

（2）干线机场 干线机场以国内航线为主，客、货、邮吞吐量较大，主要指省会、自治区首府以及重要工业、旅游、开放城市的机场。

（3）支线机场 支线机场以地方航线为主，规模较小，等级较低，大多分布在各省、自治区地面交通不方便的地方。

5. 集装设备

航空运输中的集装设备主要是指为提高运输效率而采用的托盘和集装箱等组成装载设备。为使用这些设备，飞机的甲板和货舱都设置了与之配套的固定设施。

由于航空运输的特殊性，这些集装设备无论是外形构造还是技术性能指标，都具有自身的特点。以集装箱为例，就有主甲板集装箱和底甲板集装箱之分。海运中常见的40in和20in的标准箱只能装载在宽体飞机的主甲板上。

（1）集装器按是否注册划分

1）注册的飞机集装器。注册的飞机集装器是国家政府有关部门授权集装器生产厂家生产的，适宜飞机安全载运的，在其使用过程中不会对飞机的内部结构造成损害的集装器。

2）非注册的飞机集装器。非注册的飞机集装器是指未经有关部门授权生产的，未取得适航证书的集装器。非注册的飞机集装器不能看作为飞机的一部分。因为它与飞机不匹配，一般不允许装入飞机的主货舱，但这种集装器便于地面操作，仅适合于某些特定机型的特定货舱。

（2）集装器按种类划分

1）集装板和网套。集装板是具有标准尺寸的，四边带有卡锁轨或网带卡锁眼，带有中间夹层的硬铝合金制成的平板，以便货物在其上码放；网套是用来把货物固定在集装板上的装置，其固定是靠专门的卡锁装置来限定的。

2）结构与非结构集装棚。为了充分利用飞机内的空间、保护飞机的内壁，除了集装板和网套之外，还可增加一个非结构棚罩（可用轻金属制成），罩在货物和网套之间，这就是非结构集装棚；结构集装棚是指带有固定在底板上的外套的集装设备，它形成了一个完整的箱，不需要网套固定，分为拱形和长方形两种。

3）集装箱。集装箱类似于结构集装棚，它又可分为以下几种：

①空陆联运集装箱。空陆联运集装箱分为20ft或40ft，高和宽为8ft。这种集装箱只能装于全货机或客机的主货舱，主要用于陆空、海空联运。

②主货舱集装箱。主货舱集装箱只能装于全货机或客机的主货舱，这种集装箱的高度是163cm以上。

③下货舱集装箱。下货舱集装箱只能用于飞机的下货舱。

还有一些特殊用途的集装箱，例如：保温箱，它是利用绝缘材料制成的箱体，通过封闭等方法控制箱内的温度，以便装载特种货物。它分为密封保温箱和动力控制保温箱两种。

除此之外，还有专门用于运载活体动物和特种货物的集装箱。

二、航空运输的发展过程

1. 国外航空运输的发展

航空运输的历史可以追溯到19世纪70年代。1871年，法国人已用气球运送人员和物资、邮件等。使用飞机的航空运输则始于1918年5月5日在纽约-华盛顿-芝加哥间的定期邮政航班飞行。同年6月8日，又有了在伦敦-巴黎间的定期邮政航班飞行。第一次世界大战结束后，就有更多的欧美国家开始使用飞机运送人员和邮件。在飞机作为运输工具面世的同时，飞艇运输也有了一定程度的发展。德国的"齐柏林伯爵"号飞艇在20世纪20～30年代曾多次载客横渡大西洋，1929年实现载客环球飞行。1937年5月，德国飞艇停止了运输飞行。随着航空工业的发展，专门用于运输的飞机相继出现。20世纪30年代初期，美国生产的CD—3型运输机得到较为广泛的应用，在一些国家和地区已初步形成了航线网。同时，工业发达国家开始研制多台发动机的大型单翼全金属结构的运输机，进行远程、越洋飞行的尝试。

第二次世界大战中，喷气技术开始在航空领域应用，远程轰炸机和军用运输机在战争中得到很大发展。大战结束后，战争中发展起来的航空技术转入民用，定期航线网在全世界逐步展开。20世纪50年代初，大型民用运输机陆续问世，如美国生产的 C—130 多用途运输机（见图5-1）。20世纪60年代，航空运输进入现代化的世界航空运输时代。

目前，世界航空运输业已发展成为一个规模庞大的行业。以世界各国主要都市为起点的世界航线网已遍及各大洲。

2. 我国航空运输的发展

我国筹办民用航空运输始于1918年3月，当时北洋政府交通部成立筹办航空事宜并掌管全国航空事务。1920年4月24日，组织了北京-上海航线的

图5-1 C—130 多用途运输机

北京-天津段试航，载运了邮件和报纸；同年5月8日正式开航，载运了旅客和邮件，这是我国最早的民航飞行。

我国的航空运输事业在中华人民共和国成立以前的30余年里发展缓慢。中国航空事业是从小到大逐渐发展起来的，大致经历了5个发展阶段，即1949～1957年的初创时期，1958～1965年的调整时期，1966～1976年的曲折前进时期，1977～2001年新的发展时期，2002年之后的高速发展时期。在1980年，中国航空货邮总运输量仅为8.8万t，而2003年已经达到219万t；国际航线的货邮运输量也从1980年的1.4万t增长到2003年的51.4万t。十几年来国内航空货运业务量年平均增长20%以上，为世界航空货运发展速度的3倍，中国已经成为仅次于美国的全球第二大航空货运市场。截至2015年1月，中国国际货运航空以北京、上海为枢纽，先后开通了从上海始发通往欧洲法兰克福、阿姆斯特丹、萨拉戈萨、哈恩，美国纽约、芝加哥、洛杉矶、达拉斯，日本东京、大阪，以及中国台北、成都、重庆、天津、郑州、南京、长春、沈阳等国际、国内和地区的货机航班。同时，依托中国国航的全球航线网络，中国国际货运航空在全球的空运航线达到332条，全球通航点达到166个。另外，中国国际货运航空在欧洲、美国、日本、亚太等全球各地，还拥有1111条全球地面卡车航线作为货机和客机腹舱网络的补充，使货物快速通达全球各地。

依托中航集团、中国国航的物流资源，以及与全球重要航空枢纽货站的紧密合作，中国国际货运航空建立起了包括上海、台北、北京、法兰克福、阿姆斯特丹、洛杉矶、纽约、大阪等城市的全球货站保障体系，可为客户提供高品质的服务。

三、航空运输的特征

航空运输之所以能在短短半个多世纪内得到快速的发展，是与其自身所具有的特征分不开的。航空运输的特征主要表现在以下几个方面：

（1）速度快 这是航空运输的最大特点和优势，现代喷气式客机的巡航速度为800～900km/h，比汽车、火车快5～10倍，比轮船快20～30倍，而且距离越长，航空运输所能节约的时间就越多，快速的特点也越显著。

（2）不受地形限制，机动性大 飞机在空中飞行，受陆地高山等因素的限制很少，受航线条件限制的程度也远比汽车运输、铁路运输和水运小得多。它可以将地面上任何距离的两个地方连接起来，可以定期或不定期飞行。尤其对灾区的救援、供应、边远地区的急救等

紧急任务，航空运输已成为必不可少的手段。

资料库

法国生产的 A300-600ST 大白鲸是目前世界上货舱空间最大的运输机，其 1400m³ 的主货舱中最多可以装载 47t 的业载，不经停飞行 1660km。由于其无可匹敌的巨型体积，一直服务于航空航天、军事和其他超大型货运市场，运送各种各样的货物，从空间站部件、直升机到价值连城的艺术品都包括在内。

（3）舒适、安全　喷气式客机的巡航高度在 10000m 左右，飞行不受低空气流的影响，平稳舒适。现代民航客机的客舱宽敞，噪声小，机内有供膳、视听等设施，旅客乘坐的舒适程度较高。由于科学技术的进步和民航客机适航性的严格要求，航空运输的安全性比以往已大大地提高。

（4）适用范围广泛　现代飞机，尤其是直升机，不但可供客货运输，而且还可以用于邮政、农业、渔业、林业、救济、工程、警务、气象、旅游观光和军事。因此，航空运输的用途十分广泛。

（5）基本建设周期短、投资少　要发展航空运输，从设备条件上讲，只要添置飞机和修建机场就可基本满足。这与修建铁路和公路相比，其建设周期短、占地少、投资省、收效快。据计算，在相距 1000km 的两个城市间建立交通线，若载客能力相同，修建铁路的投资是开辟航线的 1.6 倍。修建铁路的周期为 5~7 年，而开辟航线只需 2 年。

（6）飞机与机场的关系基本上可以有北美和欧洲两种不同的模式　北美模式是飞机与机场分离的模式，经营航空运输的企业可以租用机场的某一部分设施。欧洲模式是航空运输企业与机场共同经营的模式。所以，当采用北美模式时，经营航空运输的企业只需购置飞机和租用机场某一部分设施，即可营运。

（7）航空运输的国际性　航空事业属于环球多国籍的运输企业，且具有跨国服务的特性，故须考虑提供国际化服务与合作关系。例如，天空开放和代码共享的出现。

（8）缺点　航空运输由于受飞机机舱容积和载重量都比较小的制约，运载成本和运价比地面运输高；受飞行气象条件的限制，常常影响飞机的航期和安全，且噪声污染也比较严重。

由于航空运输具有快速、机动的特点，可以为旅客节省大量时间，为货主加速资金周转。因此，在客运和进出口贸易中，尤其是在贵重物品、精密仪器、鲜活物资等运输方面，航空运输起着越来越大的作用。

知识检验

一、填空题

1. 国外使用飞机的航空运输始于_____年。
2. 我国筹办并正式使用民用航空运输始于_____年。
3. 航空器是指借助空气浮力或_____作用在大气中获得支撑的飞行器具。

二、选择题

1. 轻于空气的航空器是（　　）。
　　A. 飞机　　　　　B. 滑翔机　　　　C. 飞艇
2. 北京-香港航线是（　　）。
　　A. 国际航线　　B. 国内干线航线　　C. 地区航线

三、问答题

1. 何谓航线？
2. 国际航线如何分类？
3. 发展航空运输的目的是什么？
4. 航空运输具有哪些特点？

任务二 航空货物运输组织

一、航空公司和航空货运公司

1. 航空公司

航空公司以自身拥有的飞机从事航空运输活动。我国目前有中国航空运输集团公司（简称国航，代号 CA）、中国东方航空集团公司（简称东航，代号 MU）和中国南方航空集团公司（简称南航，代号 CZ）三大航空运输集团公司。三大航空运输集团公司下属分公司或股份公司，实施主副业剥离，进行主业一体化运作。

另外，根据有关航空协议，在我国上空还有法航、日航、德航、瑞航、新航、美联航等数家国际航空公司从事客、货运输活动。

2. 航空货运公司

航空货运公司是航空运输代理公司，受航空公司委托，专业从事航空货物揽货、订舱、接货、交付、报关或送货上门等服务的独立企业。它在航空运输业务中既是货主的代理又是航空公司的代理。它可代表航空公司接受货主的货物并出具航空分运单；当货物在航空公司责任范围内丢失、损坏时，它可代表货主向航空公司索赔。货主在办理货物航空运输中，主要与航空货运公司发生关系，而一般不直接到航空公司订舱。

航空货运公司的建立，能使航空公司更加集中精力搞好空中运输业务，方便货主办理托运、查询、跟踪货物、索赔等事务。

航空货运公司分为一类代理公司（经营国际或香港、澳门、台湾航线的代理业务）与二类代理公司（经营除香港、澳门、台湾航线的国内航线代理业务）。

二、航空货运营运方式

目前，国际航空货物运输的经营方式主要有航班（也称班机）运输和包机运输。

1. 航班运输

航班是指定期开航的定始发站、到达站和途经站的飞机。航班运输按业务对象不同可分为客运航班和货运航班。

1）客运航班一般采用客、货两用机，必须在保证客运的前提下搭载小批量的货物，不能满足大批量货物的及时运出，有时要分期分批运输。因此航班运输需预定舱位。

2）货运航班只在一些货源充足、规模较大的航空公司的一些航线上采用，使用全货机运输，主要控制货物体积（不能超高、超长，能够装入货舱）、形状（易于固定）、货物重量（不能超重），在保证飞机平稳和安全的前提下充分提高飞机的载运率。

由于航班定期开舱，发到站、途经站固定，发收货人能确切掌握起运、到达的时间，可以保证货物安全、迅速运到世界各地，颇受贸易商的欢迎。

2. 包机运输

当航班运输无法满足需要或发货人有特殊目的时，可选择包机运输。包机人为一定的目的包用航空企业的飞机运载货物的形式，称为货物包机运输。包机运输按租用舱位多少分为整机包机（租用整架飞机）和部分包机两类。部分包机是指由几家航空货运公司或托运人联合包租一架飞机或由航空公司把一架飞机的舱位使用权分别卖给不同的航空货运公司或托运人的包机运输。

（1）包机合同与运输凭证

1）包机人申请包机，应凭介绍信或个人有效身份证与承运人联系并商定包机运输条件，双方同意后签订包机合同。

2）包机人和承运人在执行包机合同时，每架次货运包机应当填制一份航空货运单，作为包机的运输凭证。

3）包机人和承运人可视货物的性质确定押运人，押运人应当按照承运人的规定购买客票和办理乘机手续。

4）包机按里程计费。如果飞机由其他机场调来，回程时没有其他任务时要收取调机费（也称放空费）。

（2）包机货物和包机吨位

1）包机人应当保证托运的货物内没有夹带我国和参加运送国家的法律、行政法规和其他有关规定禁止和限制运输的物品。

2）包机人应当将货物送到指定机场，自行办妥海关、商检等出口手续。

3）包机人可以充分利用包用飞机的吨位，但不得超过飞机的最大载重量。承运人如需利用包机剩余吨位，应当与包机人商定。

三、航空货运组织方法

航空货物运输采用集中托运、航空快件运输、邮件运输、联合运输等方法组织货物运输。

1. 集中托运

集中托运是指航空货运代理公司（也称集中托运商）将若干批单独发运到同一方向的货物，组成一整批，填写一份主运单，发到同一目的站，由航空货运代理公司委托目的站当地的代理人（也称分拨代理商）负责收货、报关并交付给每个实际收货人。航空货运代理公司对每一发货人另发一份代理公司签发的分运单，以便发货人转给收货人凭它提取货物或收取货物价款。

动动脑

安-225 运输机有 6 个引擎，可以载重 250t，它的翼展足有 88.4m，货舱长 43m、宽 6.4m、深 4.4m，可以承载 80 辆轿车，可谓真正的空中"巨无霸"。

集中托运在国际航空运输界开展比较普遍，是航空货运代理公司的主要业务之一。近年来，我国在与美国、日本、西欧的航线上开展了集中托运业务，但贵重物品、危险物品、活动物、文物等货物不能办理集中托运。

2. 航空快件运输

航空快件运输也叫国际快递服务，一般是指航空快递公司与航空公司合作，以最快的速

度在发货人与收货人之间传递物品。

3. 邮件运输

邮件运输是邮政部门与航空公司以运输合同（或协议）方式合作组织的信件、包裹等小件物品的航空运输，在全部航空货运中占有10%左右的比例。图5-2所示是我国运—8邮政飞机，于1996年交付中国邮政航空有限责任公司，经受了大航程、高强度营运飞行的考验。

4. 联合运输

由于航线不能延伸到货主所需要的每一处所，就出现了与其他运输方式的联运，尤其是与陆路运输的联运。

（1）陆空联运　陆空联运是指陆路运输（铁路与长途汽车运输）与航空运输的联运。从组织形式上来讲是航空运输的两端或一端是陆路运输。

我国幅员辽阔，而国际航班较多的

图5-2　我国运—8邮政飞机

国际机场（北京、上海、广州）较少，且运输费用较高，因此我国出口空运货物常采用陆空联运。我国南方各省份出口的普通货物，常利用中国香港机场航班多、普通货物运价便宜等优点，先用铁路将货物运至深圳北，卸货后装汽车运至香港，再从香港机场用班机运至目的地或中转站。鉴于陆空联运的需要，不少国家和地区在新建和扩建大型机场时，除修建对外联系的公路外，还修建了机场铁路，如我国的香港就已建成了机场铁路。此外，一些大型航空公司与公路或铁路结盟，开展联运，如美国盐湖城、波特兰机场与机场铁路及公路合作。

（2）海空联运　机场位于海岸，设有机场码头，并开通海上航线，可直接组织海空联运，以集散航空运输的货物。

四、航空运输业务

1. 航空货运单

（1）航空货运单的种类

1）航空主运单。航空主运单（也叫总运单）是由航空公司（承运人）和航空货运代理公司（托运人）间签订的货物运输合同的初步证据，是货物运输的凭证。航空主运单一式12份，其中3份为正本（具有运输合同初步证据的效力），其余为副本（不具有运输合同初步证据的效力）。正本背面印有运输条件，正面用不同颜色纸张印制：第1份（绿色）由承运人留存，作为收取运费和记账的凭证；第2份（粉红色）交收货人，作为收货人核收货物的依据；第3份（蓝色）交托运人，作为承运人接收货物的初步证据。副本中的一份为提货收据（黄色），由收货人提货时在其上签字，到站留存备查；其余副本（均为白色）分别供代理人、到站机场和第1、第2、第3承运人等使用。

2）航空分运单。航空分运单是航空货运代理公司在办理集中托运时，签发给每一个发货人的货运单，是航空货运代理公司（作为承运人）与发货人（作为托运人）间签订的运输合同。航空分运单有正本3份，副本若干份。正本的第1份交发货人，第2份航空货运代理留存，第3份随货物同行交收货人。副本分别作为报关、财务、结算及国外代理办理中转分拨等用。航空分运单与航空主运单的内容基本相同。

航空货运单的有效期限自承运人与托运人在航空货运单上签字并注明日期后开始生效，至货物运到目的地，交给收货人，收货人在提货收据副本上签收止。

（2）航空货运单的填写　航空货运单一般由承运人根据托运人填写并签字的托运书填制。在没有相反证据的情况下，应当视为代托运人填写，托运人对货运单内容的正确性负责，承担法律后果。

国际航空主运单填写说明如下：

1）托运人名称和地址（Shipper's Name and Address）。该项详细填写托运人全名，地址应详细填写国家、城市、门牌号码及电话号码。

2）托运人账号（Shipper's Account Number）。该项在必要时填写。

3）收货人名称和地址（Consignee's Name and Address）。该项详细填写收货人全名，地址应详细填写国家、城市、门牌号码及电话号码。此栏不得出现"To Order"字样。

4）收货人账号（Consignee's Account Number）。该项在必要时填写。

5）始发站，第一承运人地址及所要求的线路（Airport of Departure，Adds. of First Carrier and Requested Routing）。该项应填写始发站城市的英文全称。

6）路线和目的站（Routing and Destination）。该项由民航填写经由的航空路线。

7）货币（Currency）。该项应填写运单上所用货币代码。

8）运费/声明价值费（WT/VAL）、其他费用（Other）。选择预付或到付，并在选择付费方式栏内作"×"记号。

资料库

货运代理揽货技巧

1. 需真诚和热情。
2. 持之以恒地关心你的顾客。
3. 单证业务能力要强。
2. 有运价方面的实力。
4. 建立和海关的良好合作关系。
6. 和船公司保持良好的关系。

预付费用，包括预付的运费总额、声明价值附加费、税金、代理人需要产生的其他费用、承运人需要产生的其他费用。到付费用，包括需到付运费总额、声明价值附加费、税金、分别属于代理人与承运人需要产生的其他到付费用。其他费用，主要包括容器费（包括集装箱费）、中转费、地面运输费、保管费与制单费等。

9）托运人向承运人声明的货物价值（Declared Value for Carriage）。该项应填写托运人在运输货物时，声明货物的价值总数。如托运人不需办理声明价值，则填写"NCD"。

10）托运人向目的站海关声明的货物价值（Declared Value for Customs）。该项应填写托运人向海关申报的货物价值。托运人未声明货物价值时，必须填写"NCV"。

11）目的站（Airport of Destination）。该项应填写目的站城市的英文全称，必要时注明机场和国家名称。

12）航班/日期（Requested Flight/Date）。该项应填写已订妥的航班日期。

13）保险金额（Amount of Insurance）。该项在托运人委托航空公司代办保险时填写。

14）处理情况（Handing Information）。本栏填写下列内容：货物上的唛头标记、号码和包装等；通知人的名称、地址、电话号码；货物在途中需要注意的特殊事项；其他需要说明的特殊事项；运往美国商品的规定。

15）件数（No. Of Pieces/RCP）。如各种货物运价不同时，要分别填写，总件数另行填写。

16）毛重（Gross Weight）。重量单位为"kg"，分别填写时，另行填写总重量。

17）运价类别（Rate Class）。用 M、N、Q、C、R 或 S 分别代表起码运费、45kg 以下普通货物运价、45kg 以上普通货物运价、指定商品运价、附减运价（低于 45kg 以下普通货物运价的等级运价）、附加运价（高于 45kg 以下普遍货物运价的等级运价）。

18）品名编号（Commodity Item Number）。指定商品运价则填写其商品编号；按 45kg 以下普通货物运价的百分比收费的，则分别填写具体比例。

19）货物品名及体积（Nature and Quantity of Goods）。货物体积按长、宽、高的顺序，以 cm（厘米）为单位填写最大的长、宽、高度。

20）托运人或其代理人签字（Signature of Shipper or his Agent）。该项表示托运人同意承运人的装运条款。

21）运单签发日期（Executed on Date）。该日期应为飞行日期，如货运单在飞行日期前签发，则应以飞行日期为货物装运期。

22）承运人或其代理人签字（Signature of Issuing Carrier or his Agent）。有此签字，航空货运单才能生效。

（3）航空货运单的作用

1）它是航空运输合同签订的初步证据。

2）它是承运人接收货物的初步证据。

3）它是运费账单和记账的凭证。除可作为承运人核收运费以外，还可作为运费账单和发票。

4）它是报关的凭证。货物到达目的地报关时，航空货运单是海关检查的主要单据之一。

5）它是收货人核收货物的依据。

6）它是保险证书。如果托运人要求承运人代办保险时，航空货运单可作为保险证书。

7）它是承运人处理内部业务的依据。

2. 对货物的要求

（1）一般要求　托运人托运货物应是国家准许航空运输的货物；托运政府限制运输以及需要向公安、检疫等部门办理手续的货物，应附有有效证明；托运的货物应不致危害飞机、人员、财产的安全，不致烦扰旅客。

（2）货物的包装　货物的包装应符合航空运输的要求，包装应符合所装货物的特性，严禁使用草袋包装和草绳捆扎；托运人应当在每件货物的外包装上标明货物的发站、到站，收、发货人的单位、姓名、地址等运输标记，按规定粘贴或拴挂承运人的货物运输标签和航空运输指示标签。

（3）货物的重量和尺寸　托运人托运的单件货物重量一般不超过 80kg，宽体飞机不超过 250kg；包装尺寸一般不超过 40cm × 60cm × 100cm，宽体飞机不超过 100cm × 100cm × 140cm，单件货物包装的长、宽、高之和不得小于 40cm 且最小的边长不得小于 5cm。超过上述重量和尺寸的货物，需征得承运人同意。

（4）其他要求

1）急件货物应经承运人同意，预先订妥航班、日期并按规定支付运费。

2）未经中国民用航空总局特殊批准，承运人不得承运对人体、动植物有害的菌种、带菌培养基等生物制品。凡经人工制造、提炼，进行无菌处理的疫苗、菌苗、抗生素、血清等生物制品，托运人应提供无菌、无毒证明。

3）托运活体动物时，托运人应提供当地县级及县级以上动植物检疫部门出具的免疫注射证明和动物检疫证书；属于国家保护的动物，还需提供有关部门出具的准运证明；属于市场管理范围的动物，需有市场管理部门出具的证明。托运需要保护和喂养或者批量大的活体动物则应派人押运，托运人和收货人应当在机场托运和提取活体动物，并负责动物运输前和到达后的保管。

4）托运人托运鲜活易腐物品应说明最长允许运输时限和储运注意事项，运输时限应不少于 24h。政府规定需要进行检疫的鲜活易腐物品，托运人应提供有关证明。需特殊照料的，托运人应提供必要的设施或派人押运。

5）危险物品的运输必须遵守《危险化学品安全管理条例》和民航总局有关危险物品航空运输的管理规定。

6）超过 1000 美元或等值货币的贵重物品、毛重价值在 2000 人民币元/kg 以上的物品，托运时托运人应提供保险部门的证明，并应预先订妥航班、日期。其包装应用坚固、严密的包装箱包装，外加"井"字形金属包装带，接缝处必须有封志。

3. 基本业务

航空货物运输的基本业务包括发送业务、途中业务和到达业务。

发货人可直接或委托航空货运公司向航空公司货运部办理托运手续。委托时，发货人应填写航空货物托运书，连同贸易合同副本（或出口货物明细单）、货物发票、装箱单以及办理进、出口货物所需要的资料和文件，凭本人居民身份证或者其他有效证件向航空货运公司办理。采用包机运输时，要提前填写"包机委托书"。发货人对托运书填写内容的真实性和准确性负责。货物托运书的基本内容有：货物托运人和收货人的名称或全称及详细地址、电话、邮政编码，货物品名、货物件数、包装方法及标志，货物实际价值，货物声明价值，普货运输或者急件运输，货物特性、储货及其他说明。

托运人托运在中转时需要特殊对待货物的声明价值超过规定的价值、不规则形状或尺寸的货物、特种货物、批量较大的货物和需要两家及其以上承运人的货物时，应当预定航班舱位，否则不予受理。

托运毛重价值在 20 美元/kg 或等值货币的国际货物，托运人可以向承运人办理货物声明价值，但每份航空货运单的声明价值一般不超过 10 万美元或等值货币。

货物运到后，除另有约定外，承运人应立即以信函或电话通知收货人。收货人以到货通知和有关证件提取货物。承运人自发出到货通知的次日起免费保管 3 天，超期收货人应交纳保管费。货物到达 14 天后仍未提取，到货站应与始发站联系，询问托运人的处理意见。如果 60 天后仍无人领取，则按无法交付货物处理。

航空运进的货物如委托航空货运代理接货，收货人应将合同副本或订货单一份交代理，代理接到到货通知后，代办报关和提货手续。

收货人在提取货物时，如发现货物灭失、短少、污染、损坏时应会同承运人查明情况，并填写货运事故记录。对货物状态或重量无异议，并在货运单上签收，承运人即解除运输责任。因承运人的过失或故意造成托运人或收货人损失的，托运人或收货人有权要求赔偿。要求赔偿，应在填写货物运输事故记录的次日起 180 天内，以书面形式向承运人提出，并附有关证明文件。国内货物赔偿最高限额为 20 元人民币元/kg，办理声明价值的则以声明价值赔偿；进出口货物按 20 美元/kg 为最高赔付限额。

4. 运输变更

运输变更分为自愿变更和非自愿变更两种情况。

（1）自愿变更运输　托运人对已办妥运输手续的货物，可自愿提出在出发地或目的地机场提回货物，在目的地或途中要求将货物交给不是航空货运单上指定的收货人，在货物运输途中任何一次经停时中止运输，要求将货物运回出发地机场及变更目的站的变更要求。自愿变更运输应符合下列条件：托运人应以书面形式向承运人提出变更要求，并出示第 3 份航空货运单正本；托运人要求变更的货物应是一份货运单填写的全部货物；收货人拒绝接受航空货运单或货物，或者是承运人无法与收货人联系；托运人提出的变更要求不得违反我国和有关国家法律、行政法规及其他有关规定。

（2）非自愿变更运输　托运人托运货物后，由于承运人的原因致使货物不能空运至目的地，需变更运输，称为非自愿变更运输。发生非自愿变更运输时运输费用的处理方法是：在出发地退还货物或在经停地点将货物运回原出发地，退还全部运费；在经停地点变更目的地点，托运人交付的费用多退少不补；在经停地点改用其他运输工具将货物运至目的地点，超过部分的费用由承运人承担。

5. 航空货物运输费用

（1）航空货物运价　航空货物运价是指承运人为运输货物对规定的重量单位从起运机场至目的机场所取的空中费用。航空货物运输费用包括运费和附加费。运费是根据适用的运价所计算的应核收的每批货物的费用。附加费包括声明价格附加费、地面运费、中转手续费、制单费、货到付款附加费、提货费、送货费等。

航空运价有公布的直达运价和非公布的直达运价。公布的直达运价是指航空公司在运价本上直接注明甲乙两地金额的运价。非公布的直达运价是指航空公司在运价本上未注明甲乙两地金额的运价，可选择比例运价或分段相加运价。公布的直达运价又分为指定商品运价（是特定航线上运输特种货物的运价，代号为 C）、等级货物运价和普通货物运价。

（2）等级货物运价　等级货物运价是用于指定地区内部或地区之间的少数货物的运价，通常是在普通货物运价的基础上减少或增加一定的百分比。减少的为附减运价，代号为 R；增加的为附加运价，代号为 S。

（3）普通货物运价　普通货物运价又称一般货物运价。当一批货物不适用指定商品运价和等级货物运价时，则适用普通货物运价。普通货物运价分为：45kg（100 lb）以下运价，代号为 N；45kg 及 45kg 以上运价，代号为 Q。45kg 以上运价又可分为 100kg、300kg、500kg、1000kg、2000kg 等的运价。

用来计算运费的货物重量称为计费重量。承运人按货物的实际重量和按体积折算的重量择大计费。

起码运费是航空公司能接受的最低运费，代号为 M。即按上述运价计算的一批货物的运价低于起码运费时，按起码运费核收。

知识检验

一、填空题

1. 航空主运单是由航空公司和_____间签订的货物运输合同的初步证据，是货物运输的凭证。
2. 航空货物的包装尺寸一般不超过_____ cm ×_____ cm × 100cm。
3. 航空货物运输变更分为_____和_____两种情况。
4. 航空货物运输的基本业务有_____、_____和到达业务。
5. 我国目前有中国航空运输集团公司、_____和_____三大航空运输集团公司。

二、选择题

1. 航空货运营运方式主要包括（   ）运输。
    A. 陆空联运　　　　　B. 集中托运　　　　　C. 航班与包机
2. 航空货物运输费是指（   ）。
    A. 货物运费　　　　　B. 运费和附加费　　　　C. 运费和送货费

三、简答题

1. 航空公司与航空货运公司有何区别？
2. 航空快递的优点是什么？
3. 航空货物运输的组织方法主要有哪些？哪些货物不能办理集中托运？
4. 航空主运单与分运单有哪些异同？分别是由谁签发的？
5. 托运人托运哪些货物需要预定舱位？
6. 自愿变更运输有哪几种？其应符合哪些条件？
7. 简述空运公布的直达运价的种类。

任务三　航空货物运输管理

一、国际航空货物运输管理

航空运输是当代主要的国际运输方式之一。当开展国际航空运输业务时，将涉及领空主权、国家关系、航空法律、运价、航线权、航班等问题，需要通过国际性民航组织来协调。在国际事务中，遵循国家主权是一个至关重要的原则性问题，国际航空运输的所有活动都应建立在这个原则基础之上。一个国家行驶它的主权，对在本国领土和领空范围内，国内和国外的所有航空运输活动以及本国航空运输企业在国外的航空运输事务进行管理。

1. 国际航空运输管理机构

国际航空运输管理机构负责制订国际航空运输活动的行为规划，协调国际航空运输业务，以保障国际航空运输的航行安全和国际航空运输业的有序发展。目前世界上有多个国际性航空组织，具有较大影响的主要有以下几个：

（1）国际民用航空组织（International Civil Aviation Organization，简称 ICAO）　ICAO 是主权国家政府之间的国际性组织，成立于 1947 年 4 月 4 日，总部设在加拿大的蒙特利尔市。它的宗旨是保障《国际民用航空公约》的实施，"开发国际航行的原则和技术，促进国际航空运输的规划和发展"。它的作用是制定和监督执行有关航空运输飞行安全和飞行秩序的标准。在业务上，促进发展和平利用航空技术，保证飞行安全；在政治上，尊重主权，协调发展。我国于 1974 年 2 月 15 日宣布承认《国际民用航空公约》和有关修正协议书，并参加国际民用航空组织的活动。同年 9 月，在国际民用航空组织的大会上，我国当选为理事国。

（2）国际航空运输协会（International Aviation Transport Association，简称 IATA） IATA 是全世界航空公司之间最大的一个国际性民间组织，其标志如图 5-3 所示。它于 1945 年 4 月 16 日在古巴的哈瓦那成立，总部设在加拿大的蒙特利尔市，分别在安曼、圣地亚哥、新加坡和华盛顿设有地区办事处。IATA 的主要宗旨是促进国际航空运输安全、规范和经济的发展；促进航空运输业界的合作。它的主要任务是制定国际航空客货运输价格、运载规则和运输手续，协助航空运输企业间的财务结算，执行 ICAO 制定的国际标准和程序。

（3）国际电讯协会（SITA） SITA 是联合国民航机构认可的一个非营利组织，是航空运输业世界领先的电信和信息技术解决方案的集成供应商。SITA 成立于 1949 年，目前在全世界拥有 650 家会员航空公司，其网络覆盖全球 180 个国家。SITA 的目标是发展全球航空业使用信息技术的能力，以提高全球航空公司的竞争力。

图 5-3 IATA 标志

SITA 货运系统已在中国国际航空公司、中国货运航空有限公司使用。系统开通后，与外地营业部、驻外办事处联网，货运工作人员可及时地将航班、运单、入库、装载、货物到达及中转等信息数据输进网络，系统在航班结束后自动给本站发仓单报、运单报等货运电报。本站只要打开网络，就能全程追踪货物的情况，从而为货主查询提供极大方便。

2. 国际性航空公约

第一次世界大战结束后，各国政府为保证本国的安全和利益，建立空中交通秩序、保障航行和旅客安全的呼声日益高涨。自 1919 年起，在世界各国政府的共同努力下，先后通过了一系列国际性航空公约。其中，具有重大影响的国际公约有以下几个：

（1）《巴黎公约》 1919 年 10 月 23 日，在法国巴黎会议上通过的《国际民用航空公约》（即《巴黎公约》）是国际民航史上的第一部大法，它第一次确立了领空主权原则，规定了无害通过领空的权利和限制以及国际航线的规则和条件，并对航空器的分类、国籍登记、适航性、出入境、机组人员执照以及禁运物品等作了具体的规定。

（2）《哈瓦那公约》 1928 年 2 月在古巴哈瓦那通过的《哈瓦那公约》，对国际商业性航空运输和造成的地面损害赔偿问题达成共识，并做出了明确规定。

（3）《华沙公约》 1929 年 10 月通过的《华沙公约》，对航空运输凭证、承运人的责任和管辖权进行了规定。

（4）《芝加哥公约》 1944 年 12 月在美国芝加哥修订的《国际民用航空公约》（即《芝加哥公约》）对国家领空主权和保证国际航行安全等作了进一步明确的规定，对航行技术、行政管理、运输经营等国际性问题做了详细阐述，成为一部被更为广泛接受的航空法典。《芝加哥公约》在 1947 年开始执行，1971 年 11 月，我国政府承认《芝加哥公约》。

知识卡

中国是《国际民用航空公约》的创始国之一。1944 年国民党政府签署该公约，1946 年成为正式会员国。1971 年，国际民航组织通过决议承认中华人民共和国为中国唯一合法代表。1974 年 2 月 15 日，中国承认该公约并正式开始参加该组织活动。自 1974 年以来，中国一直担任该组织理事国。中国在该组织总部加拿大蒙特利尔设有常驻代表处。

（5）《日内瓦公约》 1948年6月在瑞士日内瓦通过的《关于国际承认航空器权利的公约》（即《日内瓦公约》），规定了航空器的拥有权、转让权、租赁权、抵押权、典当权等。

（6）《东京公约》 1963年9月在日本东京签订的《关于在航空器内犯罪和犯有某些其他行为的公约》（即《东京公约》），为制止航空器内的犯罪行为制定了国际性的制裁依据。1979年2月，我国政府承认《东京公约》。

（7）《海牙公约》 1970年12月在海牙通过的《关于制止非法劫持航空器的公约》（即《海牙公约》），对共同打击非法劫机犯罪活动达成协议。1979年10月，我国政府承认《海牙公约》。

（8）《蒙特利尔公约》 1971年9月在加拿大蒙特利尔通过的《关于制止危害民用航空安全的非法行为的公约》（即《蒙特利尔公约》），对共同制止和打击危害航空运输和旅客安全的非法行为制定了更为详细的规定。1979年10月，我国政府承认《蒙特利尔公约》。

二、国际航空运输的航行权及其种类

航行权是指允许通航的权利，是国家主权的一种。当一个国家的某个航空公司计划开辟国际航线，准备开设到另一个国家某个城市的航班时，必须具有对方国家授予的航空运输市场准入权。航空运输市场准入权是进入国政府授予的航班运营基本权利，以允许外国航空公司进入本国航空运输市场进行有条件的或无条件的航空旅客运输或航空货物运输业务。

各国政府为保护本国航空运输事业的利益，对于航行权的授予视情况而各有不同。归纳起来，可有五种基本类型的航行权，任何方式都不外是这些类型之一或这些类型的某种结合。这五种基本类型在航空法学上称之为五种航行权。目前，也有将某类型的结合、演进称为第六航行权、第七航行权或第八航行权，但就政府官方的立场而言，则仅有五种航行权。

第一航行权即飞越权或称通过权，是指授予一个国家的定期或不定期国际航班不降停地飞越授权国领空的特权。例如，甲国至丙国，必须通过乙国的领空，这种得以通过乙国领空的航行权即为第一航行权。

第二航行权即技术降停权或称停站权，是指给予一个国家的定期或不定期国际航班在授权的领土上降停，进行诸如航班飞机途中加油、紧急机务维修或处理某些特殊事件的特权。例如，由甲国至丙国路程较远，必须在乙国降落加油的航行权即为第二航行权。但是根据第二航行权降落的客货机，不得在当地装卸客货及邮件。即使有可能在降停地需要卸下客货，也需要重新装上继续飞行。因此，第二航行权是非商业目的而降落国外机场的航行权。

第三航行权即卸载权，是指授权国允许承运人的定期国际航班在授权国的指定机场下（卸）载自承运人所在国的旅客（货物）。这一权利表明，允许承运人向授权国运送旅客或货物邮件，但回航时不能在乙国装载客货邮件。

第四航行权即装运权，是指授权国允许承运人的定期国际航班回程，从授权国的指定机场装载旅客（货物）和邮件飞回承运人所在国。这一权利表明，允许承运人在授权国经营旅客、货物和邮件搭载业务，即甲国的航空器得以在乙国的航空港降落，并有装载乙国的客货邮件回航甲国的权利，但不得将来自甲国的客货邮件在乙国航空港卸下。

第五航行权即贸易权，是指授权国允许承运人的定期国际航班在授权国下载旅客（货物）和邮件，从授权国装载旅客（货物）和邮件飞往第三国。这一权利表明，允许承运人在授权国经营旅客、货物和邮件业务，具有较大的业务经营范围，即甲国的航空器得以在乙国的航空港降落，不但可卸下来自甲国的客货邮件，且有权利装载乙国客货邮件继续飞往丙国的航行权。

由于第五航行权从法律上意味着授权国向承运人所在国开放航空运输市场，对于保护本国的航空运输市场无疑是一个挑战。

第六航行权是指允许（外国）承运人的国际定期航班在授权国卸载或装载来自或前往承运人所在国的旅客（货物），而这些旅客（货物）可以由该承运人的不同航班运往第三国或承运人所在国。第六航行权意味着允许承运人的不同航班在授权国运营第三国至承运人所在国之间的客（货）联运业务，实际上是第三、第四航行权的综合。

第七航行权是指承运人在授权国经营完全在本国以外的国际航空运输业务。换言之，就是允许在授权国卸载或装载来自或前往其他国家的旅客（货物），然后飞往第三国或其他国家。

第八航行权允许外国定期航班在授权国内经营授权国国内旅客（货物）运输业务。

三、国际空运系统

目前，世界航空货运已形成一个全球性的运输网和若干运输枢纽。

（1）世界各大洲重要的航空站

亚洲：北京、上海、香港、东京、马尼拉、曼谷、新加坡、雅加达、仰光、加尔各答、孟买、新德里、卡拉奇、德黑兰、贝鲁特、吉达。

欧洲：伦敦、巴黎、法兰克福、苏黎世、罗马、维也纳、柏林、哥本哈根、华沙、莫斯科、布加勒斯特、雅典、里斯本。

北美洲：纽约、华盛顿、芝加哥、蒙特利尔、亚特兰大、洛杉矶、旧金山、西雅图、温哥华及位于太平洋上的火奴鲁鲁（檀香山）。

非洲：开罗、喀土穆、内罗毕、约翰内斯堡、布拉柴维尔、拉各斯、阿尔及尔、达喀尔。

拉丁美洲：墨西哥城、加拉加斯、里约热内卢、布宜诺斯艾利斯、圣地亚哥、利马。

大洋洲：悉尼、奥克兰、楠迪、帕皮提。

（2）世界上最繁忙的航空线

●西欧-北美间的北大西洋航空线。该航线主要连接巴黎、伦敦、法兰克福、纽约、芝加哥、蒙特利尔等航空枢纽。

●西欧-中东-远东航空线。该航线连接西欧各主要机场至远东香港、北京、东京等机场，并途经雅典、开罗、德黑兰、卡拉奇、新德里、曼谷、新加坡等重要航空站。

●远东-北美间的北太平洋航空线。这是北京、香港、东京等机场经北太平洋上空至北美西海岸的温哥华、西雅图、旧金山、洛杉矶等机场的航空线，并可延伸至北美东海岸的机场。太平洋中部的火奴鲁鲁是该航线的主要中继加油站。

此外，还有北美-南美、西欧-南美、西欧-非洲、西欧-东南亚-澳新、远东-澳新、北美-澳新等重要国际航空线。

知识检验

一、问答题

1. 试述世界主要有哪些大洋航线？
2. 简述国际贸易主要航空运输线的分布，并列举世界主要航空港名称和所属国。

任务四　技能训练

任务描述

某企业需要航空运输产品，物流公司人员为客户提供服务。

任务准备

准备托运书和航空托运单等单据，若干可以空运的货物。

任务实施

2~3人一组在座位上就近进行练习，练习后选出做得较差的和较好的各一组，上台进行演示操作。货物运输流程见图5-4。

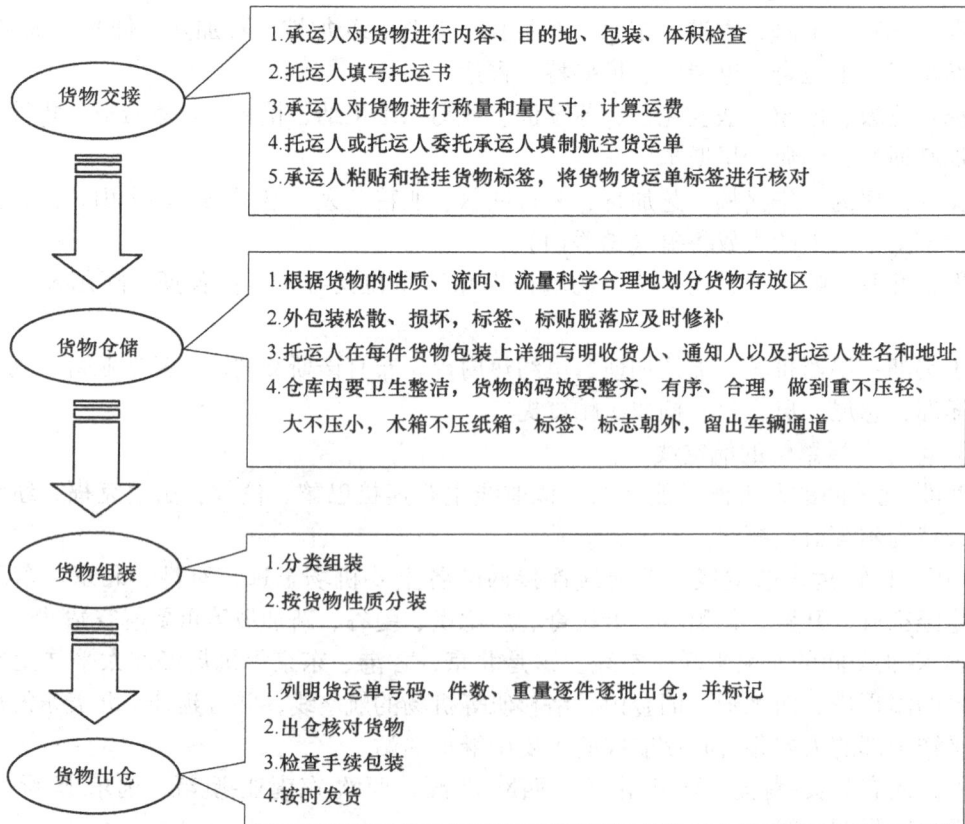

货物交接
1. 承运人对货物进行内容、目的地、包装、体积检查
2. 托运人填写托运书
3. 承运人对货物进行称量和量尺寸，计算运费
4. 托运人或托运人委托承运人填制航空货运单
5. 承运人粘贴和拴挂货物标签，将货物货运单标签进行核对

货物仓储
1. 根据货物的性质、流向、流量科学合理地划分货物存放区
2. 外包装松散、损坏，标签、标贴脱落应及时修补
3. 托运人在每件货物包装上详细写明收货人、通知人以及托运人姓名和地址
4. 仓库内要卫生整洁，货物的码放要整齐、有序、合理，做到重不压轻、大不压小，木箱不压纸箱，标签、标志朝外，留出车辆通道

货物组装
1. 分类组装
2. 按货物性质分装

货物出仓
1. 列明货运单号码、件数、重量逐件逐批出仓，并标记
2. 出仓核对货物
3. 检查手续包装
4. 按时发货

图5-4　货物运输流程

任务评价

任务编号		学时		学生姓名			总分	

类别	序号	评价项目	评价内容及要求	配分	学生自评	学生互评	教师评价	得分
岗位技能评价	1	方法技巧的运用	是否按要求完成服务任务及完成质量	30				
	2	理解及知识应用能力	是否理解所学知识,具有运用所学知识完成任务的能力	30				
	3	完成时间	是否按时完成任务	10				
职业素质评价	4	文明和安全意识	是否遵守实训中心安全规章和设备安全操作规定	10				
	5	个人礼仪	衣帽、发饰、仪态;语言及行为规范	10				
	6	团队合作	沟通交流、合作参与意识;包括小组活动的组织、展示、内容等,以及角色扮演完成任务情况	10				

注:1. 服务质量要求:

① 承运人能够与托运人准确地进行货物交接。

② 承运人能够正确地对托运货物进行仓储。

③ 承运人能够按货物性质进行分类组装。

④ 承运人能够顺利地将货物出仓,按时发货。

2. 按学生自评占20%、学生互评占30%、教师评价占50%计算总分。

任务小结

授课班级		授课时间		授课地点	
授课教师			任务名称		
学生表现					
存在问题及改进方法措施					

项目六　联合运输认知

知识目标

1. 能描述国内联运公司的主要业务、业务程序及联运的组织方法。
2. 能说出联合运输的概念、特征。
3. 能说出国际多式联运的组织形式和责任划分。

技能目标

能制定联合运输的方案流程。

案例导入

桂林机场"空-巴-铁"多式联运新模式效果好

桂林机场"空-巴-铁"多式联运社会反应良好。2月空港巴士火车北站专线运输人数459人次，火车南站摆渡专线免费运输人数412人次。

空港巴士桂林火车北站专线是衔接高铁与航空的纽带，使高铁与航空运输实现真正意义的无缝连接。区内或邻近桂林城市乘坐高铁到达桂林的旅客，直接搭乘空港巴士北站专线即可到达桂林机场换乘飞机。

乘坐飞机到达桂林的旅客，也可搭乘北站专线换乘高铁运输，免去了中途倒换车辆的过程。

火车南站摆渡专线以民航大厦为中心，提供免费运输方式将南站到达旅客接送至民航大厦乘坐空港巴士。南站摆渡车辆停靠在火车站出口显眼位置，免去了旅客搭乘公交车的麻烦，节省了旅客搭乘出租车的费用，为旅客提供了快捷、方便、时效的运输服务。

动脑筋

联合运输给人们的出行带来了哪些方便呢？

任务一　了解联合运输知识

一、联合运输的概念与特征

1. 联合运输的概念与内容

联合运输简称联运，是相对于一般运输来讲的。孤立地采用不同运输工具或同类运输工具而没有形成有机协作关系的为一般运输，如汽车运输、航空运输等。

联合运输主要是指两种以上运输方式或两种以上运输工具的接力运输或衔接运输，有时也将同一运输方式多国或多家经营和多种运输方式联合经营，以及产、供、销之间的运输衔接包含其中。在多数情况下，联合运输主要是指前者。

根据联合运输的概念，可知联合运输的内容主要包括如下几点：

1）货物全程运输中使用的两种或两种以上运输工具的运输衔接。

2）货物全程运输中使用同一种运输工具两程或两程以上运输的衔接。

3）货物全程运输中使用一种运输方式多家经营和多种运输方式联合经营的组织衔接。

动动脑

能举出我们身边联合运输的实例吗？

4）货物全程运输所涉及的货物生产、供应、运输、销售企业运输协作组织。

从以上内容可以看出，联合运输属于交通运输范畴，联运行业属于运输行业。它不是一种新的运输方式，而是一种新的运输组织形式，是在旅客和货物多次中转连续运输的全程运输过程中，在不同运输区段、不同运输方式的结合部（中转、换装地点）发挥纽带、贯通和衔接作用。联合运输的运输组织工作，除上述衔接性工作外，还包括把原来由旅客、货主自己（或委托代理人）订立的运输合同，办理货物交接和办理所需要的手续及各种运输服务事宜，改变为由联运企业或联运管理机构统一组织办理。在联合运输组织业务中，联是核心，衔接与协作是关键。

2. 联合运输的特征

（1）全程性　联运是两种以上运输方式或单一方式两程以上的连续运输组织，联运经营人或联运管理机构要负责从接受货物托运、各区段运输、各区段运输衔接，直到货物交付期间的全部运输及相关服务业务。无论全程运输过程中包含几个区段，使用几种运输方式，经过几次中转换装，均要对运输的全程负责。联运合同是从起运地到运输目的地的全程运输合同。

（2）简便性　联运实行"一次托运，一份合同，一次结算费用，一票到底"的全程负责制。货主只要与联运经营人订立一份运输合同（联运合同），办理一次托运，一次结算全程费用，通过一张运输单据就可以实现货物的全程运输。与传统的分段运输比较，货主需要办理的手续简化了很多，大大节约了货方的人力与时间，从而提高社会综合经济效益。

（3）通用性　由于联运涉及不同的运输方式或一种方式两程以上运输的衔接配合，以及产、供、运、销企业之间的运输协作，因此它与单一方式的单程运输或某一行业的运输业务都不同。联运中所使用的商务活动的模式与规则，运输所依据的国际、国内法规、合同的性质作用，使用的单证文件等都必须具有通用性，使之能适应不同运输方式、不同企业及其衔接的工作需要。

（4）代理性　联运的特征是指联运企业业务活动的性质具有运输代理企业的特点。这主要是指联运企业（联运经营人）尽管与货方订立全程运输合同，对全程运输负有责任，但在实际运输过程中，它不拥有任何一种运输工具或不拥有全程运输包括运输方式的所有种类的运输工具（只拥有其中的一或两种）。因此，它一般并未实际完成所有运输区段（或其中的某些区段）的运输，而是通过分别与其他运输企业（一般称为实际承运人）订立分区段的运输合同（一般称为分运或分包合同），借助其他运输企业的力量完成各段的运输。

（5）协同性　联运是能够实现产供储销一条龙物流服务系统协同效应的服务。实施联运能使各种运输网络基础设施能相互兼容，运载工具合理分工，水陆空相互协调，形成一个息息相通、四通八达的综合运输网。联合是跨地区、跨部门的衔接运输，应当是有计划、有组织的进行物流服务体系，从而也需有关部门、企业协调合作。

二、联合运输的分类

根据不同的原则，对联合运输可以有多种分类形式，这里仅根据组织方式和体制的不同对联合运输进行分类。按这种原则联合运输一般可分为两类：协作式联运和衔接式联运。

1. 协作式联运

协作式联运一般是指为保证指令性计划调拨物资、重点物资和国防、抢险、救灾等急需物资的运输而在国家计划指导下的联合运输。联合运输概念中提到产、供、运、销的运输协作，也属于这一类。协作式联运是计划体制下的联合运输的主要形式，我国国内过去的联合运输大多属于这一类。例如，我国交通部、铁道部在《铁路和水路货物联运规则》的修订中规定：到达汕头港的联运货物（包括水泥和磷矿）及到达沿海各联运港口的每件 3t 以上的笨重货物，凡是从昆明、成都、柳州铁路局管内各站发运的，应由湛江港换装；从广州铁路局管内各站发运的，应由黄埔港二区或一区换装。

2. 衔接式联运

衔接式联运一般是指由一个联运企业综合组织的两种或两种以上运输工具的连续运输，或者由一个联运企业综合组织的以同一种运输工具、但由多家经营的两程或两程以上的连续运输，这类联运是企业经营行为。由于联运企业（联运经营人）不具备指令性计划的权威性，在全程运输不同运输区段的衔接组织工作中，不能采用计划指令由前一区段的运输企业直接交给下一区段运输企业的形式，而只能采用由本人或其委托人的代理人从前一区段承运人手中接收货物，再与下一区段的承运人订立该区段运输合同，并把货物交给承运人的方式完成运输衔接工作，使运输连续进行。在这类联运中，组织完成联运各区段间的运输衔接的是联运经营人，而不是指令性计划的安排。

衔接式联运可以按不同原则进一步进行分类，如：

（1）按运输对象分类可分为旅客联运和货物联运

●旅客联运一般是指"一票到底"的由不同运输形式下不同运输企业完成的多区段旅客全程连续运输。享受这种服务的旅客在相继换乘汽车、火车、轮船等多种交通工具时，其客票的购买、行包的托运及候车过程都由联运企业统一安排。

●货物联运一般是指以货物为对象的联合运输，一般应具有前面提到的联运的基本特征。货物联运是本章重点介绍的内容。

（2）按全程运输使用的运输方式可分为单一式联运和多种方式联运（简称多式联运）

●单一方式联运是指一个联运经营人或机构综合组织的由使用同一方式（运输工具）的不同运输企业完成的两程或两程以上的全程连续运输。例如，海-海联运，铁-铁联运，公路-公路联运，航空-航空联运都属于这一类。

●多种方式联运（多式联运）是指根据多式联运合同，使用两种或两种以上的运输方式，由联运经营人组织完成的全程连续运输，如铁-海联运，铁-公路联运，海-空联运，管道-海联运，铁-海-公（铁）联运等都属于这一类。

（3）按联运起点和终点是否在一个国家之内可分为国际联运和国内联运

● 国内联运是指联运合同中规定的联运经营人接收货物的地点与交付货物的地点是在一个国家之内的联运。

● 国际联运是指联运合同规定的联运经营人接收货物的地点与交付货物的地点不在同一个国家之内的联运。

还有许多不同的分类方法，这里就不再一一介绍。

在以上分类的基础上，可以使用不同分类组合形式来说明和描述特定的联运活动，如国内旅客公路联运、国际货物多式联运等。

三、联合运输的作用

联合运输的发展对促进运输业的发展和满足社会对运输需求方面都有积极的作用。具体表现在以下几点：

（1）有利于发挥综合运输的优势　通过联运公司开办、代办业务，合理组织各种运输方式的衔接和配合，可以做到选择最佳运输方式和运输路线，使公路、铁路、水路合理分流，使车船库场充分利用，从而加速货物和资金周转，缩短车船停靠时间和库场使用周期，更好地组织宜水则水、宜陆则陆、宜空则空，效益优化的合理运输，充分发挥综合运输的整体功能。

（2）有利于提高经济效益和社会效益　联运公司"一手托两家"，既为货主、旅客服务，又为运输企业服务。通过实行代办、代理运输，简化了货主自办托运的手续，减少中间环节，提高运输效率。

（3）有利于挖掘运输潜力，提高运输效率　就铁水干线联运而言，铁路组织直达列车和成组运输，水运组织专用船舶定线、定班运输，港口定专用码头进行装卸，彼此之间加强信息沟通，使车、港、船紧密衔接，把全程运输组成统一的作业体系，可以大大地提高运输效率。

（4）有利于形成以城市为中心、港站为枢纽的综合运输网络　城市是交通运输的枢纽，港站是联运网络的集结点，是客货集散的中转地。许多联运公司是以中心城市和港站为依托建立起来的。通过联运，发展联运企业之间、联运企业与运输和仓储企业之间的横向联合，发展跨地区的联营与协作，并向乡镇辐射，不仅有利于搞活流通，发展商品经济，促进乡镇企业的进一步发展，而且使联运企业之间建立起各种形式的伙伴关系，扩大了联运服务范围，为逐步形成互相适应的综合运输体系创造条件。

（5）有利于无港站的县、市办理客货运输业务　全国还有不少县、市由于没有港口、火车站，严重影响了货物的集散和旅客的旅行，影响经济的发展。通过联运公司积极开展联运业务，为货主代理运输，以及开展客票代售或联售业务，把乡镇企业和厂矿分散的物资集零为整，运到车站和港口中转全国各地；同时，把外地运入的物资化整为零，分送乡镇企业和厂矿以及居民家庭，并使旅客人便其行，使这些地方成了没有"铁路的火车站""没有码头的港口"，方便了货主和旅客，促进了城乡经济的繁荣。例如，我国江苏省正在向省、市、县三级联运服务网发展。

（6）有利于交通运输管理体制的改革，促进交通运输业管理水平的提高　由于多式联运通过组织协调，运用合同、协议等经济办法，加强了产、供、运、销，运输与仓储以及各种运输方式之间的配合与衔接，不但改变了人们的传统观念和习惯势力，而且也打破了部门与部门、部门与地区、地区与地区的界限，有力地冲击了条块分割、自成体系的管理体制。众多的联运企业把公路、航运相互接通，组成大小不同的各种干、支联运网络。发展多式联运是交通运输企业横向经济联合的基本形式之一。

四、联合运输的优点

联合运输的产生和发展是国际货物运输组织的革命性变化。随着集装箱运输的发展，以多式联运形式运输的货物越来越多。多式联运之所以能如此迅速地发展，是由于它与传统运输相比较具有许多优点，这些优点主要体现在如下几个方面：

（1）统一化，简单化　国际多式联运的统一化和简单化主要表现在不论运输全程有多远，不论由几种方式共同完成货物运输，也不论全程分为几个运输区段、经过多少次转换，所有一切运输事项均由多式联运经营人负责办理，货主只需办理一次托运、订立一份运输合同、一次保险。一旦在运输过程中发生货物的灭失和损害时，由多式联运经营人出面解决。在国际多式联运下由于是通过一张单证、采用单一费率，因而也大大简化了运输与结算手续。

（2）减少中间环节，提高运输质量　多式联运以集装箱为运输单元，可以实现"门-门"的运输。尽管运输途中可能有多次换装、过关，但由于不需掏箱、装箱、逐件理货，只要保证集装箱外表状况良好、铅封完整即可免检放行，从而大大减少了中间环节；尽管货物运输全程中要进行多次装卸作业，但由于使用专用机械设备，且又不直接涉及箱内货物，使得货损、货差事故、货物被盗的可能性大大减少；再者，由于全程运输由专业人员组织，可做到各环节与各种运输工具之间衔接紧凑、中转及时、停留时间短，从而使货物的运达速度大大加快，有效地提高了运输质量，保证了货物安全、迅速、准确及时地运抵目的地。

（3）降低运输成本，节约运杂费用　多式联运全程运输中各区段运输和各区段的衔接，是由多式联运经营人与各实际承运人订立分运合同和与各代理人订立委托合同（包括其他有关人与有关合同）来完成的。多式联运经营人一般与这些人都订有长期的协议。这类协议一般规定多式联运经营人保证托运一定数量的货物或委托一定量的业务，而对方则给予优惠的运价或较低的佣金。再者，通过对运输路线的合理选择和运输方式的合理使用，都可以降低全程运输成本，提高利润。对于货主来讲，一来可以得到优惠的运价；二来在多式联运下，一般将货物交给第一（实际）承运人后即可取得运输单证，并可据此结汇（结算货款）。结汇时间比分段运输有所提前，有利于货物占有资金的周转；三则由于采用集装箱运输，从某种意义上讲可以节省货物的运输费用和保险费用。此外，由于多式联运全程运输采用一张单证，实行单一费率，从而简化了制单和结算的手续，节约了货方的人力、物力。

（4）扩大运输经营人业务范围，提高运输组织水平，实现合理运输　在多式联运开展以前，各种运输方式的经营人都是自成体系、独立运输的，因而其经营业务的范围（特别是空间地域范围）受到很大限制，只能经营自己运输工具能够（指技术和经济方面）抵达的范围的运输业务，货运量也因此受到限制。一旦发展成为多式联运经营人或作为多式联运的参加者（实际承运人），其经营的业务范围即可大大扩展，从理论上讲可以扩大到全世界。

在国际多式联运中是由专业人员组织全程运输的，这些人对世界的运输网、各类承运人、代理人、相关行业和机构及有关业务都有较深的了解和较为紧密的关系，可以选择最佳的运输路线，使用合理的运输方式，选择合适的承运人，实现最佳的运输衔接与配合，从而大大提高运输组织水平，充分发挥现有设施的作用，实现合理运输。

知识检验

一、选择题

1. 国内大宗货物运输采用的联运方式属于（　　　）。

  A. 衔接式联运

  B. 协作式联运

  C. 大陆桥运输

2. 衔接式联运按运输对象分类可分为（　　　）。

  A. 旅客联运和货物联运

  B. 衔接式联运和协作式联运

  C. 单一式联运和多种方式联运

二、判断题

1. 在货物运输过程中只要使用了两种交通工具，就是联合运输。（　　　）

2. 我国大宗货物主要采用的是衔接式联合运输的形式。（　　　）

3. 国际联合运输必须使用全程单一运费费率。（　　　）

4. 国际多式联运主要采用集装箱运输。（　　　）

三、问答题

1. 什么是联合运输？联合运输的特征是什么？

2. 联合运输的作用有哪些？

任务二　国内联合运输组织与规则

一、国内联运公司的主要业务

1. 零担货物的集结运输（指联运货物）

零担货物具有批数多、重量小、发到地分散、品种复杂、形状各异、包装不统一等特点。因而，零担货物运输是一种要求运输条件较高、货运业务手续较为繁杂且面向千家万户的运输。由联运服务公司承包零担货物运输业务，不仅可以方便货主，提高服务质量，还可以通过联运服务公司的货物集结过程，化零为整，提高运输企业的运输效率和运输过程的安全可靠性。

零担货物集结运输包括货物接取、集结装运，不同运输工具间的货物中转、到达、分送等运输环节。联运服务公司通过对运输各环节的合理组织和分设在货物发到地各处所的运输营业站、点（包括专营和兼营），可以实现零担货物运输的邮件化。通过这一运输组织形式，可以对千家万户的货主实现"人在家中坐、收发全国货"的高质量运输服务。

2. 代办货物中转（指非联运货物）

代办货物中转业务是在采用货主直接托运制条件下，联运服务公司作为货主的代理人为货主办理在不同运输工具间的货物转运业务。联运服务公司的代办货物中转业务不仅可以减轻货主的运输业务工作负担，而且也有利于货物运输过程在不同运输工具间的紧密衔接，压缩货物中转滞留时间。代办货物中转业务可以由货主按批向联运服务公司提出委托的方式来办理，也可以通过货主和联运服务公司签订定期委托书（合同）的方式来办理。

3. 笨重货物运输

笨重货物、家具和搬家货物的运输由于对运送条件、装运工具等都有特殊要求，需要作为特种货物运输办理。为开发这方面的业务应拥有相应的专业运输人员，建立相应的工作制度。

4. 工厂或成套设备承包运输

工厂或成套设备承包运输是指联运服务公司对由各地区供应的新建工厂全部设备或改建、扩建工厂的某方面成套设备的系统承包运输。开展这一承包运输业务时，厂方作为一项运输任务，与联运服务公司签订一个运输合同，协商确定一项总的运输费用。承包的联运服务公司根据运输合同要求，组织联运业务网内各地区联运服务公司，共同完成任务，并按完成运输量大小划分运输收入。工厂或成套设备承包运输的条件，一是联运服务公司必须建立健全的经济发展信息网，保证经济情报来源可靠、及时；二是联运服务公司必须具有既精通运输业务，又具备必要的商业、工业机械设备知识的揽货专业人员；三是在供货地区内具有健全的联运业务网和联运业务网内的通信网。

5. 仓库保管

联运服务公司的仓库保管业务相当于仓储公司或储运公司的业务，也是联运服务公司（尤其是地处仓储或储运设施还不发达的地区的联运服务公司）可以开展且大有发展前途的业务。在这种情况下，联运服务公司必须具有足够数量的仓储设备和相应的仓库保管业务人员。

6. 货物包装

货物包装在这里是指货物的运输包装，它应根据货物特征、运输条件、运输工具和运输距离进行设计（包括外形、包装材料、加固等）。因此，货物包装也是一项专业性很强的工作。联运服务公司开发货物包装业务通常应建立具有一定专职人员的专门业务单位。

当前，联运服务公司的业务以办理零担货物的集结运输和代办货物中转等业务为主，而其他几项都是可以进一步开发的业务。

二、联合运输的业务程序

联运服务公司办理货物联运业务的主要作业有：

1）货主（发货人）提出发货委托书（通过电话委托或通过邮件书面委托）或亲自登门办理货物托运手续。

2）联运服务公司根据货主委托书，在规定的时间、地点派车取货或由货主亲自送货，货物在联运服务公司仓库集结。

3）联运服务公司办理货物票据手续及核收运杂费。

4）根据货主规定的发货日期（或对到货日期的要求）向运输企业托运，组织货物始发装运、选择运输工具和安排运输线路由联运服务公司负责。

5）在不同运输工具的衔接点办理货物中转业务。

6）办理货物到达票据手续和到达杂费结算。

7）联运服务公司根据货主（收货人）指定的时间、地点派车送货或由货主亲自取货。

由此可见，办理货物联运业务的作业程序主要由三个业务环节组成，即货物在发运地的承运业务、货物在不同运输工具运输过程衔接点的中转业务、货物在收货地的交付业务。

三、国内联合运输组织方法

货物联运的全过程就其工作性质的不同，可分为实际运输过程和全程运输组织业务过程两部分。实际运输过程是由参加多式联运的各种运输方式的实际承运人完成的，其运输组织工作属于各方式运输企业内部的技术、业务组织。全程运输组织业务过程是由多式联运全程运输的组织者——多式联运企业或机构完成的，主要包括全程运输所涉及的所有商务性事务和衔接服务性工作的组织实施。其运输组织方法可以有很多种，但就其组织体制来说，基本上可分为协作式联运和衔接式联运两大类。

1. 协作式联运的组织方法

协作式联运的组织是在各级政府主管部门协调下，由参加联运的各种方式运输企业和中转港站共同组成的联运办公室（或其他名称）。货物全程运输计划由该机构制订，这种联运组织下的货物运输过程如图 6-1 所示。

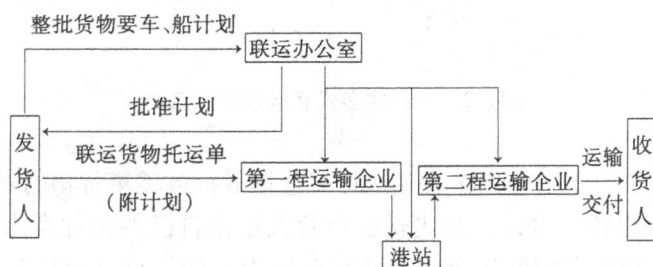

图 6-1　协作式多式联运过程示意图

在这种机制下，需要使用多式联运形式运输整批货物的发货人根据运输货物的实际需要，向联运办公室提出托运申请并按月申报整批货物要车、要船计划，联运办公室根据多式联运线路及各运输企业的实际情况制订该托运人托运货物的运输计划，并把该计划批复给托运人及转发给各运输企业和中转港站。发货人根据计划安排向多式联运第一程的运输企业提出托运申请并填写联运货物托运委托书（附运输计划），第一程运输企业接受货物后经双方签字，联运合同即告成立。第一程运输企业组织并完成自己承担区段的货物运输至后一区段衔接地，直接将货物交给中转港站，经换装由后一程运输企业继续运输，直至在最终目的地由最后一程运输企业向收货人直接交付。在前后程运输企业之间和港站与运输企业交接货物时，需填写货物运输交接单和中转交接单（交接与费用结算依据）。联运办公室（或第一程企业）负责按全程费率向托运人收取运费，然后按各企业之间商定的比例向各运输企业及港站分配。

在这种组织体制下，全程运输组织是建立在统一计划、统一技术作业标准、统一运行图和统一考核标准基础上的，而且在接受货物运输、中转换装、货物交付等业务中使用的技术装备、衔接条件等也需要在统一协调下同步建设或协商解决，并配套运行以保证全程运输的协同性。

对这种多式联运的组织体制，在有的资料中被称为"货主直接托运制"。这是国内过去和当前多式联运（特别是大宗、稳定重要物资运输）中主要采用的体制。

在我国采用多式联运方式运输的大宗货物主要有：煤炭、石油、矿石、钢材、粮食、化肥、木材等。主要的联运海港有：大连、秦皇岛、天津、上海、广州等。一些大宗货物已经形成了相对稳定或固定的物流通道。例如，煤炭运输就有固定的煤码头。

2. 衔接式联运的组织方法

衔接式联运的全程运输组织业务是由多式联运经营人（多式联运企业）完成的，这种联运组织下的货物运输过程可用图 6-2 来说明。

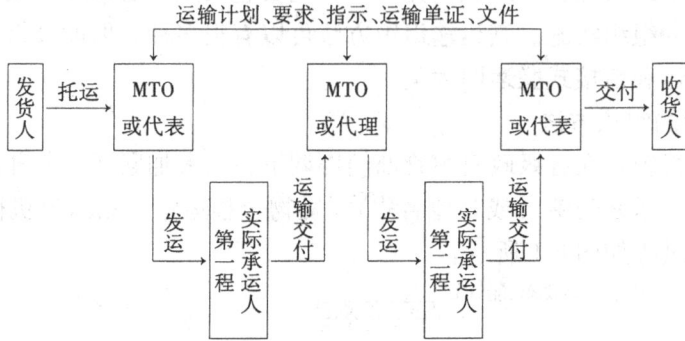

图 6-2　衔接式多式联运过程示意图

在这种组织体制下，需要使用多式联运形式运输成批或零星货物的发货人首先向多式联运经营人（MTO）提出托运申请，多式联运经营人根据自己的条件考虑是否接受，如接受双方订立货物全程运输的多式联运合同，并在合同指定的地点（可以是发货人的工厂或仓库也可以是指定的货运站、中转站、堆场或仓库）双方办理货物的交接，联运经营人签发多式联运单据。接受托运后，多式联运经营人首先要选择货物的运输路线，划分运输区段（确定中转、换装地点）、选择各区段的实际承运人，确定零星货物集运方案，制订货物全程运输计划并把计划转发给各中转衔接地点的分支机构或委托的代理人，然后根据计划与第一程、第二程……的实际承运人分别订立各区段的货物运输合同，通过这些实际承运人来完成货物全程位移。全程各区段之间的衔接，由多式联运经营人（或其代表或其代理人）从前程实际承运人手中接收货物再向后程承运人交接货物，在最终目的地从最后一程实际承运人手中接收货物后再向收货人交付货物。

在与发货人订立运输合同后，多式联运经营人根据双方协议，按全程单一费率收取全程运费和各类服务费、保险费（如需经营人代办的）等费用。多式联运经营人在与各区段实际承运人订立各分承运合同时，需向各实际承运人支付运费及其他必要的费用。在各衔接地点委托代理人完成衔接服务业务时，也需向代理人支付委托代理费用。

动动脑

协作式联运和衔接式联运有什么区别？

在这种多式联运组织体制下，承担各区段货物运输的运输企业的业务与传统分段运输形式下的完全相同，这与协作式体制下还要承担运输衔接工作是有很大区别的。

四、联合运输业务网

在货物运输过程中，联运服务公司为货物在不同运输工具衔接点所办理的业务，称为联运货物中转交接业务。它包括：货物或集装箱的到卸和接收；货物或集装箱场、库保管；票据手续和杂费计算；向运输企业托运、组织货物装运。

联运服务公司都在一定地区范围内设有一定的相关业务机构，并通过这些机构处理货物的承运、中转和交付业务，以实现"一票到家"的货物运输全过程。联运服务公司相关业务机构越多，设置区域范围越广，其业务量也就越大。

解决联运服务公司扩大办理联运货物业务范围、增加业务量与业务机构可能设置区域范围的矛盾的办法有以下几种：

1. 通过签订运输合同，建立联运服务公司业务协作体系

联运服务公司根据货流吸引区域的货流特点，与货物运输过程相关联运服务公司（指地处货物运输过程不同运输工具衔接点和货物终到点的联运服务公司）以签订联运合同的方法建立业务关系，互为代办货物中转业务和货物交付业务，从而在一定范围内构成了以联运服务公司为中心的辐射式联运业务网。

2. 建立区域性联运服务公司——联营总公司

区域性联营总公司通常以具有大量联运货物运量的运输干线（如长江内河运输航线、津沪铁路线、京广铁路线等）货流吸收区为范围建立，因而它所构成的联运业务网是以某一运输干线为轴心的线状联运业务网。凡参加联营总公司的联运服务公司，在规定范围内均可以以总公司的名义办理联运货物的承运，并负责办理联运货物的中转和交付业务。建立联营总公司是组织所属联运服务公司协调动作、扩大联运业务量、提高联运服务公司经济效益的有效途径。

由重庆、武汉、南京等城市联运服务公司发起组成的长江联运联营总公司就是这一性质的联运组织。参加联运总公司的各单位保持"三权"不变，即隶属关系、固定资产所有权、财政渠道不变。

长江联运联营总公司以长江为主体，开展江、海、河、铁路、公路、航空之间的联运业务。凡能达成异地中转，需要联营总公司成员单位负责接取送达或中转换装的联运业务，均纳入总公司的经营范围。其他地方性业务仍由参加联营各单位自行受理经营。

3. 建立全国性的联运服务公司协会

这是全国各地联运服务公司的协调机构，它可以及时向各地联运服务公司通报全国联运业务活动信息及经济情报，协助地区联运服务公司间沟通联运业务关系，促进全国性联运业务网的组成。

显然，联运业务三项基本业务环节（承运、中转和交付）的实现，即联运服务公司办理联运货物运输的实现，有赖于各种形式联运业务网的组成。因此，联运业务网是联运服务公司开发联运业务的基础，必须根据本公司的具体条件做好这一基础性的工作。

五、联合运输费用的核收办法

货物借助运输工具完成它从生产领域进入消费领域的位移过程，消耗了社会的必要劳动量，创造了价值。运输价格就是运输产品货币价值形态的实际表现，货物的联运费用包括运费、杂费、中转费和服务费（业务代办费）等。运输费用是按照价格政策具体制定的各种货物的运价水平。运价水平必须以价值为基础，必须考虑各种运输方式之间的比价关系，并能促进各种运输工具之间的合理分工和合理运输。

多式联运费用核收办法的内容有：核收费用项目、费用核收的方式、费用的计费办法。

1. 多式联运费用项目

多式联运费用主要包括：运费、杂费、中转费和服务费。

（1）运费 运费包括铁路运费、水路运费、公路运费、航空运费、管道运费等五个类别。货物在联运过程中，通过哪种运输工具运输，就按照国家或各省、市物价部门规定的那种运输工具的运价计算运费。联运服务公司向货主核收的运输费用包括以下几种：

1）发运地区（城市）内的短途运输运费（接取费）。

2）由发运联运服务公司至到达联运服务公司之间的全程运费。

3）到达地区（城市）内的短途运输运费（送达费）。

（2）杂费

1）多式联运杂费的种类

①装卸费。装卸费分铁路装卸费、水路装卸费、公路装卸费，各种运输工具有不同的费率规定。

②换装包干费。这是联运货物在港、站发生的运杂费用。换装包干费按不同货物、不同港、站，分一次性计费和分段计费两种。

③货物港务费。进口和出口分别征收一次货物港务费。

④货物保管费。货物保管费分港口货物保管费、铁路车站货物保管费和中转货物在流转性库场保管费，并有各自不同的计费规定。

2）联运杂费的计算公式

①铁路（水路）装卸费 = 货物重量 × 适用的装卸费率。

②公路装卸费 = 货物重量（或车吨）× 适用的装卸费率。

③换装包干费 = 货物重量 × 适用的换装包干费率。

④货物港务费 = 货物重量 × 港务费率。

⑤货物保管费 = 货物重量（或车数）× 天数 × 适用的保管费率。

（3）中转费

1）中转费的构成主要包括装卸费、仓储费、接驳费（或市内汽车短途转运费）、包装整理费等。

2）中转费的计算方式有实付实收和定额包干两种。实付实收是指货物在中转过程中发生的各项运杂费用，采用实报实销的办法。这种方法除了收取固定的中转服务费，其他费用均属代收代付性质。定额包干货物在中转过程中发生的各项运杂费，采用定额包干的办法。这种办法除按一种费率包干外，还有按运输方式包干、按费用项目包干、按地区范围包干之分。

（4）服务费的形式和组成

1）服务费是指联运企业在集中办理运输业务时支付的劳务费用。一般采取定额包干的形式。按不同运输方式、不同的取送货方式规定的不同费率来计算。

2）服务费的组成一般包括业务费和管理费。业务费是指用于铁路、水路、公路各个流转环节所发生的劳务费用。管理费是指从事联运业务人员的工资、固定资产折旧和行政管理费等方面的支出。

2. 多式联运费用核收方式

1）多式联运费用的核收通常采用如下3种方式

①到付，即由收货人在收货地向到达联运服务公司支付一切运输费用。

②发付，即由发货人在发货地向发运联运服务公司支付一切运输费用。

③分付，即由发货人在发货地向发运联运服务公司支付发货地发生的杂费和运费；由收货人在收货地向到达联运服务公司支付到达地发生的费用。

2）由发运联运服务公司至到达联运服务公司之间的全程运费是联运货物运输费用的主要组成部分，联运服务公司向货主核收这部分运费的计费办法主要有以下两种：

①按运输合同规定的运输线路及有关运输工具的运费标准，分别计算单项运输阶段运费，全程运费等于各单项运费之和。

②按联运服务公司自行规定的运费标准计算全程运费。

采用第一种方法计算运费时，联运服务公司是以货主运输代理人的身份为货主代办联运货物的全程运输；而采用第二种方法计算运费时，联运服务公司是以货物联运经营人的身份向货主承包联运货物的全程运输。联运服务公司根据具体情况可分别采用不同的运费计算方法。

知识检验

一、填空题

1. 多式联运费用的核收通常采用_____、_____、_____方式。

2. 多式联运费用主要包括_____、_____、_____和_____。

3. 货主直接托运制是指_____；运输承包发运制是指_____。

二、判断题

1. 运输价格就是运输产品货币价值形态的实际表现。（　　　）

2. 联运服务公司相关业务机构越多、设置区域范围越广，其业务量也就越大。（　　　）

3. 零担货物运输是一种要求运输条件较高、货运业务手续较为繁杂且面向千家万户的运输。（　　　）

三、问答题

1. 国内联运公司的主要业务有哪些？

2. 衔接式联运和协作式联运的区别是什么？

任务三　国际联合运输组织与规则

一、国际联合运输概述

1. 国际联合运输的定义与特征

国际联合运输是一种以实现货物整体运输的最优化效益为目标的联运组织形式。它通常是以集装箱为运输单元，将不同的运输方式有机地组合在一起构成连续、综合的一体化货物运输。通过一次托运、一次计费、一份单证、一次保险，由各运输区段的承运人共同完成货物的全程运输，即将货物的全程运输作为一个完整的单一运输过程来安排。然而，它与传统的单一运输方式又有很大的不同。根据1980年《联合国国际货物多式联运公约》以及1997年我国交通部和铁道部共同颁布的《国际集装箱多式联运管理规则》的定义，国际多式联运是指"按照多式联运合同，以至少两种不同的运输方式，由多式联运经营人将货物从一国境内接收货物的地点运至另一国境内指定地点交付的货物运输。"根据该定义，构成国际多式联运应具备以下几个条件：

1）要有一个多式联运合同。多式联运合同是由发货人及多式联运经营人协商订立，以书面形式明确双方的权利、义务的证明。国际多式联运合同是多式联运经营人凭其收取运费，使用两种以上不同的运输工具，负责完成或组织完成货物全程运输的合同。

2）全程运输必须使用国际多式联运单据。多式联运单据是由联运人在接管货物时签发给发货人的，它是证明多式联运合同以及证明多式联运经营人接管货物并负责按照合同条款交付货物的单证。一般称为多式联运提单。

想一想
多式联运和联合运输有什么联系？

3）国际多式联运必须使用两种以上不同运输方式的连贯运输，因此，在一定程度上确定货物是否属多式联运，其中运输方式的组成是一个非常重要的因素。如航空运输长期以来依靠汽车接送货物运输，从形式上看，这种运输已构成两种运输方式，但这种汽车接送业务习惯上被视为航空运输业务的一个组成部分，只是航空运输的延伸，因而不属国际多式联运。

4）必须是国际货物运输。国际多式联运方式所承运的货物必须是从一个国家的境内接管货物地点运至另一国境内指定交付地点的货物。因此，即使采用两种以上不同运输工具所完成的国内货物运输亦不属国际多式联运货物的范畴。

5）必须由一个多式联运经营人对全程运输负总的责任。这是多式联运的一个重要特征，由多式联运经营人去寻找分承运人，实现分段运输。多式联运经营人一般是指经营多式联运业务的企业或机构。《联合国国际多式联运公约》中对国际多式联运经营人所下的定义是：指其本人或通过其代表订立多式联运合同的任何人。他是事主，而不是发货人的代理人或代表，也不是参加多式联运的承运人的代理人或代表，并具有履行义务的责任。

6）必须是全程单一运费费率。多式联运经营人在对货主负全程责任的基础上，制订一个货物发运地至目的地的全程单一费率，并以包干形式一次向货主收取。这种全程单一费率一般包括运输成本（全程各段运输费用的总和）、经营管理费用（如通信、制单以及劳务手续费等）和利润。

2. 国际联合运输的优越性

国际联合运输是今后国际运输的发展方向，开展国际集装箱多式联运具有许多优越性，主要表现在以下几个方面：

（1）手续简便，责任统一 在国际多式联运方式下，不论货物运输距离有多远，不论使用多少种不同运输方式完成对货物的运输，也不论运输途中经多少次转换，所有一切运输事宜均由多式联运经营人负责办理。而托运人只需办理一次托运，订立一份运输合同，一次支付费用，一次保险，从而省去托运人办理托运手续的许多不便。同时，由于多式联运采用一份货运单证，统一计费，因而也可简化制单和结算手续，节省人力和物力。此外，一旦运输过程中发生货损、货差，由多式联运经营人对全程运输负责，从而也可简化理赔手续，减少理赔费用。

（2）缩短货物运输时间，减少库存，降低货损、货差事故，提高货运质量 在国际多

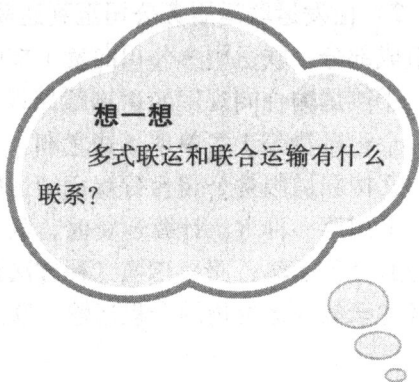

式联运方式下，各个运输环节和各种运输工具之间配合密切，衔接紧凑，货物所到之处中转迅速及时，大大减少货物在途停留时间，从而从根本上保证了货物安全、迅速、准确、及时地运抵目的地，因而也相应地降低了货物的库存量和库存成本。同时，多式联运通常是以集装箱为运输单元进行直达连贯运输，尽管货运途中须经多次转换，但由于使用专业机械装卸，且不涉及箱内货物，因而货损、货差事故大为减少，从而在很大程度上提高了货物的运输质量。

（3）降低运输成本，节省各种支出　由于多式联运可实现"门到门"运输，因此对货主来说，在将货物交由第一承运人以后即可取得货运单证进行结汇，从而提前了结汇时间。这不仅有利于加速货物占用资金的周转，而且可以减少利息的支出。此外，由于货物是在集装箱内进行运输的，因此从某种意义上来看，可相应地节省货物的包装、理货和保险等费用的支出。

（4）提高运输管理水平，实现运输合理化　对于区段运输而言，由于各种运输方式的经营人各自为政、自成体系，因而其经营业务范围受到限制，货运量相应也有限。而一旦由不同的运输经营人共同参与多式联运，经营的范围可以大大扩展，同时可以最大限度地发挥其现有设备的作用，选择最佳运输线路组织合理运输。

（5）其他作用　从政府的角度来看，发展国际多式联运具有以下重要意义：有利于加强政府部门对整个货物运输链的监督与管理，保证本国在整个货物运输过程中获得较大的运费收入分配比例；有助于引进新的先进运输技术；减少外汇支出；改善本国基础设施的利用状况；通过国家的宏观调控与指导职能保证使用对环境破坏最小的运输方式，达到保护本国生态环境的目的。

二、国际联合运输组织形式

国际多式联运是采用两种或两种以上不同运输方式进行联运的运输组织形式。这里所指的至少两种运输方式可以是：海陆联运、海空联运、陆海空联运等。这与一般的海海、陆陆、空空等形式的联运有着本质的区别。后者虽也是联运，但仍是同一种运输工具之间的运输方式。众所周知，各种运输方式均有自身的优点与不足。一般来说，水路运输具有运量大、成本低的优点；公路运输则具有机动灵活，便于实现货物门到门运输的特点；铁路运输的主要优点是不受气候影响，可深入内陆和横贯内陆实现货物长距离的准时运输；而航空运输的主要优点是可实现货物的快速运输。由于国际多式联运严格规定必须采用两种和两种以上的运输方式进行联运，因此这种运输组织形式可综合利用各种运输方式的优点，充分体现社会化大生产、大交通的特点。

有代表性的国家多式联运主要有远东欧洲、远东-北美等海陆空联合运输，其组织形式如下：

1. 海陆联运

海陆联运是国际多式联运的主要组织形式，也是远东-欧洲多式联运的主要组织形式之一。目前组织和经营远东-欧洲海陆联运业务的主要有班轮公会的三联集团、北荷、冠航和丹麦的马士基等国际航运公司，以及非班轮公会的中国远洋运输公司、台湾长荣航运公司等。这种组织形式以航运公司为主体，签发联运提单，与航线两端的内陆运输部门开展联运业务，与大陆桥运输展开竞争。

2. 大陆桥运输

在国际多式联运中，大陆桥运输是指利用集装箱专用列车或载重货车，把横贯大陆的铁路或公路作为中间桥梁，使大陆两端的集装箱海运航线与专用列车或载货汽车连接起来的一种连贯运输方式。因为陆上运输在这一联合运输中起到了桥梁的作用，故称为大陆桥运输。严格地讲，大陆桥运输也是一种海陆联运形式。只是因为其在国际多式联运中的独特地位，故在此将其单独作为一种运输组织形式。

目前世界上的大陆桥主要有北美大陆桥、西伯利亚大陆桥和新亚欧大陆桥。其中，后两条都经过我国，新亚欧大陆桥东起我国的连云港，西出新疆阿拉山口，穿越哈萨克斯坦等中亚地区，经过俄罗斯、白俄罗斯、波兰、德国等欧洲国家，到达大西洋东岸荷兰的鹿特丹、比利时的安特卫普等欧洲口岸，全程长达 11000km。

> **动动脑**
>
> 能从地图中找出世界上的三大大陆桥吗？

3. 海空联运

海空联运方式由加拿大航空公司在 20 世纪 60 年代初开创，当时为了将价格昂贵的日本消费品运往美国东海岸、欧洲和中东，他们先将货物集装箱用船运往温哥华，再经陆路运到温哥华国际机场，在机场开箱把货物分类分装成航空货交机场续运。20 世纪 80 年代后，亚洲国家的出口货物快速增长，促进该地区的海空联运业务发展，新加坡已经作为世界级海空货物联运枢纽出现在国际市场上。东南亚和远东大多数国家出口的纺织品，通过海空联运运送到欧洲。日本、韩国越来越多的高技术产品通过海空联运运往欧洲。

海空联运又被称为空桥运输。在运输组织方式上，空桥运输与陆桥运输有所不同：陆桥运输在整个货运过程中使用的是同一个集装箱，不用换装，而空桥运输的货物通常要在航空港换入航空集装箱，不过，两者的目标是一致的，即以低费率提供快捷、可靠的运输服务。目前，国际海空联运线主要有以下几个：

（1）远东-欧洲　目前，远东与欧洲间的航线有以温哥华、西雅图、洛杉矶为中转地，也有以中国香港、曼谷、海参崴为中转地。此外还有以旧金山、新加坡为中转地的航线。

（2）远东-中南美　近年来，远东至中南美的海空联运发展较快，因为此处港口和内陆运输不稳定，所以对海空航运的需求很大。该联运线以迈阿密、洛杉矶、温哥华为中转地。

（3）远东-中近东、非洲、澳洲　这是以中国香港、曼谷为中转地至中近东、非洲的运输服务。在特殊情况下，还有经马赛至非洲、经曼谷至印度、经中国香港至澳洲等联运线，但这些线路的货运量较小。

总的来讲，采用海空联运方式，运输时间比全程海运少，运输费用比全程空运便宜。运输距离越远，采用海空联运的优越性就越大。这种联运组织形式是以海运为主，只是最终交货运输区段由空运承担。因此，从远东出发将欧洲、中南美以及非洲作为海空联运的主要市场是合适的。

知识检验

一、选择题

1. 集装箱货物交接地点中的"门"指的是：（　　　）。

　　A. 托运人的仓库或工厂　　　　B. 集装箱堆场　　　　C. 集装箱货运站

2. CFS 是指：（　　　）。

　　A. 集装箱货运场　　　　　　　B. 集装箱货运站　　　　C. 集装箱码头

3. 目前经过我国的大陆桥有（　　　）。

　　A. 北美大陆桥　　　　　　　　B. 欧亚-西伯利亚大陆桥　　C. 新亚欧大陆桥

二、判断题

1. 国际多式联运经营人责任期间是从接受货物之时起到交付货物之时止，在此期间对货主负全程运输责任。（　　　）

2. 集装箱货运站交接的货物一般是整箱货。（　　　）

3. 海空联运又被称为空桥运输。（　　　）

三、问答题

1. 简述国际多式联运的定义。

2. 国际多式联运的优越性有哪些?

任务四　技能训练

任务描述

　　云南省有大宗货物要出口到日本和韩国，请你和你的团队为其选择几种运输方案，并分析各方案的特点。

任务准备

　　1）学生分组：每小组 5~10 人，每组选一位组长，明确其余组员的职责。

　　2）接通互联网的计算机若干台。

任务实施

　　1）在互联网上搜索云南省对外输出货物的种类，并掌握各种货物对运输的要求。

　　2）在互联网上搜索云南省对外交通运输的线路，列举几条从云南到日本和韩国的货物运输方案，并分析各方案的特点。选出本组认为的最优方案进行展示。

任务评价

任务编号			学时		学生姓名		总分	
类别	序号	评价项目	评价内容及要求	配分	学生自评	学生互评	教师评价	得分
岗位技能评价	1	信息收集及分析能力	运用互联网收集相关资讯及归纳能力	30				
	2	理解及知识应用能力	是否理解所学知识，具有运用所学知识完成任务的能力	30				
	3	完成时间	是否按时完成任务	10				

（续）

任务编号			学时			学生姓名		总分	
类别	序号	评价项目	评价内容及要求	配分	学生自评	学生互评	教师评价	得分
职业素质评价	4	文明和安全意识	是否遵守实训中心安全规章和设备安全操作规定	10				
	5	个人礼仪	衣帽、发饰、仪态；语言及行为规范	10				
	6	团队合作	沟通交流、合作参与意识；包括小组活动的组织、展示、内容等，以及角色扮演完成任务情况	10				

注：按学生自评占 20%、学生互评占 30%、教师评价占 50% 计算总分。

任务小结

授课班级		授课时间		授课地点	
授课教师			任务名称		
学生表现					
存在问题及改进方法和措施					

项目七　货物运输合同认知

案例导入

　　家住云南红河州弥勒市的王某夫妇从事家禽蛋鸡养殖业，养殖的蛋鸡产的蛋主要销往云南省内各州、市、县及离云南较近的广西、贵州等地。2014年中秋过后王某夫妇将价值20万余元的鸡蛋交由张某某等运输至广西方向交给客户，但在运输过程中因张某某驾驶不当发生交通事故，导致王某交由运输的鸡蛋全部损毁。此后货物运输的双方当事人在损失赔偿方面发生争议，托运人（货主）将张某某等诉至法院，要求赔偿全部损失，后经法院判决承运人承担货物损失的全部责任。

【案情回顾】

　　王某、冯某某二人系夫妻关系，共同经营"弥勒某某养殖场"。2014年10月14日王某将总价值20万余元的鸡蛋交由张某某运往广西南宁方向，依据交易习惯双方未订立书面运输合同，本批鸡蛋乃是广西方向的吴某某等6位客户与王某订购的。但张某某将该批货物运输至广昆高速公路下行线K1210+80m处往广西方向下坡转弯处时，因其未保持安全行车距离从而导致其驾驶的桂KL42**号车辆车头与赵某某驾驶的辽112D7**号拖拉机尾部相撞，造成赵某某受伤、张某某驾驶车辆侧翻的事故，桂KL42**号货车所拉总价值20万余元的鸡蛋全部损毁。该起事故经文山州公安局交通警察支队砚平高速公路交巡警大队做出的第5326305201400***号"道路交通事故认定书"认定，张某某承担全部责任，赵某某无责任。

　　上述交通事故发生当日，经王某与张某某共同协商后张某某愿意承担货物的全部经济损失，张某某作为代表向王某出具了承诺书。该承诺书载明"广西博白县博白镇人民中路**号张某某10月14日晚22:00拉出云南省弥勒大中所村王某的货物鸡蛋总价值20万余元在砚山六诏尖峰隧道往广西方向下坡转弯处发生交通事故，造成整车鸡蛋损坏，张某某负责全部损失……"。但在事发后几天，王某再次联系张某某时，张某某不仅不愿出面承担责任，而且不再接听王某的电话，发短信张某某也不回。此后，王某同时查明该货物运输车辆登记在陈某某名下。

🔍动脑筋

此案例中各方该如何进行责任承担和赔偿？

任务一　了解货物运输合同知识

一、货物运输合同的概念

货物运输合同是承运人将货物从起运地点运输到约定地点，托运人或者收货人支付运输费用的合同。换另一种说法，货物运输合同就是明确运输企业与托运人及收货人之间权利义务关系的协议。

二、货物运输合同的特征

货物运输合同属于法律关系的范畴，除具有一般合同的法律特征外，还具有以下独特的法律特征：

1. 货物运输合同一般是由多个权利义务主体参与的多边合同

参加签订运输合同的当事人一般是承运人和托运人，但货物运输合同大多数情况有第三人参加。当托运人与收货人不是同一人时，收货人就成为参加货物运输合同关系的第三人，依运输法律的规定和合同约定，享有一定的权利并承担相应的义务。

2. 货物运输合同的标的是货物运送行为

货物运输合同的标的是承运人的运送行为，而不是被运送的货物本身。货物运输合同各方当事人的权利义务都围绕运送行为而产生。

3. 货物运输合同为双务有偿合同

承运人以承运货物为营业内容，以收取运费为营业目的，因此货物运输合同只能为有偿合同，托运人须向承运人支付运费。而且，在货物运输合同中双方当事人都互相承担义务，承运人须将货物从一地运送到另一地，托运人须向承运人支付运费和有关费用，双方的义务具有对价性。因此，货物运输合同为双务合同。

4. 货物运输合同一般是诺成合同

货物运输合同一般是以托运人交付货物作为承运人履行合同义务的条件而非合同成立的条件，所以货物运输合同一般为诺成合同，但当事人可另行约定合同为实践合同。

5. 货物运输合同一般为标准合同

标准合同是指由合同的一方当事人（主要是有绝对权威的一方）根据有关法律、法规和规章印制的、具有固定式样和既定条款内容的标准合同文本。双方当事人在订立合同的时候，其主要内容和基本条款不需要协商，只需按照固定式样中预先留下的空项填写，双方再确认后，合同即告成立。标准合同又称为格式合同，在货物运输关系中一般是以货物运单的形式出现的，并且统一印刷，定价也有统一的标准。

三、货物运输合同的构成要素

货物运输合同属于经济法律关系的范畴，同样是由主体、客体和内容三部分组成的。

1. 货物运输合同的主体

一切法律关系都必须有具体的参与者——主体。没有主体参与的法律关系是根本不存在的，主体是构成法律关系的重要因素。在具体的经济法律关系中，主体通常是双方的，但也可以是多方的。货物运输合同的主体包括承运人、托运人和收货人。

> **知识卡**
>
> **经济法律关系主体**
>
> 经济法律关系主体是指经济法律关系的参与者、经济权利的享有者和经济义务的承担者。

（1）承运人　运输企业在合同关系中称为承运人。承运人是指使用运输工具从事货物运输并与托运人订立货物运输合同的经营者。承运人有时可分为缔约承运人和实际承运人，有时还包括代理人。所谓缔约承运人是指参与签订运输合同的承运人，实际承运人是指接受缔约承运人委托从事运输的人，代理人是指经授权代表承运人的人。

（2）托运人　托运人是指与承运人订立货物运输合同的单位和个人。其是货物运输合同的一方当事人，是把货物交给承运人的人。

（3）收货人　收货人是指货物运输合同中托运人指定提取货物的单位和个人，是有权领取货物的人。收货人虽然不参加订立货物运输合同，但与托运人所订立的合同密切相关，依法享有合同中相应的经济权利，同时也要承担合同规定的相应经济义务。

2. 货物运输合同的客体

经济法律关系的客体又叫作标的，是指经济法律关系主体的权利与义务所共同指向的目标和所要达到的目的。也就是权利与义务关系最终所指向的客观事物或结果，借以说明权利与义务的具体内容。客体在经济法律关系中占有重要地位，是法律关系不可缺少的因素之一，没有客体，权利与义务就会落空，经济法律关系就不可能形成。能够成为经济法律关系客体的有：物、经济行为、智力成果等。

货物运输合同的客体是指货物运输的劳务行为，即运送行为。必须注意的是，货物运输的对象是货物，但这个对象不是法律意义上的客体，而是客体所指向的事物。由于运输企业与托运人之间订立货物运输合同的目的是要按照托运人的要求把货物从始发地运至目的地，运输劳务行为才是合同双方权利义务所共同指向的目标，即标的。因此，只有货物运输的劳务行为才是货物运输合同的客体，而不是具体的货物本身。

3. 货物运输合同的内容

经济法律关系的内容是指经济法律关系主体享有的经济权利或承担的经济义务，是经济法律关系的基础，是经济法律关系最基本的要素。经济法律关系的实质就是权利与义务关系，其经济权利与经济义务直接由法律规范确定，并得到国家强制力的保护与监督。经济权利是经济法赋予经济法律关系主体的一种资格，即经济法主体依法为或不为一定的行为，以及要求义务方为或不为一定行为的资格。经济法主体在其合法权益受到侵犯或不能实现时，有权请求国家机关予以保护。经济义务是经济法主体依法必须为或不为一定行为的责任。

货物运输合同的内容就是当事人各方的权利和义务。

（1）运输企业的权利和义务

1）运输企业享有的权利

①有权按照规定向托运人收取运费和杂费，托运人不按规定交付运费和杂费的，有权拒绝承运。

②有权对托运人填报的货物品名、重量和数量进行检查；对托运人申报不实的，有权按照有关规定加收运费和其他费用。

③托运人对托运的货物不按规定进行包装的，承运人有权拒绝承运。

④有权向逾期领取货物的收货人收取保管费。

⑤对无法交付的货物，有权依照《中华人民共和国合同法》第一百零一条的规定提存货物。

⑥有权拒绝办理违章的运输变更。

⑦对因托运人或者收货人的责任给运输企业造成财产损失的，有权要求当事人承担赔偿责任。

2）运输企业承担的义务

①按照货物运输合同约定的时间、数量和类型，拨调状态良好、清扫干净的运输工具。

②负责装卸时，应严格遵守作业规程和装载标准，保证装卸质量。

③有义务按照合同约定的期限或国务院交通运输管理部门规定的运到期限，安全、准确地将货物运到合同约定的地点。

④按照约定的或者通常的运输线路将货物运输到约定地点。

⑤货物运输到达后，承运人可联系收货人的，应当及时通知收货人。

⑥由于承运人的过错将货物误运到达地点或误交收货人，应重新免费运至合同规定的到达地点，并交给指定的收货人。

⑦除法律规定可以免责的以外，承运人对承运的货物，自承运时起到交付时止发生的灭失、短少、变质、污染、损坏，有义务承担赔偿责任。因检查而造成货物损坏时，应当赔偿损失。

（2）托运人的权利和义务

1）托运人享有的权利

①有权要求承运人按合同约定的期限和国务院交通运输管理部门规定的运到期限将货物完整无损地运达约定地点，交给收货人。

②承运人未按照约定线路或者通常的运输线路运输而增加运输费用的，有权拒绝支付增加部分的运输费用。

③在承运人将货物交付收货人之前，有权要求承运人中止运输、返还货物、变更到达地或者将货物交给其他收货人。

④由于承运人的责任造成逾期运到或货物毁损和灭失时，有权要求承运人支付违约金、赔偿金。

2）托运人承担的义务

①按照运输合同约定的时间和要求向承运人交付托运的货物。

②按规定需要凭证运输的货物，应出示有关证件。

③需要包装的货物，应当按照国家包装标准或部包装标准（专业包装标准）进行包装，

没有统一规定包装标准的，应根据货物性质，在保证货物运输安全的原则下进行包装，并按国家规定标明包装储运指示标志。

④合同约定自行装载货物时，应按规定及时完成装载作业。

⑤在运输中需要特殊照料的货物，须派人押运。

⑥按规定向承运人支付运输费用。

（3）收货人的权利和义务

1）收货人享有的权利

①有权在货物到达后凭有关凭证领取货物。

②在领取货物时，发现运单与实际不符的有权查询，发现货物短少、损坏的有权要求赔偿。

③承运人未按照约定线路或者通常的运输线路运输而增加运输费用的，有权拒绝支付增加部分的运输费用。

2）收货人承担的义务

①合同约定自行卸载货物时，应按规定及时完成卸载作业。

②铁路、水路运输规定卸载后需要由收货人对运输工具洗刷消毒的，应进行洗刷消毒。

③及时领取货物，逾期领取时须交付保管费。

④支付按规定应由收货人支付的相关运费和其他费用。

四、货物运输合同的分类

货物运输合同根据不同的划分标准，可以划分为若干种，分类方法主要有以下几种：

1）以运输方式为依据，可分为单一方式货物运输合同和多式联运货物运输合同。单一方式货物运输合同又分为铁路货物运输合同、公路货物运输合同、水路货物运输合同和航空货物运输合同。

2）以合同的订立形式为依据，可分为口头合同和书面合同。口头合同是指当事人双方通过对话方式而确立相互权利义务关系的协议，多用于能够即时结清的简单经济往来。口头合同简便易行，财产流转迅速，在经济交往中是一种不可缺少的合同形式。但是口头合同缺乏文字依据，一旦发生纠纷，容易出现口说无凭、举证困难的不利后果。书面合同是指合同书、信件和数据电文等可以有形地表现所载内容的合同形式。数据电文包括电报、电传、传真、电子数据交换和电子邮件等。实践中，运输合同书、计划表、服务订单和货物运单等均是书面合同。书面合同可以证明合同法律关系的确立，作为监督、检查、管理合同，以及解决合同纠纷的依据。

3）以合同履行期限为依据，可分为长期运输合同和一次性运输合同。大宗物资的运输，按年度、季度或月度签订的货物运输合同，就是长期运输合同；零星、少量物资，一次性运输所签订的合同为一次性运输合同。

4）以货物多少或载运方法为依据，铁路货物运输合同可分为整车货物运输合同、零担货物运输合同和集装箱货物运输合同；公路货物运输合同可分为整批货物运输合同、零担货物运输合同和集装箱货物运输合同；水路货物运输合同可分为一般货物运输合同、集装箱货物运输合同和单元滚装货物运输合同。一批货物的重量、体积或者形状、性质需要一辆或一辆以上货车运输的，则应按照整车（批）运输方式运输；如果不够一辆整车运输的，则按照零担货物运输方式运输。集装箱运输是指将货物装入符合国际标准（ISO）、国家标准、行业标准的集装箱进行的货物运输。水路一般货物运输主要是指成件货物和散装货物的运输。单元滚装运输是指以一台不论是否装载货物的机动车辆或者移动机械作为一个运输单元，由托运人或者其受雇人驾驶驶上、驶离船舶的水路货物运输。

5）以营运方式为依据，水路货物运输合同可分为班轮运输合同和航次租船运输合同；航空货物运输合同可分为航班运输合同和包机运输合同。

6）以被运送货物的性质为依据，货物运输合同可分为普通货物运输合同和特种货物运输合同。特种货物主要是指鲜活货物、超限货物和危险货物等，由于这些类型的货物性质特殊，订立运输合同要按照有关的规定，采取特定的包装条件和运输方法，以确保运输的安全，这是特种货物运输合同。除此以外，运输其他货物则按照一般货物运输的条件与运输企业签订货物运输合同，这类合同就是普通货物运输合同。

动动脑

特种货物运输条件和普通货物有何不同？

知识检验

一、填空题

1. 货物运输合同的构成要素包括_____、_____和_____。

2. 单一方式货物运输合同可分为_____货物运输合同、_____货物运输合同、_____货物运输合同和_____货物运输合同。

3. 货物运输合同是明确运输企业与托运人及收货人之间_____关系的协议。

4. 货物运输合同的标的是_____。

5. 在承运人将货物交付收货人之前，托运人或收货人有权要求承运人_____、返还货物、_____或者将货物_____。

二、选择题

1. 不属于货物运输合同主体的是（　　　）。
   A. 承运人　　　　B. 运输工具　　　　C. 托运人　　　　D. 收货人

2. 货物运输合同的客体是（　　　）。
   A. 货物　　　　B. 运输工具　　　　C. 运输劳务行为　　　D. 智力成果

3. 使用运输工具从事货物运输并与托运人订立货物运输合同的经营者称为（　　　）。
   A. 托运人　　　　B. 收货人　　　　C. 承运人　　　　D. 法人

4. 经济法律关系的客体又叫作（　　　）。
   A. 主体　　　　B. 当事人　　　　C. 内容　　　　D. 标的

5. 承运人有义务按照合同约定的期限或国务院交通运输管理部门规定的（　　　），安全、准确地将货物运到合同约定的地点。
   A. 运到期限　　　　B. 运输线路　　　　C. 运输方式　　　　D. 保管要求

三、问答题

1. 什么叫货物运输合同？

2. 货物运输合同的特征是什么？

3. 货物运输合同的主体和客体各是什么？

4. 承运人、托运人和收货人的权利和义务主要有哪些？

5. 货物运输合同如何分类?

任务二　运输合同的订立

一、货物运输合同的订立原则

货物运输合同是合同中的一种,受《中华人民共和国合同法》等法律规定约束。根据《中华人民共和国合同法》的规定,货物运输合同由托运人和承运人协商签订。在订立货物运输合同的时候,双方必须遵循以下一般原则:

> **资料库**
>
> **《中华人民共和国合同法》**
>
> 《中华人民共和国合同法》由第九届全国人民代表大会第二次会议于 1999 年 3 月 12 日通过,自 1999 年 10 月 1 日起施行。

1. 合同的形式符合法定要求

除个别情况(如公路短途运输,水路短途驳运、摆渡零星货物),双方当事人可以即时结清者外,货物运输合同应当采用书面形式。在各种方式的货物运输中,有关运输计划表、服务订单和货物运单本身就是书面形式的合同,当事人协商同意的有关修改合同的文书、信件和数据电文(包括电报、电传、传真、电子数据交换和电子邮件)等,也是合同的组成部分。

2. 遵守法律、法规关于货物运输的有关规定

货物运输的有关法律、法规主要有《中华人民共和国合同法》《中华人民共和国铁路法》《中华人民共和国民用航空法》《公路运输管理暂行条例》《水路运输管理条例》《铁路货物运输合同实施细则》《公路货物运输合同实施细则》《水路货物运输合同实施细则》《航空货物运输合同实施细则》等。为了保证所订合同具有法律效力,达到预期的法律效果,当事人在订立货物运输合同时,必须遵守国家法律和行政法规的规定,在合法的前提下,设置合同的内容,确定当事人的权利和义务。

3. 遵循平等、自愿、公平、诚实、信用的原则

订立货物运输合同的当事人的法律地位是平等的,要在自愿的基础上协商一致达成协议,当事人的权利和义务应是公平的,任何一方不得将自己的意志强加给对方,也不得弄虚作假,采用欺诈的手法订立合同,当事人相互意思表示要真实。

4. 代理人应当依法在代理权限范围内从事代理活动,不得违法代理

货运代理人不得超越代理权限签订合同或以被代理人的名义同自己或自己所代理的其他人签订合同。

5. 不得损害国家利益和社会公共利益

合同是一种法律形式,必须强调社会责任,既要保证合同当事人双方权利的实现,也要预防和纠正借实现当事人的权利而违背国家利益和社会公共利益的行为。当事人在订立货物运输合同时,不得损害国家利益和社会公共利益,不得扰乱社会经济秩序,不得利用货物运输合同从事非法活动。

当事人违反上述原则而签订的运输合同无效。经法院确认全部无效的（如承、托运双方互相勾结偷运禁运品、他人物品等），该合同自一开始就全部无法律效力，部分无效的不影响合同其他条款的效力。

除了遵循上述合同的一般原则以外，结合货物运输的特点，根据有关运输法律、法规及《铁路货物运输规程》《汽车货物运输规则》《国内水路货物运输规则》《民航国内货物运输规则》等行政规章的有关规定，货运合同双方还必须遵守以下规定：

1）对国家下达的指令性计划运输的物资，承、托运双方必须根据国家下达的指标签订运输合同，保证优先运输。

2）对抢险、救灾、战备等紧急运输的货物和国家规定的其他优先运输的货物，应优先签订合同，优先运输。

3）对直接用于农业生产的物资、鲜活货物、文艺演出用品、搬家货物等，也应先于其他一般货物签订合同，安排运输。

除上述规定外，对其他货物，由承、托运双方自由协商签订运输合同，自行安排运输。

二、签订货物运输合同的程序

实践中，订立合同需要经过要约与承诺两个阶段。要约是希望和他人订立合同的意思表示。承诺是受要约人同意要约的意思表示。货物运输合同的订立也须经过托运人提出要约（提出运输合同书、计划表、服务订单和货物运单等）、承运人承诺（签字盖章）后而成立，所以应受《中华人民共和国合同法》中关于要约、承诺规则的约束。但是，对于从事公共运输的承运人而言，其不得拒绝托运人通常、合理的运输要求。例如，铁路运输企业作为我国的公共运输部门，负有强制缔约义务，如无正当理由，不得拒绝提供服务。

签订货物运输合同，以铁路长期货物运输合同为例，其程序大体上可分为以下六步：

1）托运人提出运输计划表、服务订单，包括货物品名、重量、到达地点以及起运日期等基本要求。

2）承运人接到运输计划表和服务订单后，根据运量和运力等情况编制货物运输计划，按核定的运输计划与托运人签订计划运输合同。

3）托运人按批次向承运人提交填写好后的货物运单和有关的必要的证明文件。

4）承运人对托运人填写的货物运单等文件进行审查。

5）托运人向承运人提交货物，承运人根据运单验收货物，确保票货相符。

6）承运人签发承运日期，即在货物运单上加盖承运日期戳。从这时起，运输合同即告成立。

三、签订货物运输合同的形式

根据《中华人民共和国合同法》《中华人民共和国铁路法》《中华人民共和国民用航空法》《水路运输管理条例》《铁路货物运输合同实施细则》《公路货物运输合同实施细则》《水路货物运输合同实施细则》《航空货物运输合同实施细则》等有关规定，货物运输合同由托运人和承运人协商签订。各类货物运输合同的具体形式如下：

1）大宗货物运输，可按年度、半年度、季度或月度订立长期运输合同（含水路航次租船运输合同和航空包机、包舱运输合同），也可以订立更长时间的运输合同。当实际办理托运和承运手续时，托运人还应按批填制货物运单，该运单也是长期运输合同的组成部分。

2）零担、少量货物，临时托运的货物和铁路集装箱货物，按批量签订一次性运输合同。大多数情况下，以货物运单为一次性运输合同的基本凭证。

四、货物运输合同的内容

合同的内容规定了当事人的权利和义务，是确认合同是否合法和当事人双方是否全面履行合同的主要依据。货物运输合同的内容由当事人约定。标准格式货运合同（如货物运单），其主要内容、基本条款，均由国务院交通运输主管部门统一制定。

1. 铁路货物运输合同的内容

根据《铁路货物运输合同实施细则》的规定，铁路货物运输合同应当具备下述内容：

（1）长期货物运输合同应载明的基本内容

1）托运人和收货人名称。

2）发站和到站。

3）货物名称。

4）货物重量。

5）车种和车数。

6）违约责任。

7）双方约定的其他事项。

（2）货物运单应载明的内容

1）托运人和收货人名称及其详细地址。

2）发站、到站及到站的主管铁路局。

3）货物名称。

4）货物包装、标志。

5）件数和重量（包括货物包装重量）。

6）承运日期。

7）运到期限。

8）运输费用。

9）货车类型和车号。

10）施封货车和集装箱的施封号码。

11）双方商定的其他事项。

2. 公路货物运输合同的内容

根据《公路货物运输合同实施细则》和《汽车货物运输规则》的规定，公路货物运输合同应当具备下述内容：

（1）长期货物运输合同应包含的基本内容

1）托运人、收货人和承运人的名称（姓名）、地址（住所）、电话、邮政编码。

2）货物的种类、名称、性质。

3）货物重量、数量或月、季、年度货物批量。

4）起运地、到达地。

5）运输质量。

6）合同期限。

7）装卸责任。

8）货物价值，是否保价、保险。

9）运输费用的结算方式。

10）违约责任。

11）解决争议的方法。

（2）一次性货物运输合同、运单应包含的基本内容

1）托运人、收货人和承运人的名称（姓名）、地址（住所）、电话、邮政编码。

2）货物名称、性质、重量、数量、体积。

3）装货地点、卸货地点、运距。

4）货物的包装方式。

5）承运日期和运到期限。

6）运输质量。

7）装卸责任。

8）货物价值，是否保价、保险。

9）运输费用的结算方式。

10）违约责任。

11）解决争议的方法。

动动脑

各种运输方式的货物运单，你会填了吗？

3. 水路货物运输合同的内容

根据《水路货物运输合同实施细则》和《国内水路货物运输规则》的规定，水路货物运输合同应当具备下述内容：

（1）长期货物运输合同应具备的基本内容

1）货物名称。

2）托运人和收货人名称。

3）起运港和到达港，海江河联运货物应载明换装港。

4）货物重量，按体积计费的货物应载明体积。

5）违约责任。

6）特约条款。

（2）班轮运输形式下的运输合同一般包括的内容

1）承运人、托运人和收货人名称。

2）货物名称、件数、重量、体积（长、宽、高）。

3）运输费用及其结算方式。

4）船名、航次。

5）起运港（站、点）、中转港（站、点）和到达港（站、点）。

6）货物交接的地点和时间。

7）装船日期。

8）运到期限。

9）包装方式。

10）识别标志。

11）违约责任。

12）解决争议的方法。

（3）航次租船运输方式下的运输合同一般包括的内容

1）出租人和承租人名称。

2）货物名称、件数、重量、体积（长、宽、高）。

3）运输费用及其结算方式。

4）船名。

5）载货重量、载货容积及其他船舶资料。

6）起运港和到达港。

7）货物交接的地点和时间。

8）受载期限。

9）运到期限。

10）装、卸货期限及其计算方法。

11）滞期费率和速遣费率。

12）包装方式。

13）识别标志。

14）违约责任。

15）解决争议的方法。

4. 航空货物运输合同的内容

根据《中华人民共和国民用航空法》和《民航货物国内运输规则》的规定，航空货物运输合同（货运单）应当具备下述内容：

1）填单地点和日期。

2）出发地点和目的地点。

3）第一承运人的名称、地址。

4）托运人的名称、地址。

5）收货人的名称、地址。

6）货物品名、性质。

7）货物的包装方式、件数。

8）货物的重量、体积或尺寸。

9）计费项目及付款方式。

10）运输说明事项。

11）托运人的声明。

在实践中，并不是非要完全按照上述内容订立合同不可。合同内容多少，取决于当事人之间的协议。但双方应尽可能把有关货物运输的事项详细地写入合同，并记载清楚，明确双方具体的权利义务关系，以利于发生纠纷时能尽快处理。

五、货物运输合同的成立时间

1. 长期运输合同的成立时间

长期运输合同，经双方在合同或运输计划表、服务订单上签字后即告成立。

2. 货物运单合同的成立时间

以货物运单为运输合同的，经承、托运双方在指定的时间和地点验收、交接货物完毕，并经承运人在托运人提出的运单上加盖承运日期戳或签字盖章后，合同即告成立。

知识检验

一、填空题

1. _____是调整货物运输合同的基本法。

2. 承运人在_____上加盖承运日期戳或签字盖章后，货物运输实际合同即告成立。

3. 除个别情况（如公路短途运输，水路短途驳运、摆渡零星货物），双方当事人可以即时清结者外，货物运输合同应当采用_____形式。

4. 订立货物运输合同应遵循_____、_____、_____、_____、信用的原则。

5. 从事公共运输的承运人不得拒绝托运人_____、_____的运输要求。

二、选择题

1. 长期货物运输合同签订后，当实际办理托运时，托运人还应按批（　　）。

    A. 修改运输合同　　　　　　　　B. 填制货物运单

    C. 支付运输费用　　　　　　　　D. 商定运输合同的具体内容

2. 货物运输合同的（　　）是确认合同是否合法和当事人双方是否全面履行合同的主要依据。

    A. 主体　　　　　B. 客体　　　　　C. 内容　　　　　D. 标的

3. （　　）不属于货物运输合同的必备内容。

    A. 托运人和收货人的名称　　　　B. 始发地点和目的地点

    C. 货物名称　　　　　　　　　　D. 货物产地

4. 货物运单合同成立的条件是（　　）。

    A. 托运人提交运单后

    B. 托运人提交货物后

    C. 收货人领取货物后

    D. 承运人接收货物完毕，并在运单上加盖承运日期戳或签字盖章后

5. （　　）涉及滞期费率和速遣费率的约定。

    A. 铁路货物运输合同　　　　　　B. 公路货物运输合同

    C. 班轮货物运输合同　　　　　　D. 航次租船货物运输合同

三、问答题

1. 订立货物运输合同应遵循哪些原则？

2. 签订货物运输合同的程序是什么？

3. 签订货物运输合同可以使用哪些形式？

4. 货物运输合同的内容主要有哪些？

5. 货物运输合同何时开始成立？

任务三　运输合同的变更和解除

《中华人民共和国合同法》规定：合同依法成立，即具有法律约束力，当事人必须全面

履行合同规定的义务，任何一方都不得擅自变更或解除合同。但是，在履行合同的过程中，当事人的实际情况或客观条件常常会发生变化，影响到原订合同的履行，需要对已订立的合同进行必要的修改、补充甚至解除。因此，法律允许按照法定程序对原订合同进行变更或解除。

一、货物运输合同变更和解除的概念

1. 货物运输合同的变更

货物运输合同的变更，是指货物运输合同签订以后，由于履行条件发生变化，当事人之间对合同的具体内容进行修改，达成新的协议。主要是指托运人或收货人对已经承运的货物，可向承运人提出变更到达地或收货人。运输企业在发生交通运输事故、执行政府命令或出现其他运输障碍时，可向托运人提出变更运输。

2. 货物运输合同的解除

货物运输合同的解除是指在运输合同没有履行或没有完全履行时，由于实现合同的条件发生变化，致使合同的履行成为不可能或不必要，由当事人依照法律或合同规定的条件和程序，提前终止合同效力的行为。具体是指货物在承运后、起运前取消货物运输。

二、铁路货物运输合同的变更和解除

铁路货物运输合同的变更和解除，应遵守《中华人民共和国合同法》《铁路货物运输合同实施细则》《铁路货物运输规程》的规定。

1. 变更和解除的条件

1）当事人双方协商同意，但不能因此损害国家利益和社会公共利益。下列情况不允许托运人或收货人提出变更：

①违反法律、行政法规的规定或者违反物资流向、运输限制的变更。

②密封的变更。

③变更后的货物运到期限大于货物容许运输期限。

④变更一批货物的一部分。

⑤第二次变更到站。

> **知识卡**
>
> **不可抗力**
>
> 不可抗力是指不能预见、不能避免并不能克服的客观情况，如地震、雷电、洪水、流冰、台风、火山爆发、海啸等自然灾害和战争、动乱等。

2）由于不可抗力致使合同的全部义务不能履行。

3）由于另一方在合同约定的期限内没有履行合同。

2. 变更或解除的办理规定

1）托运人或收货人由于特殊原因，对承运后的货物运输合同，可按批向货物所在的中途站或到站提出变更到站、变更收货人。

2）承运后发送前托运人可向发站提出取消托运，经承运人同意，货物运输合同即告解除。

3）托运人或收货人要求变更或解除运输合同时，应提供领货凭证和货物运输变更要求书，不能提供领货凭证时，应提供其他有效证明，并在货物运输变更要求书内注明。

4）办理货物运输变更或取消托运，托运人或收货人应按规定支付费用。

三、公路货物运输合同的变更和解除

公路货物运输合同的变更和解除，应遵守《中华人民共和国合同法》《公路货物运输合同实施细则》和《汽车货物运输规则》的规定。

1. 变更和解除的条件

《汽车货物运输规则》规定，凡发生下列情况之一者，允许变更和解除：

1）由于不可抗力使运输合同无法履行。

2）由于合同当事人一方的原因，在合同约定的期限内确定无法履行运输合同。

3）合同当事人违约，使合同的履行成为不可能或不必要。

4）经合同当事人双方协商同意解除或变更合同。

2. 变更或解除的办理规定

1）运输合同签订后，任何一方不得擅自变更或解除。如确有特殊原因不能继续履行或需变更时，需经双方同意并在合同规定时间内办理变更。如在合同规定的期限外提出，必须负担对方已造成的实际损失。

2）在承运人未将货物交付收货人之前，托运人可以要求承运人中止运输、返还货物、变更到达地或者将货物交付给其他收货人，但应当赔偿承运人因此受到的损失。

3）承运人提出解除运输合同的，应退还已收的运费。

4）货物运输过程中，因不可抗力造成道路阻塞导致运输阻滞，承运人应及时与托运人联系，协商处理，发生货物装卸、接运和保管费用按以下规定处理：

①接运时，货物装卸、接运费由托运人负担，承运人收取已完成运输里程的运费，返回未完成运输里程的运费。

②回运时，收取已完成运输里程的运费，回程运费免收。

③托运人要求绕道行驶或改变到达地点时，收取实际运输里程的运费。

④货物在受阻处存放，保管费用由托运人负担。

5）变更或解除运输合同，应当以书面形式（包括公函、电报、变更计划表）提出或答复。

四、水路货物运输合同的变更和解除

水路货物运输合同变更和解除应遵守《中华人民共和国合同法》《水路货物运输合同实施细则》和《国内水路货物运输规则》的规定。

1. 月度或月度以上货物运输合同的变更或解除

凡发生下列情况之一者，允许变更或解除月度或月度以上货物运输合同：

1）订立运输合同所依据的国家计划被变更或取消。

2）由于不可抗力使合同无法履行。此时，任何一方都有权变更或解除合同。

3）合同当事人一方由于关闭、停产、转产而无法履行合同。

4）由于合同当事人一方违约，使合同履行成为不必要或不可能。

5）在不损害国家利益和不影响国家计划的前提下，经当事人双方协商同意。

变更或解除月度或月度以上货物运输合同应当采用书面形式（包括文书、电报或变更计划表等），并应在货物发送前，由要求变更或解除的一方向对方提出。月度或月度以上货物运输合同只能变更一次。

2. 货物运单合同的变更或解除

以货物运单作为运输合同的，允许按下列规定变更或解除运输合同：

1）货物发运前，承运人或托运人征得对方同意，可以解除运输合同。承运人提出解除合同的，应退还已收的运输费用，并付给托运人已发生的货物进港短途搬运费用；托运人提出解除合同的，应付给承运人已发生的港口费用和船舶待时费用。

2）货物发运后，承运人或托运人征得对方同意，可以变更货物的到达港和收货人。同一运单的货物不得变更其中的一部分，并只能变更一次。对指令性运输计划内的货物要求变更时，除必须征得对方同意外，还必须报下达该计划的主管部门核准。

3）因不可抗力或者其他不能归责于承运人和托运人的原因（如航道、船闸障碍，海损事故，自然灾害，执行政府命令或军事行动等）致使船舶不能在合同约定的到达港卸货的，除另有约定外，承运人可以将货物在到达港邻近的安全港口或者地点卸载，视为已经履行合同。承运人实施前款规定行为应当考虑托运人或者收货人的利益，并及时通知托运人或者收货人。

4）合同中订有特约变更条款的，应按双方商定的变更条款办理。

5）变更或解除货物运单合同，应采用书面形式，并随附有关证件。

五、航空货物运输合同的变更和解除

航空货物运输合同的变更和解除，应遵守《中华人民共和国合同法》《中华人民共和国民用航空法》《航空货物运输合同实施细则》和《民航货物国内运输规则》的有关规定。

1）托运人在履行航空货物运输合同规定义务的条件下，有权在出发地机场或者目的地机场将货物提回，或者在途中经停时中止运输，或者在目的地点或者途中要求将货物交给非航空货运单上指定的收货人或者要求将货物运回出发地机场；但是，托运人不得因行使此种权利而使承运人或者其他托运人遭受损失，并应当偿付由此产生的费用（如从目的地点将货物运回出发地点的运费等）。

2）托运人的变更要求不能违反国家法律、法规和《民航货物国内运输规则》的有关规定，要求变更运输的货物应是一张货运单填写的全部货物。

3）由于承运人执行国家交给的特殊任务或气象等原因，航空货物运输受到影响，需要变更运输时，承运人应及时与托运人或收货人商定处理办法，并按照下列规定处理运输费用：

①在出发站退运货物，退还全部运费。

②在中途站变更到达站，退还未使用航段的运费，另核收由变更站至新到达站的运费。

③在中途站将货物运至原出发站，退还全部运费。

④在中途站改用其他交通工具将货物运至目的站，超额费用由承运人承担。

4）货物发运前，经合同当事人双方协商同意或任何一方因不可抗力不能履行合同时，可以解除运输合同，但应及时通知对方。承运人提出解除合同的，应退还已收的运输费用；托运人提出解除合同的，应付给承运人已发生的费用。

5）托运人对已办妥运输手续的货物要求变更时，应当提供原托运人出具的书面要求、个人有效证件和货运单托运人联。

知识检验

一、填空题

1. 货物_____前，经承运人同意，托运人可以提出取消运输要求，解除运输合同。

2. 合同依法成立，即具有法律约束力，_____不得擅自变更或解除合同。

3. 货物运输合同的变更主要是指托运人或收货人对已经承运的货物，向承运人提出变更_____或_____。

4. 要求变更运输的航空运输货物，应是_____的全部货物。

5. 由于_____使水路货物运输合同无法履行，任何一方都有权变更或解除合同。

二、选择题

1. 下列情况中，（　　）不能办理货物运输合同的变更和解除。
　　A. 由于不可抗力使运输合同无法履行　　　B. 合同当事人双方协商同意
　　C. 变更一张货物运单中的部分货物　　　D. 在到达站（港）变更新到达站（港）

2. 对承运后的铁路货物运输合同，托运人或收货人可按批向（　　）提出变更到站、变更收货人。
　　A. 发站　　　　　　　　　　　　　　　B. 发站或到站
　　C. 运输途经的任何中途站　　　　　　　D. 货物所在的中途站或到站

3. 铁路不办理以（　　）为内容的运输合同变更。
　　A. 第一次变更到站　　　　　　　　　　B. 第一次变更收货人
　　C. 第二次变更到站　　　　　　　　　　D. 第二次变更收货人

4. 货物运输合同的解除具体是指货物在（　　）取消货物运输。
　　A. 承运后，起运前　　　　　　　　　　B. 承运前
　　C. 起运后，卸车前　　　　　　　　　　D. 卸车后，交付前

5. 铁路不办理以（　　）为内容的运输合同变更。
　　A. 第一次变更到站　　　　　　　　　　B. 第一次变更收货人
　　C. 第二次变更到站　　　　　　　　　　D. 第二次变更收货人

三、问答题

1. 什么是货物运输合同变更？

2. 什么是货物运输合同解除？

3. 铁路货物运输合同变更和解除的条件是什么？

4. 水路货物运输合同变更和解除的条件是什么？

5. 如何办理货物运单合同的变更和解除？

任务四　货物运输合同的违约责任及处理

货物运输合同签订以后，当事人没有按照合同的要求履行义务，除了法律规定因无过错可免除的责任外，应承担违约责任，造成对方损失的应负赔偿责任。

一、货物运输合同的违约责任

1. 铁路货物运输合同的违约责任

（1）铁路运输企业的违约责任和免责条件

1）铁路运输企业作为承运人，对托运人托运的货物，从承运时起，至货物交付收货人或依照有关规定处理完毕时止，货物发生灭失、短少、变质、污染、损坏的，应按规定赔偿。

2）由于下列原因之一造成货物灭失、短少、变质、污染、损坏时，铁路运输企业不承担赔偿责任：

①由于不可抗力造成的。

②由于货物本身性质引起的碎裂、生锈、减量、变质或自燃等。

③由于托运人、收货人或所派押运人的过错造成的。主要包括：货物包装的缺陷，承运人在验收货物时无法从外部发现；托运人自行装车的货物，加固材料不符合规定的条件或者违反装载规定，交接货物时，承运人无法发现的；押运人应当采取而未采取保证货物安全措施的；收货人负责卸货造成的损失。

④由于货物本身的合理损耗造成的。

⑤其他经查证非承运人责任造成的。但是，由第三人的过错造成的货损，不能免除铁路运输企业的赔偿责任。

3）由于铁路运输企业的过错，未按货物运输合同履行，应按合同规定或有关规定向对方支付违约金。

未按货物运输合同履行，主要是指货物逾期运到和交付。根据《中华人民共和国铁路法》规定，铁路运输企业应当按照合同约定的期限或者国务院铁路主管部门规定的期限将货物运到目的站；逾期运到的，铁路运输企业应当支付违约金。铁路运输企业逾期30日仍未将货物交付收货人的，托运人或收货人有权按货物灭失向铁路运输企业要求赔偿。

4）由于铁路运输企业的过错将货物误运到站或误交收货人，应免费运至合同规定的到站，并交给收货人。

5）如果托运人或收货人证明损失的发生确属承运人的故意行为，则承运人除按规定赔偿实际损失外，由合同管理机关对其处以造成损失部分10%～50%的罚款。

（2）托运人与收货人的责任　托运人与收货人的责任可归纳为三个方面，即托运人申报不实、收货人逾期领取货物及给铁路运输企业造成损失等方面的责任。

1）托运人申报不实的责任。托运人申报不实，主要表现在货物品名不实和货物重量不实两个方面。《中华人民共和国铁路法》规定，托运人应当如实填报托运单，铁路运输企业有权对填报的货物和包裹的品名、数量和重量进行检查。托运人因申报不实而少交的运费和其他费用应当补交，铁路运输企业按照国务院主管部门的规定加收运费和其他费用。

2）逾期领取货物的责任。《中华人民共和国铁路法》规定，托运的货物到达到站后，收货人应当按照国务院铁路主管部门规定的期限（铁路运输企业组织卸车的货物，于铁路运输企业发出催领通知的次日起算2日内）及时领取，逾期领取的，应当按照规定支付保管费。

3）给铁路运输企业造成财产损失的责任。《中华人民共和国铁路法》规定，因托运人或者收货人的责任给铁路运输企业造成财产损失的，由托运人或者收货人承担赔偿责任。

托运人或者收货人给铁路运输企业造成财产损失的情况，主要有以下几种：

①货物中夹带危险品，导致运营事故，给运输工具、设备或第三人的货物造成损坏的。

②货物包装有缺陷，给运输工具、设备或第三人的货物造成污染和损坏的。

③收货人组织卸车，给运输工具、设备造成损坏的。

> **动动脑**
>
> 承运人和托运人都违约的，如何承担责任？

根据《中华人民共和国合同法》和《中华人民共和国铁路法》的一般原则，托运人或收货人给铁路运输企业造成财产损失的（包括给第三人造成财产损失先由铁路运输企业赔偿的），应当按实际损失（即直接损失）赔偿。

2. 公路货物运输合同的违约责任

（1）承运人违反运输合同的责任和免责条件

1）公路货物运输承运人在下列情况下应负赔偿责任

①在承运责任期间因承运人过错造成承运的货物灭失、短少、变质、污染或损坏的，应按规定予以赔偿。

根据《汽车货物运输规则》的规定，承运人未在运输期限届满后30日内将货物交付给收货人的，视为货物灭失情况。货物在起运前交给承运人保管，以及运到后在承运人保管期间，因承运人责任造成损失的，承运人也应负赔偿责任。另外，承运人委托第三者组织装卸，因装卸原因造成货物损失，承运人也应向托运人负赔偿责任。

②承运人未遵守承托双方商定的运输条件或特约事项，由此造成托运人经济损失的，承运人应按约定负责赔偿。

需要说明的是，如果货物损失或托运人其他经济损失是因承运人和托运人责任共同所致，则双方应按过错程度大小分别承担自己相应的责任。

2）对因下列原因之一造成的货物损失，承运人不负赔偿责任

①不可抗力。

②货物的自然性质变化或合理损耗，如货物本身引起的碎裂、生锈、减量、变质或自燃。

③包装体外表面完好而内装货物毁损或灭失。

④货物包装内在缺陷，承运时无法从外部发现，造成货物受损。

⑤由押运人员责任造成的货物毁损或灭失。

⑥托运人违反国家法令托运货物，如在普通货物中夹带危险品或禁运品、托运违法犯罪得到的赃物等，致使货物被有关部门查扣、弃置或作其他处理。

⑦由托运人或收货人过错造成的货物毁损或灭失。如托运人错报、匿报货物品名、重量造成的损失；收货人自行组织卸车，在作业过程中发生的损失等。

另据《集装箱汽车运输规则》第三十七条规定：在集装箱货物运输中，整箱货物在承运责任期间内，保持箱体完好，封志完整，箱内货物发生灭失、短少、变质、污染、损坏，承运人不负赔偿责任，但承运人负责装、拆箱的除外。

以上情形，都是因非承运人过错所致，因此，承运人不应当承担违约赔偿责任。

3）公路货物运输承运人在下列情况下应支付违约金

①不按合同规定的时间和要求配车发运的。未在合同规定的时间内提供车辆，可称为车辆延滞。主要情形包括未按装车协议及商定的车种、车型配备足够的车辆；未在商定的时间提供车辆，或者对托运人自装的货车，未按约定的时间送到装车地点；调配的车辆性能等状态，不适合所运货物的要求；由于承运人的责任停止装车或使托运人无法按约定将货物搬入装车地点等。另据《汽车货物运输规则》的有关规定，承、托运双方对货物逾期到达、车辆延滞、装货落空都有责任的，承运人应按各自所造成的损失相互抵消后，偿付差额。

②对错运到达地或错交收货人的，承运人应无偿将货物运至合同指定的目的地，交给指定的收货人；如果货物因此逾期运到，应偿付逾期交付货物的违约金。

③由于承运人责任造成货物未在运到期限内运抵到达地，应按规定向收货人偿付违约金。

④合同约定的其他情况。根据《中华人民共和国合同法》有关规定，因不可抗力，诸如自然灾害、政府命令、军事行动、线路堵塞或海运港口、国境口岸车辆积压堵塞等或非承运人责任造成承运人未能按合同约定履行的，可免除承运人支付违约金的全部或部分责任。

4）如果托运人或收货人证明损失的发生确属承运人的故意行为，则承运人除按规定赔偿实际损失外，由合同管理机关对其处以造成损失部分10%～50%的罚款。

（2）托运人、收货人违反运输合同的责任

1）因托运人下列过错，造成承运人、站场经营人、搬运装卸经营人的车辆、机具、设备等的损坏、污染或人身伤亡以及因此而引起的第三方的损失，由托运人负责赔偿。

①在托运的货物中有故意夹带危险货物和其他易腐蚀、易污染货物以及禁、限运货物等行为。

②错报、匿报货物的重量、规格、性质。

③货物包装不符合标准，包装、容器不良，而从外部无法发现。

④错用包装、储运图示标志。

2）托运人不如实填写运单，错报、误填货物名称或装卸地点，造成承运人错送、装货落空以及由此引起的其他损失，托运人应负赔偿责任。

3）托运人未按合同规定的时间和要求备好货物和提供装卸条件，以及货物运达后无人提货或收货人拒收货物而造成承运人车辆放空、延滞及其他损失，托运人应负赔偿责任。

4）收货人因过错造成承运人经济损失的（如卸车不当造成车辆损坏等），应承担相应的赔偿责任。

3. 水路货运合同的违约责任与免责条件

（1）承运人违反运输合同的责任与免责条件

1）水路货物运输承运人在下列情况下偿付违约金

①不按合同规定的时间和要求配船发运的，应偿付托运方违约金。按月签订的货物运输合同，承运人在履行时未配备足够的运力，应按落空的运量偿付违约金（1元/t）；托运人同时也未提供足够货源，即运量与货源均有落空时，应按对等数量相互抵消违约金，然后由承运人偿付差额。但因不可抗力变更、解除合同造成运量落空的，免除承运人的违约金。

②由于承运人责任发生货物错运、错交，应负责将货物追回并无偿运至合同规定的到达

港，交给指定的收货人，因而发生的费用由承运人负责；如果货物因此逾期运到，应偿付逾期交付货物的违约金。

③承运人未按规定或约定的运到期限将货物运抵到达港，应按规定向收货人偿付违约金。

2）从承运货物时起，至货物交付收货人或依照规定处理完毕时止，因承运人过错造成货物损失（包括货物灭失、短少、变质、污染和损坏的），承运人应负赔偿责任。

3）经承运人证明货物的损坏、丢失或者迟延交付是由下列原因造成的，承运人不负赔偿责任：

①不可抗力。

②货物的自然属性和潜在缺陷。

③货物的自然减量和合理损耗。

④包装不符合要求。

⑤包装完好但货物与运单记载内容不符。

⑥识别标志、储运指示标志不符合规定。

⑦托运人申报的货物重量不准确。

⑧托运人押运过程中的过错。

⑨普通货物中夹带危险、流质、易腐货物。

⑩托运人、收货人的其他过错。

4）如果托运人或收货人证明损失的发生确属承运人的故意行为，则承运人除按规定赔偿实际损失外，由合同管理机关对其处以造成损失部分 10%～50% 的罚款。

（2）托运人或收货人违反运输合同的责任

1）托运人未按运输合同规定的时间和要求提供托运的货物，应向承运人支付违约金。

①按月度签订的货物运输合同，除另有规定的以外，托运人在履行合同时未提供足够的货源，应按落空的货源数量偿付违约金（1 元/t）；在承运人提供的运量和货源均有落空时，应按各自偿付的违约金相互抵消后，偿付差额。托运人因不可抗力不能履行合同的，根据不可抗力的影响，部分或者全部免除托运人的违约金。

②以货物运单作为运输合同的，承运人已备妥运力，托运人未按运单规定的时间、数量和地点向承运人交付货物，应按落空的货物数量偿付违约金。

2）托运人由于下列原因之一发生的损害事故，造成船舶、港口设备或波及其他货物灭失、损坏、污染、腐蚀，或造成人身伤亡的，应向承运人或受损害的第三人承担赔偿责任。

①在普通货物中夹带危险货物，或者托运危险货物时未报品名、隐瞒危险性质，或有其他违反危险货物运输规定的行为，引起燃烧、爆炸、中毒、污染、腐蚀等事故。

②在普通货物中夹带流质、易腐货物，引起污染事故。

③错报笨重货物重量，引起船体损伤、吊机倾翻、货件摔损、人员伤亡等事故。

④货物包装材质不良、强度不够或内部支衬不当等缺陷，以及外包装上必须制作的指示标志错制、漏制，引起摔损事故。

另据《国内水路货物运输规则》规定，因托运人填制货物运单错误和对凭证运输的货物所需有关单证提供不及时或不准确，造成承运人损失的，托运人应负赔偿责任。

3）在下列情况下，托运人或收货人应承担有关费用

①货物运抵到达港，经承运人发出到货通知和催提后，满30日收货人不提取或者找不到收货人，承运人应当通知托运人，托运人在承运人发出通知后30日内负责处理该批货物，并承担由此发生的一切费用。托运人未在前款规定期限内处理货物的，承运人可以将该批货物作无法交付货物处理。

②托运人或收货人未及时付清运输费用及其他应付的费用（如起运港港口费、联运货物的换装费等），应按规定按日向承运人支付迟交金额的滞纳金。

③因货物的性质或者携带虫害等情况，需要对船舱或者货物进行检疫、洗刷、熏蒸、消毒的，应当由托运人或者收货人负责，并承担船舶滞期费等有关费用。

4）由于托运人责任发生下列情况之一的，应由托运人自行负责或向收货人赔偿损失：

①自理装船的货物，卸船时箱体完好，舱封完整或装载状态无异状，而发生货物灭失、短少、损坏的。

②自行装箱、施封的集装箱运输货物，箱体完整，封印完好，拆箱时发现货物灭失、短少、损坏或内容不符。

③除证明属于承运人责任外，自行押运的货物所发生的灭失、短少、变质、污染、损坏或其他损失。

除上述以外，托运人或收货人在其他特种货物运输中，根据与承运人的协定和《国内水路货物运输规则》的规定，还承担因违反合同的其他有关违约赔偿责任。

4. 航空货物运输合同的违约责任

（1）承运人违反运输合同的责任和免责条件

1）承运人在下列情况下承担违约赔偿责任：

①根据《中华人民共和国合同法》有关规定，不按合同规定的时间和要求配飞机（主要是指包机、包舱运输）发运的，承运人应支付违约金。

②对错运到达地或错交收货人的，承运人应无偿将货物运至合同规定的目的地，交给指定的收货人。如果货物因此逾期运到，应偿付逾期交付货物的违约金。

③由于承运人责任造成货物未在运到期限内运抵目的地交付给收货人，应按规定偿付违约金；因延误造成货主损失的，还应依法赔偿相应损失。

④根据《中华人民共和国民用航空法》第一百二十五条有关规定，在机场内、民用航空器上或者机场外降落的任何地点，托运货物处于承运人掌管之下的整个航空运输期间，因承运人责任造成货物毁灭、遗失或者损坏的，承运人应当承担赔偿责任。

2）承运人在下列情况下不承担违约赔偿责任

①根据《中华人民共和国民用航空法》第一百二十五条第四款规定，在航空货物运输期间，经承运人证明，货物的毁灭、遗失或损坏完全是由于下列原因之一造成的，不承担责任。

第一，货物本身的自然属性、质量或者缺陷。

第二，承运人或其受雇人、代理人以外的人包装货物的，货物包装不良。

第三，战争或者武装冲突。

第四，政府有关部门实施的与货物入境、出境或者过境有关的行为。

②根据《中华人民共和国民用航空法》第一百二十六条规定，对货物在航空运输中因延误（逾期运到）造成的损失，承运人证明本人或者其受雇人、代理人为了避免损失的发

生，已经采取一切必要措施或者不可能采取此种措施（如飞机被武装冲突中的一方扣留，承运人难以采取措施来保证货物按期运到）的，不承担责任。

③因气象条件或不可抗力的原因造成货物逾期运到，可免除承运人的责任。

3）如果托运人或收货人证明损失的发生确属承运人的故意行为，则承运人除按规定赔偿实际损失外，由合同管理机关处其造成损失部分10%～50%的罚款。

（2）托运人违反运输合同的责任　根据《中华人民共和国合同法》《中华人民共和国民用航空法》《航空货物运输合同实施细则》的有关规定，航空货运托运人因违反合同应承担的有关违约赔偿责任的情形如下：

1）未按运输合同（主要是指包机、包舱运输合同）规定的时间和要求提供托运的货物，应按合同规定向承运人支付违约金。

2）由于下列原因之一发生损害事故，造成承运人或第三人损失（如运输工具、机械设备或其他货物损失等）的，应由托运人向承运人或受损害的第三人承担赔偿责任。

①托运人错报笨重货物重量。

②在货物中夹带、匿报危险品。

③由托运方负责包装的，货物包装质量不符合标准或严重缺陷而无法从外部发现（如包装材质不良、强度不够或内部支衬不当等）。

④托运人其他过错。

3）货物运抵目的地后，收货人拒不提货或自到达站发出到货通知的次日起14日内无人提取，到达站应当通知始发站，征求托运人对货物的处理意见，托运人此时有权处置货物，但要承担由此发生的一切费用。满60日无人提取又未收到托运人的处理意见时，承运人可按无法交付货物的规定处理（如将货物变卖等）。

4）在凭证运输货物时，托运人没有提供必要的资料、文件，如向海关、检疫、检验和其他主管部门办理货物运输所需各项手续的单证，或者此种资料、文件不充足或者不符合规定造成的损失，除由于承运人或者其受雇人、代理人的过错造成的外，托运人应当对承运人承担责任。

二、货物运输合同违约的索赔处理

1. 铁路货物运输合同违约的索赔处理

（1）索赔时效　根据《铁路货物运输合同实施细则》规定，承运人同托运人或收货人相互间要求赔偿或退补费用的时效期限为180日（要求铁路支付运到期限违约金为60日）。

托运人或收货人向承运人要求赔偿或退还运输费用的时效期限，由下列日期算起：

1）货物灭失、短少、变质、污染、损坏，为车站交给货运记录的次日。

2）货物全部灭失未编有货运记录，为运到期限满期的第31日，但鲜活货物为运到期限满期的次日。

3）要求支付货物运到逾期违约金，为交付货物的次日。

4）多收运输费用，为核收该项费用的次日。

承运人向托运人或收货人要求赔偿或补收运输费用的时效期限，由发生该项损失或少收运输费用的次日起算。

（2）赔偿数额和违约金的计算

1）赔偿数额。赔偿损失是一种补偿性的法律手段。根据国际惯例和《中华人民共和国铁路法》的规定，违反铁路货物运输合同造成的损失，按实际损失赔偿。所谓实际损失也即直接损失，是指因违反合同致使对方在财产上发生的直接减少，包括为履行合同而支付的合理费用，如运费、杂费、保价费等。

根据《中华人民共和国铁路法》规定，铁路运输企业承担的赔偿额规定如下：

①办理保价运输的货物，按照实际损失赔偿，但最高不超过保价金额。

②投保货物运输保险的货物，由承运人和保险公司按规定赔偿。

③未按保险、保价运输承运的货物，按照实际损失赔偿，但最高不超过国务院铁路主管部门规定的赔偿限额：不按件数只按重量承运的货物，每吨最高赔偿100元，按件数和重量承运的货物，每吨最高赔偿2000元；个人托运的搬家货物、行李每10kg最高赔偿30元；如果损失是由于铁路运输企业故意或重大过失造成的，不适用赔偿限额的规定，按照实际损失赔偿。

2）运到逾期违约金。铁路货物运输合同的违约金可以由当事人在合同中约定；没有约定的，按照国务院铁路主管部门的规定支付。根据《铁路货物运输规程》规定，货物实际运到日数超过运到期限的，铁路运输企业按所收运费的5%~20%支付违约金。

（3）索赔处理　托运人或收货人向承运人要求赔偿货物损失时，应按批向到站（货物发送前发生的事故向发站）提出赔偿要求书并附货物运单、货运记录和有关证明文件。按保价运输的个人物品，应同时提出盖有发站日期戳的物品清单；要求退还多收运输费用时，须提出货票丙联或运费杂费收据，直接联系收款站处理；收货人要求承运人支付运到逾期违约金时，应向到站提出货物运单。

承运人向托运人或收货人提出赔偿要求时，应提供货运记录、损失清单和必要的证明文件。

承运人与托运人或收货人相互间提出的赔偿要求，应自收到书面赔偿要求的次日起30日内（跨及两个铁路局以上运输的货物为60日内）进行处理，答复赔偿要求人。要求人自收到答复的次日起60日内未提出异议，即为结案。

2. 公路货物运输合同违约的索赔处理

（1）索赔时效　根据《公路货物运输合同实施细则》和《汽车货物运输规则》规定，承运人和托运人或收货人双方彼此之间要求赔偿的时效为180日。

货物赔偿时效从收货人、托运人得知货运事故信息或签注货运事故记录的次日起计算。在约定运达时间的30日后未收到货物，视为灭失，自31日起计算货物赔偿时效。

（2）赔偿数额和违约金的计算

1）赔偿数额。按《汽车货物运输规则》的规定，承运人对负赔偿责任的货物进行赔偿，依照下列规定进行：

①办理保价运输的货物，货物全部灭失，按货物保价声明价格赔偿；货物部分毁损或灭失，按实际损失赔偿；货物实际损失高于声明价格的，按声明价格赔偿；货物能修复的，按修理费加维修取送费赔偿。

这里的所谓"实际损失"，是指因灭失、短少、变质、污染、损坏导致货物实际价值的损失，包括货物价格、运费和其他杂费。

②办理运输保险的货物，按投保人与保险公司商定的协议办理。

③既未保价也未保险，且在货物运输合同中未约定赔偿责任的货物，按照实际损失赔偿，或者按照规定的赔偿价格标准进行赔偿。但经核实确属承运人的故意行为造成货物损失的，承运人应按规定赔偿直接损失。也就是说，在这种情况下，承运人不适用有关赔偿限额的规定，而应当按照实际损失赔偿。

④货物损失赔偿费包括货物价格、运费和其他杂费。货物价格中未包括运杂费、包装费以及已付的税费时，应按承运货物的全部或短少部分的比例加算各项费用。

⑤货物毁损或灭失的赔偿额，当事人有约定的，按照其约定赔偿；没有约定或约定不明确的，可以补充协议，不能达成补充协议的，按照交付或应当交付时货物到达地的市场价格计算。

2）运到逾期违约金。根据《公路货物运输合同实施细则》《汽车货物运输规则》的有关规定，违约金数额，双方事先有约定的，承运人按合同规定办法支付；如果合同没有约定，应按承运人违约部分运量应计运费的一定比例偿付，对承运人非故意行为造成货物迟延交付的赔偿金额，不得超过所迟延交付的货物全程运费数额。承运人应在明确责任后次日起10日内向对方偿付违约金，否则按逾期付款处理。

（3）索赔处理　当事人要求另一方当事人赔偿时，须提出赔偿要求书，并附运单、货运事故记录和货物价格证明等文件。要求退还运费的，还应附运杂费收据。另一方当事人应从收到赔偿要求书的次日起，60日内作出答复。

3. 水路货物运输合同违约的索赔处理

（1）索赔时效　根据《水路货物运输合同实施细则》和《国内水路货物运输规则》规定，承运人和托运人或收货人双方彼此之间要求赔偿的时效为180日。

货物赔偿时效从货运记录交给托运人或收货人的次日起算。货物未能在约定或者合理期间的60日内交付的，视为灭失，自61日起计算货物赔偿时效。

（2）赔偿数额和违约金的计算

1）赔偿数额。根据《水路货物运输合同实施细则》和《国内水路货物运输规则》规定，承运人对负赔偿责任的货物进行赔偿，依照下列规定进行：

①已投保货物运输险的货物，由承运人和保险公司按规定赔偿。

②实行保价运输的货物，按照声明价值进行赔偿，但货物实际损失低于声明价值的，按实际损失赔偿。

③既未保价、也未保险的货物，按照实际损失赔偿，最高不超过规定的赔偿限额。但经核实确属承运人的故意行为造成货物损失的，承运人应按规定赔偿直接损失。

2）逾期运到违约金。逾期运到违约金额，视逾期天数的长短，由承运人按照每票货物的装卸费或运费的5%～20%偿付。

（3）索赔处理　当事人要求另一方当事人赔偿时，须提出货运事故索赔书，并随附货运记录、货运单证和货物损失清单、价格证明等证明文件。另一方当事人应从收到货运事故索赔书的次日起，60日内做出处理。

4. 航空货物运输合同违约的索赔处理

（1）索赔时效　根据《航空货物运输合同实施细则》和《民航货物国内运输规则》规定，承运人和托运人或收货人双方彼此之间要求赔偿的时效为180日。

货物赔偿时效从承运人与托运人或收货人双方签发事故记录的次日起算。承运人承认货物已经遗失，或者货物在应当到达之日起 7 日后仍未到达的，视为灭失。承运人承认货物遗失的，自承认的次日起计算货物赔偿时效。货物在应当到达之日起 7 日后仍未到达的，自 8 日起计算货物赔偿时效。

（2）赔偿数额和违约金的计算

1）赔偿数额。由于承运人的原因造成货物丢失、短缺、变质、污染、损坏，应按照下列规定赔偿：

①货物没有办理声明价值的，承运人按照实际损失的价值进行赔偿，但赔偿最高限额为毛重每千克人民币 20 元。

②已向承运人办理货物声明价值的货物，按声明的价值赔偿。如承运人证明托运人的声明价值高于货物的实际价值时，按实际损失赔偿。

2）运到逾期违约金。超过货物运输合同约定期限运达的货物，承运人应当按照运输合同的约定进行赔偿。合同没有约定的，每超过一日，承运人应偿付运费 5% 的违约金，但总额不能超过运费的 50%。

（3）索赔处理　索赔要求一般在到达站处理。托运人或收货人向承运人提出赔偿要求时应当填写货物索赔单，并随附货运单、运输事故记录和能证明货物内容、价格的凭证或其他有效证明。承运人对托运人或收货人提出的赔偿要求，应当在两个月内处理答复。

三、货物运输合同争议的处理

货物运输合同发生纠纷、争议的，根据《中华人民共和国合同法》《中华人民共和国铁路法》和各种运输方式的货物运输合同实施细则的规定，由承运人和托运人或收货人协商解决。协商不一致时，任何一方均可向合同管理机关申请调解，或向仲裁机构申请仲裁，也可以直接向人民法院起诉。

1. 协商解决

经济纠纷的协商解决是指经济纠纷发生后，当事人双方在自愿平等的基础上，本着互谅互让的精神，依照法律的规定进行协商，自行解决经济纠纷的一种方法。

通过协商解决经济纠纷，不必经过第三者，既可以避免事态扩大，又可以节约时间、精力和费用，同时也有利于双方当事人继续保持经济合作关系。需要注意的是：通过自行协商解决经济纠纷时，当事人必须遵守法律、法规的规定，同时不得损害国家利益和社会公共利益。

发生货物运输合同纠纷，双方当事人应首先通过协商途径解决，协商不成，再考虑申请调解、仲裁或向人民法院起诉。

2. 调解

经济纠纷的调解，是指通过第三者的参与，在查清事实、分清是非、明确责任的基础上，使经济纠纷的双方当事人以互谅互让的精神，依法处理经济纠纷的一种方法。

调解这一解决经济纠纷的方式被广泛运用。例如，业务主管机关对所属单位经济纠纷的调解；仲裁机关和人民法院在处理经济纠纷时也要着重调解，只有在调解无效后，才依法进行仲裁或者司法判决、裁决。

经济纠纷的调解，按其性质可以分为审判内的调解和审判外的调解两类。审判内的调解是指在人民法院的主持下所进行的调解，又称为人民法院调解。司法实践表明，人民法院受理的经济纠纷案件，调解结案的占85%左右。审判外的调解是指在业务主管机关主持下进行的调解和在仲裁机关主持下进行的调解。在业务主管机关主持下进行的调解，也称一般调解。在仲裁机关主持下所进行的调解，称为行政调解。

知识卡

经济仲裁原则

经济仲裁遵循自愿原则和独立仲裁原则，实行一裁终局制。

发生货物运输合同纠纷，双方当事人协商不成时，可以申请合同管理机关调解，公路货物运输合同纠纷还可向县级以上人民政府的交通主管部门申请调解。

3. 经济仲裁

经济仲裁，是指对经济关系有争议的当事人双方自愿共同将争议交由第三者居中裁决的一种处理纠纷的方法。

经济仲裁是以当事人双方自愿要求仲裁为前提，当事人有权协议约定仲裁机构，有权选择仲裁员。经济仲裁需要合同当事人在合同中订立仲裁条款，在纠纷发生前达成仲裁协议，或者纠纷发生后达成补充仲裁协议。经济仲裁不实行级别管辖和地域管辖，仲裁委员会相互间无隶属关系，并独立于行政机关，与行政机关没有隶属关系。仲裁机构在处理经济纠纷时，依法独立进行仲裁，不受行政机关、社会团体和个人的干涉。仲裁委员会依法做出裁决后，案件即告终结，当事人应当履行，而不得再向其他仲裁委员会申请仲裁，也不得再向人民法院起诉。仲裁机构的裁决具有法律效力，对双方当事人都有约束力，当事人应当履行裁决。一方当事人不履行的，另一方当事人可以依照民事诉讼法的有关规定向人民法院申请执行。

发生货物运输合同纠纷，当事人不愿意和解、调解或者和解、调解不成的，可以依据合同中订立的仲裁条款、书面仲裁协议或者事后达成的书面补充仲裁协议，向国家规定的仲裁机构申请仲裁。

4. 经济司法

经济司法是指经济司法机关按照法定程序，依法处理经济案件的活动。经济司法是解决经济违法案件与经济犯罪案件的主要手段。

发生货物运输合同纠纷，当事人没有在合同中订立仲裁条款和书面仲裁协议，事后也没有达成书面补充仲裁协议的，可以向具有管辖权的人民法院提出诉讼。因铁路货物运输合同纠纷提出的诉讼，由发站、到站所在地或被告住所地铁路运输法院管辖；因海上货物运输合同纠纷提出的诉讼，由起运港、转运港、到达港所在地或被告住所地海事法院管辖；因其他货物运输合同纠纷提出的诉讼，由运输始发地、目的地或被告住所地人民法院管辖。

知识检验

一、填空题

1. 在承运责任期间因承运人过错造成承运的货物_____、_____、_____、_____或_____的，承运人应按规定予以赔偿。

2. 承运人和托运人或收货人双方彼此之间要求赔偿的时效为_____日。

3. 货物未能在约定或者合理期间交付，铁路运输逾期_____日，公路运输逾期_____日，水路运输逾期_____日，航空运输逾期_____日，视为灭失。

4. 航空运输货物没有办理声明价值的，承运人按照_____进行赔偿，但赔偿最高限额为毛重每千克人民币_____元。

5. 处理货物运输合同纠纷的方式有_____、_____、_____和向人民法院起诉等四种。

二、选择题

1. 下列情况中，（　　）承运人不负赔偿责任。

A. 易腐货物逾期运到而变质

B. 货物丢失

C. 交通事故致使货物毁损

D. 货物包装内在缺陷，承运时无法从外部发现，造成货物受损

2. 由于（　　），造成承运人或第三人损失（如运输工具、机械设备或其他货物等损失）的，应由托运人向承运人或受损害的第三人承担赔偿责任。

A. 水灾致使运输工具和所装载货物被冲毁

B. 承运人堆码不当，货物从高处跌落，将下面的货物砸坏

C. 在普通货物中夹带危险货物，运输途中发生燃烧，致使周围货物被烧坏

D. 铁路运输承运人违反货车编组隔离要求，运输途中发生火灾，货物和货车被毁

3. 水路运输货物于3月5日卸载，收货人于3月7日到港领取货物时，发现货物丢失，遂于当日与承运人一起编制并取走了货运记录，则收货人的最迟索赔日期为（　　）。

A. 6月7日　　　　B. 9月1日　　　　C. 9月3日　　　　D. 9月7日

4. 因铁路货物运输合同纠纷提出的诉讼，由发站、到站所在地或被告住所地的（　　）管辖。

A. 地方人民法院　　B. 铁路运输法院　　C. 最高人民法院　　D. 海事法院

5. 由于承运人责任造成货物未在运到期限内运抵目的地交付给收货人，承运人应按规定（　　）。

A. 赔偿损失　　　　B. 偿付违约金　　　　C. 退还全部运费　　　　D. 加收运费

三、问答题

1. 承运人的违约责任和免责条件各是什么？

2. 货物运输合同的违约索赔时效如何规定？

3. 未保价运输或按未声明价值运输的，承运人如何赔偿？

4. 如何处理货物运输合同争议？

5. 货物运输合同纠纷案件的司法管辖权有何规定？

任务五　技能训练

任务描述

2013年9月25日，广西E公司把一批电工钢（牌号B50A800，规格0.5×1000×C）销售给江西F公司（合同号S320732C04；11件；48.79t；按70元/t；收货人：李颖；收货地址为F公司A区仓库）。请据此制作运输合同（承运方：G公司），合同约定：运费到付，不投保，支票结算。9月27日，E公司申请变更收货地址，变更后的收货地址为F公司B区仓库。由于承运方过失，原定于9月29日送达的货物直到9月30日才送达。根据相关要求，订立货物运输合同及解决运输纠纷。

任务准备

标准货物运输合同模板、托运单、提单、运输变更申请书、相关货运单证。

任务实施

以小组为单位，按流程以不同的角色演练货物运输合同的谈判、签订、履行及运输合同纠纷的解决。

1）借用标准货物运输合同样式，完成磋商签订货物运输合同过程，提交一份内容、手续完整的货运合同。

2）根据托运方提交的货物运输变更申请书，变更货物运输合同。

3）妥善处理出现的运输纠纷。

任务评价

任务编号			学时		学生姓名			总分	
类别	序号	评价项目	评价内容及要求	配分	学生自评	学生互评	教师评价	得分
岗位技能评价	1	完成程度	所签订运输合同的基本条款是否完整	30				
	2	灵活运用所学知识的能力	是否能够运用运输纠纷处理方式方法	20				
	3	完成时间	是否按时完成任务	10				
职业素质评价	4	安全意识	遵守各项运输法律法规	10				
	5	文明生产	遵守实训室文明生产规则	10				
	6	沟通交流	积极主动性强	10				
	7	团队合作	合作参与意识好	10				

注：按学生自评占 20%、学生互评占 30%、教师评价占 50% 计算总分。

任务小结

授课班级		授课时间		授课地点	
授课教师			任务名称		
学生表现					
存在问题及改进方法和措施					

项目八　运输规划认知

知识目标

1. 了解运输费用的组成，区别运输费用与运输量、运距的关系。
2. 能评价运输线路的选择对运输成本及时间的影响。
3. 能解答什么是运输计划。

技能目标

1. 能够通过影响运输费用的参数进行分析并计算出相应的运输费用。
2. 能够通过对比不同的运输方式及路线的分析选择合适的运输线路。
3. 学会如何编制运输计划。
4. 学会利用络捷斯特软件进行实战演练。

案例导入

国美电器从一个电器商店发展为具有100多家全国连锁店的电器销售商，国美主要由通过总部集中采购、压低商品进价、各专卖店集中销售、利用地区大库和专卖店小库构成的配送体系，实现全国范围内的配送。

动脑筋

国美采取了什么措施来降低成本？降低成本的措施还有哪些？

任务一　物流运输经济分析与管理

一、运输费用分析

1. 运输费用的组成

运输费用是为完成客货运输而支出的各种费用，即运输成本，常以单位运输产品的日营运支出表示。任何种类的运输方式，其运输费用均由两大部分构成，即场站费用和途中运输费用。场站费用包括货物的装卸、仓库、码头、管理经营机构和保养等费用。这项费用的大小只和货物的体积、重量等有关，与运输距离无关。途中运输费用包括线路折旧、管理维修、运输工具磨损、动力消耗、保险等。这部分费用的大小和货物运输距离成正比。

不同运输方式的运输费用是根据各种不同运输方式在生产过程中所消耗的各种支出费用构成的。由于各种运输方式的特点不同，运输费用的组成项目不一定相同，各种费用在总成本中所占的比例也不一样，各种运输方式的运费构成也不一致。

铁路运输费用是综合机务、车辆、车站等直接从事运输生产的单位发生的各种费用来进行计算的，各项费用中包括员工工资、材料、燃料、物料、电力、固定资产的折旧和管理费用等。

水运运输费用有所不同，水运运输企业的运费可分为船舶费用和企业管理费用两大类，其中船舶费用是指船舶从事运输生产所发生的各项费用，如船员工资、燃料、材料、基本折旧、修理、港口费用、事故损失费和其他分摊的费用等。港口费用则按不同业务所发生的费用分为装卸费用、堆存费用、拖驳运输费用等。港口装卸费用是由装卸作业费和分摊的企业管理费组成。装卸作业费包括人员工资、机械费、装卸工具费、过驳费、库场费、劳保费、作业区管理费等。

汽车运输费用项目分为车辆费用和企业管理费两大类。车辆费用包括员工工资、燃料费、轮胎费、营运车辆保修费、大修理费、折旧费等。

各种运输方式的运输费用组成各不相同，各项费用在总费用中所占的比重也不相同。在铁路运输费用中铁路线路的维修包括在内，内河运费中则不包括航道维护费用，而公路运输费用中养路费则占很大比重。在铁路运费中，员工工资的比重较大，这是因为铁路运输中除了有庞大的运输组织工作人员外，还有线路维修和线路建筑物的维修和机车车辆维修人员；水运则不计航道和航标工作人员，工资支出所占比重相对铁路就小；汽车运输只计驾驶员及助手的工资，服务和管理人员的工资计入管理费用，工资在成本中的比重则较小。

应指出的是，运输费用与运输服务收费是不同的。运输服务收费是承运企业向客户提供运输劳务所收取的费用，即运价，一般是由运输费用、税金和利润三部分构成，各种运输方式的收费项目和计算方法各不相同。在实际操作中，承运人和托运人通过谈判达成运输收费协议。

2. 运输费用与运输量的关系

各种运输方式所能完成的货运周转量，也影响着运输费用的水平。同样可以把运输费用分成两部分：一部分与运量有关，是随运量的增长而增加的费用，称为可变费用；另一部分与运量无关，是不随运量的增长而变化的费用，称为固定费用或不变费用。如水路运输中的船舶燃料费、港口费用及装卸费用中的装卸机械动力费、装卸计件工资等均为可变费用，随运量增长而变化；而船舶折旧费、企业管理费、装卸费用中的机械折旧费等均为固定费用，与运量变化无关。铁路、公路运输费用也可以同样分成这两部分。这样，当货运量周转量增加时，可变费用随吨公里数增加而相应增长，而与吨公里增长无关的固定费用则相对保持不变，分摊到单位运输费用（运费率）中的这部分固定费用相对减少，单位运输费用（运费率）下降。反之，货运吨公里数下降，尽管可变费用也下降，但固定费用基本不变，分摊到单位产品上的固定费用就会相对增加，而使单位运输费用提高。

3. 运输费用与运距的关系

由于运输费用是由与运距无关的场站费用和随运距增长而递增的途中费用所组成，使得运输距离越长，虽然运输总支出增加了，但场站作业费用分摊到单位运输费用（运费率）中的费用却越少，从而使单位运输费用降低，即运费率递减。各种运输方式中，一般场站费用低，途中费用高的运输方式适合于短距离运输；场站费用高，途中费用低的运输方式对长途运输有利。水路运输的场站费用大于铁路运输，而铁路运输的场站费用又大于公路运输。但途中费用的情况则刚好相反，公路运输最大，铁路运输次之，水路运输最小。所以汽车适于短距离运输，而水运则适于长距离的大批量货物运输。这种情况，恰好反映了运输费用中各种运输方式成本构成中的比重是不一样的，反映出各种运输方式的技术经济特点。

二、运输管理原则

物流的五种基本运输方式（铁路运输、水路运输、公路运输、航空运输、管道运输）以及在这五种基本运输方式的基础上形成的多式运输各有其自身的技术经济特征，这些特征决定了这五种运输方式的适用范围，这在第一章就有介绍，可根据物流活动的具体情况考虑选用。

运输是实现物品空间位移的手段，也是物流活动的核心环节。合理选择运输方式是保证运输质量，提高运输效益的一个重要方面，对运输组织管理应贯彻以下基本原则：

（1）及时性 及时性就是按照供运销等实际需要，能够及时将物品送达指定地点，尽量缩短物品的在途时间。

（2）准确性 准确性就是在运输过程中，能够防止各种差错事故发生，准确无误地将物品送交指定收货人。

（3）经济性 经济性就是通过合理地选择运输方式和运输路线，有效地利用各种运输工具和设备，运用规模经济原理实施配货方案，节约人力和运力，合理地降低运费，提高运输经济效益。

（4）安全性 安全性就是在运输过程中，能够防止霉烂、残损及危险事故的发生，保证人员的安全、物品的完整无损。

根据上述原则选择运输方式，实际是一个多目标决策问题。不过，这种多目标决策一般比较简单，无须进行复杂的计算，只需通过定性分析和少量的简单计算即可达到满意效果。一般认为运费和运输时间是最为重要的选择因素，具体进行选择时则应从运输需要的不同角度综合地加以权衡。进行决策时，通常是在保证运输安全的前提下再权衡运输速度和运输费用。一般来说，运输费用与运输速度是两项相互矛盾的指标，运费低的运输方式一般速度比较慢，速度快的运输方式费用较高。

必须注意的是运输服务与运输成本之间，运输成本与其他物流成本之间存在"效益背反"，若要保证运输的安全、可靠、迅速、成本就会增大；若要降低仓储费用而频繁地使用飞机，成本也会增大。所以在选择运输方式时，应当以物流总成本作为依据，而不仅只考虑运输成本。

三、主要运输服务提供者的物流特征

运输服务是由各种运输服务提供者共同联合提供的。这些运输服务提供者主要包括：单一运输经营人、专门化运输经营人（包裹运输）、综合性运输经营人（多式联运）、运输中介（货运代理）以及场站经营人（港口码头、机场、车站、库场等）。下面分别对这几类运输服务提供者的物流特征进行分析。

1. 单一运输经营人的物流特征

单一运输经营人通常是指利用某一种运输方式提供货物运送服务的运输经营人，这类经营人一般拥有或控制车辆、船舶、飞机等运输工具。此类运输服务提供者的最大特征就是实现了货物在空间上的位移。除此之外，单一运输经营人还提供小批量或零担货物的集拼、转运、联运等，但企业经营如果仅局限在货物的运送上，则势必限制了其利润增长空间，降低了物流竞争力。因此，单一运输经营人经营的重点应放在扩充物流服务功能，创造更广的增值空间上，从而实现货物门到门服务的物流发展目标。

2. 专门化运输经营人的物流特征

专门化运输经营人是指提供小批量装运服务和包裹递送服务的运输经营人，包括小件包裹速递、普通递送、特快专递、小批量零担运输以及集成化调运系统管理等方面的专门化服务。其特点是手续简便、可提供门对门服务，但费用较高、有时货物易破损。专门化运输经营人在物流服务功能上具有网点布局密集、送达便捷的特点，尤其在电子商务物流发展上具有独特的优势，在现代物流发展中具有很强的竞争力。

3. 综合性运输经营人的物流特征

综合性运输经营人就是指具有多种运输功能，集多式联运、仓储、运输代理等为一体的综合性运输企业。无论从企业的规模、经营范围，还是所涉及的领域上看，综合性运输企业都是现代物流发展中一支强有力的生力军。综合性运输经营人的物流发展目标应是整合现有物流资源，提高总体协同能力，实施高质量、全方位、一体化的物流方案。

4. 运输中介的物流特征

运输中介包括货运代理、托运人协会和经纪人等。这类运输服务提供者属于非作业性质的中间商。他们通常不拥有运输设备、设施，但向委托人提供经纪服务，如为委托人办理货物托运及相关业务，并收取服务报酬。由于是以代理人的身份开展业务，所以运输中介在物流链中具有不同于其他类型运输企业的特性。它具有以下物流特征：

运输中介因其广泛的业务范围、遍布各地的经营网络和良好的客户关系而在发展物流方面具有了得天独厚的基础，为客户提供柔性化的物流服务是其最大的优势。然而，在物流化经营中，其代理的身份却成为阻碍企业扩大增值空间，赢得长期客户的绊脚石。因此，运输中介的物流经营必须走出代理的局限，以第三方物流经营人的身份为客户设计并实施个性化的物流服务方案，这也是运输中介的物流发展目标。

5. 场站经营人的物流特征

与单一运输经营人不同的是，场站经营人是专业从事货物装卸、暂存、中转的一类运输企业，是运输过程中起中转、缓冲和调节作用的不可或缺的环节。相比较而言，场站经营人有其特有的物流特征。

场站经营人的物流特征在于其吸引式的运作方式——在相对固定的场所提供货物中转、暂存等物流服务。场站经营人拥有的固定场所和专业技术设施为其发展成为物流中心奠定了基础，但企业不能仅局限于区域范围之内。所以，场站经营人的物流发展目标是以港口、站点的多功能服务为核心，并积极向外拓展业务，最终实现吸引——辐射双向式的物流经营形式。

知识检验

一、选择题

1. 运输服务提供者的物流特征主要从（　　）这3个方面进行分析比较。

    A. 所实现的物流功能   B. 物流增值项目   C. 物流速度

    D. 物流竞争力   E. 物流效率

2. 下列哪个不是运输结点（　　）。

A. 商场　　　　　　B. 货场　　　　　　C. 飞机场　　　　　　D. 管道站

3. 被称为生产物流的终点，同时也是社会物流的起点的物流活动是（　　）。

A. 运输　　　　　　B. 装卸搬运　　　　C. 流通加工　　　　　D. 包装

4. 场站经营人从事物流运输服务的场所不包括（　　）。

A. 港口码头　　　　B. 机场　　　　　　C. 库场　　　　D. 经营机构　　　　E. 车站

5. 运输服务提供者主要包括（　　）。

A. 单一运输经营人　　B. 运输中介　　　　C. 场站经营人　　　　D. 专门化运输经营人

E. 综合性运输经营人

二、判断题

1. 运输是物流系统的一个中心环节。（　　）

2. 综合性运输经营人主要提供公路运输。（　　）

3. 运输中介这类运输服务提供者属于非作业性质的中间商。（　　）

4. 运输组织管理的基本原则是"及时、经济、准确、安全"。（　　）

5. 运输管理就是对运输中的人、财、物进行组织和平衡，以降低成本。（　　）

6. 运输的空间效用体现为通过运输改变了物品的地理位置。（　　）

7. 物流运输的时间效应表现为克服了生产与消费时间上的不一致。（　　）

三、问答题

1. 运输组织管理应如何贯彻基本原则？

2. 运输服务提供者的物流特征从哪些方面进行分析？

任务二　运输（配送）路线决策与时序规划

一、运输（配送）路线的选择

运输（配送）路线的选择影响到运输设备和人员的利用，正确地确定合理的运输（配送）路线可以降低运输成本，因此运输（配送）路线的确定是运输决策的一个重要领域。

1. 运输（配送）路线的确定原则

（1）影响运输（配送）路线的客观因素

1）路线允许通行的时间限制。在某些路段允许通行的时间范围内，不允许某些类型的车辆通行。因此，确定运输（配送）路线时应当考虑这一因素。如果配送路线决定走这条路线则应预计好通过的时间，安排相应的车辆送货。

2）运输工具载重能力的限制。运输工具载重能力的限制是指每辆车、每条船、每架飞机都有一定的额定载重量，如果超重就会影响运输安全，所以在安排货物运输的配送路线时应保证同路线货物的重量不会超过所使用运输工具的额定载重量。比如将货物由 C 运至 B，运送的货物总重量为 10t，配送中心就不该选择额定载重量为 8t 的货车，而应该选择额定载重量为 10t 的货车。

3）积载能力因素的限制。积载能力因素是指由于产品的具体尺寸、形状及其运输工具的空间利用程度造成的影响。如某些物品由于尺寸、密度、形状等比较特殊，以及超重、超长等特性，使运输工具不能很好地装载，浪费了运输工具的空间，从而增大了运输配送成本。积载能力因素也与装运规模有关，大批量装运往往能够相互嵌套，有利积载；小批量装运相互嵌套的机会较少，可能难以积载。

4）自然因素的限制。自然因素的限制主要包括气象条件和地形条件。尽管现代运输手段越来越发达，自然因素相对减少，但是，自然因素仍是不可忽视的影响因素之一。如在决定采取航空运输时，就应考虑起运地和到货地是否有比较恶劣的气候，如果有这样的情况，就应考虑替代方案。

5）其他不可抗力因素的限制。不可抗力因素的范围较广，分为下列两种情况：一种是由于自然力量引起的事件，如水灾、旱灾、冰灾、雪灾、雷电、火灾、暴风雨、地震、海啸等；另一种是政治或社会原因引起的，如政府颁布禁令、调整政策制度、罢工、暴动、骚乱、战争等。这些因素有时会产生严重的后果，为了规避风险，应当对此进行充分的估计而购买相应的保险。

（2）影响运输（配送）路线的主观因素

1）收货人对货物的要求。每一个收货人对于货物的品种、规格、数量都会有具体的要求，配送中心应综合考虑如何配装才能使同一条路线上运送的货物符合用户要求。

2）收货人对货物送达时间的要求。这种要求在零存货的运行机制中已显得越来越重要，及时性已成为越来越多用户的要求。送货是从客户订货至交货各阶段中的最后严格阶段，也是最容易引起时间延误的环节。所以配送中心要想留住顾客，就应当充分满足这一要求。

3）收货人对地点的要求。供应链的一体化要求每一个组织都成为供应链上的一个环节，而任何一个环节的失误都会造成供应链的断裂。当货物必须要送到机场、铁路端点站、港口或管道出入口时，对于配送的可达性的要求就会更高一些。

（3）运输（配送）路线的确定原则

1）以效益最高为原则。这是指计算利润时应以最大数值为目标值。

2）以路程最短为原则。这是指如果成本与路程的相关性较强，而和其他因素的相关性较弱时，可以选择它。

3）以时间与距离乘积最小为原则。在"节约里程法"的计算中采用这个原则。

4）以准确性最高为原则。它是配送中心重要的服务指标。

5）还可以选择运力利用最合理、劳动消耗最低等原则。

2. 运输（配送）路线的决策方法

（1）图上作业法　采用这种方法要求在图样上标明出发地点和各收货地点与收货数量以及它们之间的通行路线距离。从出发点开始，用"最近的未到过地点"的方法，逐步试探着将各个收货点先连接起来，最终又返回原地，形成一条初始配送线路。在此基础上，反复调试，进行改进，最终求得一条总行程最短的巡回线路。

（2）启发式方法　启发式方法有时也称为逐次逼近法，即简单求出初始解，然后利用一些经验法来反复计算并修改初始解，并通过模仿人的跟踪校正过程使之逐步达到最优解的方法。该方法对于求解非确定性决策。是一种有效的方法。

启发式方法就是把决策过程中的黑箱变成明确的决策准则，也就是研究简化问题、解决问题的启发过程，即采取什么样的启发式方法，为何种特定问题选用特定的寻优过程，以及以什么样的顺序进行寻找可行解等问题。

启发式方法的特点：启发式方法为了求得可接受的可行解，就要适应特定问题的性质去发现其可以分别应用的决策准则。

启发式方法的基本思路：首先确定目标函数，就是建立运输总成本函数。目标就是使总成本取得最小值。然后求解。由于目标函数是非线性函数，所以采取先求初始解，再从以后的求解过程中，顺次得到接近最小成本的方法。先求出初始解，再求出第二次解，最后求出最优解。

（3）节约里程法

1）节约里程法的基本规定。利用节约里程法确定配送路线的主要出发点是，根据配送中心的运输能力（包括车辆的多少和载重量）和配送中心到各个需要地之间的距离来制定使总的车辆运输的吨公里数最小的配送方案。为了便于介绍节约里程法的基本思想及解题步骤，做出以下假设：①运输配送的是同一种货物；②各需要地的坐标 (x, y) 及需求量均为已知；③配送中心有足够的运力。

利用节约里程法制定出的配送方案除了使配送总吨公里数最小外，还满足以下条件：

①方案能满足所有需要地的需要；②不使任何一辆车超载；③每一辆车每天的行驶时间或行驶里程不超过规定的上限；④能满足需要地到货时间的要求。

2）节约里程法的基本思想。配送中心 A 向 B 和 C 两地用户送货，它们彼此之间的道路距离为 a、b 和 c，如图 8-1 所示。

使用两辆货车分别向 B 和 C 两地往返送货，其总行驶里程 D_1 为

$$D_1 = 2(a + c)$$

但如使用一辆货车（车辆可以满载两地送货）由 $A \rightarrow B \rightarrow C \rightarrow A$ 进行巡回送货，其总行驶里程为

图 8-1 运输路线

$$D_2 = a + b + c$$

两者比较，后一种送货方案比前一种方案可减少行驶里程为 D_3，即

$$D_3 = D_1 - D_2 = 2(a + c) - (a + b + c) = a + c - b > 0$$

这一减少的行驶里程 D_3 就是"节约里程"。在确定货物配送路线时，如果有多个收货点，将其中取得最大"节约里程"的两个收货点连接在一起，进行巡回送货，就能获得最大的节约里程；同时，在运输车辆满载的条件下，设法在这条选定的巡回路线中将其他收货点按照它们所能取得"节约里程"的大小列入其中，则能获得更大的"节约里程"效果。这就是节约里程法的基本原理。

3）节约里程法的注意事项

①适用于需求稳定的客户。

②应充分考虑交通和道路情况。

③充分考虑收货站的停留时间。

二、运输计划编制

运输计划编制即车辆运行路线和时间安排是车辆运行路线选择问题的延伸，它受到的约束条件更多，诸如：①每个停留点规定的提货数量和送货数量；②所使用的多种类型的车辆的载重量和载货容积各不相同；③车辆在路线上休息前允许的最大行驶时间（美国运输部安全条款规定至少 8h 要有 1 次休息）；④停留点规定的在一天内可以进行的提货时间；⑤可

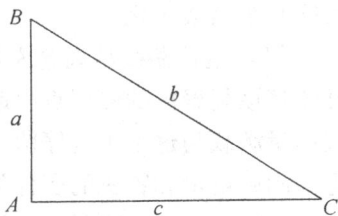

能只允许送货后再提货的时间；⑥司机可能只能在一天的特定时间进行短时间的休息或进餐。这些约束条件大大地使问题复杂化，甚至使人们难以去寻求最优化的解。这里的问题是车辆是从一个仓库出发，向多个停留点送货，然后在同一天内返回到该仓库，要安排一个满意的运行路线和时间。

1. 满意的运行路线和时间安排原则

运行路线和时间安排的决策者（如车辆调度员）在长期的实际工作经验中为满意的运行路线和时间安排提炼出下列三条原则：

（1）将相互接近的停留点的货物装在一辆车上运送　车辆的运行路线应将相互接近的停留点串起来，以便停留点之间的运行距离最小化，这样也就使总的路线上的运行时间最小化。

（2）将集聚在一起的停留点安排在同一天送货　当停留点的送货时间是定在一周的不同天数进行时，应当将积聚在一起的停留点安排在同一天送货，要避免不是同一天送货的停留点在运行路线上重叠，这样可有助于使所需的服务车辆数目最小化以及一周中的车辆运行时间和距离最小化。

（3）运行路线从离仓库最远的停留点开始　合理的运行路线应从离仓库最远的停留点开始将该集聚区的停留点串起来，然后返回仓库。一旦确认了最远的停留点之后，送货车辆应尽量满载与这个关键停留点邻近的一些停留点的货物，以满足这个关键点的约束，还应考虑不同载重量和容积的多种类型的车辆，一条路线上允许的最大运行时间，不同区段的车速限制，运行途中的障碍物（湖泊、山脉等），司机的短时间休息等。这里介绍一种比较简单的方法，它可以面对这些复杂的问题求得一个满意的解，虽然不一定是最优解，这个方法称为扫描法。用扫描法确定车辆运行路线的方法十分简单，甚至可用手工计算。一般来说，它求解所得方案的误差率在10%左右，这样水平的误差率通常是可以被接受的，因为调度员往往在接到最后一份订单后一小时内就要制订出车辆运行路线。扫描法由两个阶段组成，第一个阶段是将停留点的货运量分配给送货车，第二个阶段是安排停留点在路线上的顺序。由于扫描法是分阶段操作的，因此有些时间方面的问题，如路线上的总时间和停留点工作时间的约束等难以妥善处理的问题。

扫描法的进行步骤可简述如下：

1）将仓库和所有的停留点位置画在地图上或坐标图上。

2）通过仓库位置放置一直尺，直尺指向任何方向均可，然后顺时针或逆时针方向转动直尺，直到直尺与一个停留点相交。询问：累积的装货量是否超过送货车的载重量或载货容积（首先要使用最大的送货车辆）。如是，将最后的停留点排除后将路线确定下来。再从这个被排除的停留点开始继续扫描，从而开始一条新的路线。这样扫描下去，直至全部的停留点都被分配到路线上。

2. 制订车辆运行路线

当附加了许多约束条件之后，要解决车辆运行路线和时间安排问题就变得十分复杂，而这些约束条件在实际工作中常常会发生的。对每条运行路线安排停留点顺序，以求运行距离最小化。

3. 安排车辆运行时间

上述的车辆运行路线的设计是假定一辆送货车服务一条路线，如果路线短，就会发生送货车辆在剩余的时间里得不到充分利用的问题。实际上如果第二条路线能在第一条路线任务完成后开始，则完成第一条路线的送货车辆可用于第二条路线的送货。因此，送货车的需求量取决于路线之间的衔接，要使车辆的空闲时间最小。

4. 案例资料：德尔费公司的运输成本战略

总部设在美国阿拉斯加的德尔费（Delphi）公司，生产深海鱼油和各种保健品。虽然它在产品设计和开发方面始终保持优势，但德尔费公司却由于其复杂、昂贵和无效率的物流系统而面临着利润下降的局面。德尔费公司发现过多的承运人和过多的系统正在造成全面失去管理控制的局面。为了重新获得控制，德尔费公司不得不重新组织其物流作业。德尔费公司新的物流结构实施是以将全部的内部物流作业都转移到联邦速递的一家分支机构——商业物流公司为开端的。商业物流公司的任务是要重新构造、改善和管理在德尔费公司供给链上的货物和信息流动的每一个方面。

在重新组织之前，公司有6个大型仓库、8家最重要的承运人和12个互不联系的管理系统。其结果是从顾客订货到向顾客交货之间存在漫长的时间、巨大的存货以及太多的缺货。如果一位顾客向德国一家仓库寻求一种销售很快的商品，他会被告知该商品已经脱销，新的供应品要这几个月才会运到。与此同时，该商品却在威尔士的一家仓库里积压着。按平均计算，所有的生产线中有16%的产品在零售店脱销。

德尔费公司认识到需要重新分析其现有设施的地点位置。其建议是，除一家外，关闭所有在美国的仓库，它们将从仅为当地顾客服务转变为向全球顾客服务。单一的地点位于靠近美国的制造工厂现场，成为一个世界性的"处理中心"，充当着德尔费公司产品的物流交换所。虽然这种单一的中心概念有可能要花费较高的运输成本，但是德尔费公司认为，这种代价将会由增加的效率来补偿。在过去，意想不到的需求问题导致更高的存货，以弥补不确定性和维持顾客服务。

公司知道，单一的服务地点与若干小型的服务地点相比，会有更多可以预料的流动，现在随机的需求会在整个市场领域内普遍分享，使得某个领域的水平提高就会降低另一个领域内的需求水平。

运输成本通过存货的周转率得到弥补。事实上，德尔费公司发现，由于减少了交叉装运的总量，单一中心系统实际降低了运输成本。从美国仓库立即装运到零售店，虽然从订货到送达的前置时间大致相同，但是产品只需一次装运，而不是在许多不同的地点进行装运和搬运。

德尔费公司得到的认识已超出了仅仅降低成本的范围。该公司现在正瞄准机会增加服务和灵活性，它计划在24~48h之内，向世界上位于任何地点的商店进行再供货。先进的系统和通信将被用于监督和控制世界范围的存货。联邦速递的全球化承运人网络将确保货物及时抵达目的地。德尔费公司还计划发动一项邮购业务，其特色是在48h内将货物递送到世界上任何地点的最终顾客的家门口。它当前的1000万美元的邮购业务已经变得越来越强大，但是直到如今，该公司还必须限制其发展，因为它难以跟得上不断扩大的订货。新的优越的地点网络将会使这种发展成为可能并有利可图。

知识检验

一、选择题

1. 运输管理包括（　　）两个层面。

    A. 运输市场宏观管理   B. 物流运输业务微观管理

    C. 运输企业现场管理   D. 运输质量管理

2. 被称为生产物流的终点，同时也是社会物流的起点的物流活动是（   ）。

    A. 运输   B. 装卸搬运   C. 流通加工   D. 包装

3. 配送路线的决策方法主要有（   ）。

    A. 图上作业法   B. 启发式方法   C. 节约里程法   D. 期望值法

4. 运输企业的质量特性包括（   ）。

    A. 及时性   B. 安全性   C. 经济性   D. 服务性

二、计算题

1. 某商品的产地和销地位于呈环状的交通线路上，各产地的产量、销地的销量及它们的相对位置如图 8-2 所示。问：如何规划运输方案，才能使运输吨公里最小？

2. 有一批烟叶重 60000kg，价值 48 万元，从甲地运往乙地，有两条路线可走：①铁路走 280km，可直达运到，预计 5 天，每吨公里运杂费 0.08 元，运输损耗 0.5%；②公路走 140km，但走到 90km 处有一条小河挡住，须卸车上驳船过河，卸下再装汽车运达目的地。每吨公里运费 0.2 元，由于过河中转两次装卸，烟叶损耗预计 1.0%，每吨装卸费 0.3 元，在过河处停留 7 天，需 10 天到达。每天堆存费 0.5 元/t，过河运费 0.5 元/t，资金利息 2.0 元/（天·万元）。针对上述情况，如何选择运输工具使企业的经济效益最大？

三、案例分析题

案例1 某公司首次承揽到三个集装箱运输业务，时间较紧，从上海到大连铁路 1200km，公路 1500km，水路 1000km。该公司自有 10 辆 10t 普通卡车和一个自动化立体仓库，经联系附近一家联运公司虽无集装箱卡车，但却有专业人才和货代经验，只是要价比较高，至于零星集装箱安排落实车皮和船舱，实在心中无底，你认为采取什么措施比较妥当？

1）自己购买若干辆集装箱卡车然后组织运输。

2）想办法请铁路部门安排运输但心中无底。

3）水路路程最短，可以请航运公司来解决运输。

4）联运公司虽无集卡，但可叫其租车完成此项运输。

5）没有合适运输工具，辞掉该项业务。

案例2 面对 21 世纪，各个领域都在规划自己的发展，铁路、公路、商业、物资、外贸等领域都有本领域有特点的物流体系。但这些物流系统之间缺乏沟通和协调，因此很难使之系统化，达到一体化就更为遥远了。以铁路和公路两种主要的运输方式而言，在各自规划的结点中，大部分都是"分立"的，也就是说有铁路、铁路站点的地方没有规划相应的公路及公路站点，有公路及公路站点的地方没有规划铁路及铁路站点。只有少数地区同时具备了铁路、公路及其站点的条件，但是也没有将两者实现"一体化"的规划，仍然是你干你的，我干我的。请分析下列问题：

1）分析这样做可能出现的弊病及其产生的后果。

2）请你提出解决这些问题的办法和措施。

任务三 技能训练

任务描述

    通过北京络捷斯特有限公司的第三方物流系统上的实战教学训练来掌握运输管理系统的总体构架、基本功能和实际操作。

任务准备

1）实训用计算机。

2）络捷斯特第三方物流系统软件。

任务实施

登录络捷斯特第三方物流软件系统，并进行运输管理流程操作。

1）客户信息。新增信息，分别在客户信息、车型设置、车辆设置等项目下，对其进行新增操作。

2）承运信息。新增信息，分别在承运公司、承运报价、承运合约等项目下，对其进行新增操作。

3）线路的优化。新增信息，在线路优化下的线路管理中新增一条运输线路，并对各种运输费进行计算填写，再进行线路的维护，最后在考虑时间原则和成本原则下优化线路。

4）车辆的调度。在车辆调度下，掌握车辆调度的基本步骤，熟悉车辆调度的有关要求并及时进行订车处理。合理安排车辆运行时间，进行调度配载。

5）运输成本及总收入分析。运输成本：在运输成本下，计算出并填写一些基本的成本，员工工资、车辆油耗、运输费用以及维修费用。掌握作业成本法的基本思路，熟悉作业成本的操作方法与应用。

6）总收入分析。根据以上填写的信息得出客户总收入的分析图。

任务评价

任务编号			学时		学生姓名		总分		
类别	序号	评价项目	评价内容	配分	学生自评	学生互评	教师评价	得分	
岗位技能评价	1	设备使用能力	是否能够比较熟练地使用实训设备	15					
	2	软件操作能力	对所应用的软件是否熟悉并能够流畅地操作	15					
	3	理解及知识应用能力	是否理解所学知识，具有运用所学知识完成任务的能力	15					
	4	完成时间	是否按时完成各项任务	15					
职业素质评价	5	文明和安全	遵守实训中心安全规章和设备安全操作规定	15					
	6	个人礼仪	衣帽、发饰、仪态及守纪情况	10					
	7	任务执行	协作性、积极主动性和任务完成度	15					

注：按学生自评占20%、学生互评占30%、教师评价占50%计算总分。

任务小结

授课班级		授课时间		授课地点	
授课教师			任务名称		
学生表现					
存在问题及改进方法措施					

参 考 文 献

[1] 仪玉莉. 运输组织[M]. 北京：高等教育出版社，2012.

[2] 王效俐，沈四林. 物流运输与配送管理[M]. 北京：清华大学出版社，2012.

[3] 李海民，王建良. 物流配送实务[M]. 北京：北京理工大学出版社，2014.

[4] 陈克勤. 物流运输实务[M]. 北京：中国物资出版社，2007.

[5] 喻小贤. 物流运输与配送管理[M]. 北京：电子工业出版社，2006.

[6] 郝渊晓. 现代物流管理学[M]. 广州：中山大学出版社，2002.

[7] 杨家其. 现代物流与运输[M]. 北京：人民交通出版社，2003.

[8] 孟祥如，吕延昌，孙学琴. 现代物流管理[M]. 北京：人民交通出版社，2002.

[9] 成耀荣. 综合运输学[M]. 北京：人民交通出版社，2003.

[10] 肖旭. 物流管理基础[M]. 北京：机械工业出版社，2004.

[11] 陈宜吉. 铁路货运组织[M]. 北京：中国铁道出版社，2002.

[12] 王庆功. 物流运输实务[M]. 北京：中国物资出版社，2003.

[13] 姚大伟. 国际贸易运输实务[M]. 北京：中国对外经济贸易出版社，2002.

[14] 武德春，武骁. 集装箱运输实务[M]. 北京：机械工业出版社，2004.

[15] 杨性如. 国际货代与通关[M]. 北京：中国财政经济出版社，2002.

[16] 现代物流管理课题组. 运输与配送管理[M]. 广州：广东经济出版社，2002.

[17] 李志文. 物流实务操作与法律[M]. 大连：东北财经大学出版社，2003.

[18] 王之泰，沈慧民，王伟. 物流基础[M]. 北京：高等教育出版社，2005.